本书从战略角度出发，针对不同场合、环境提出独到的口才修炼见解，旨在引导读者注重自身口才修炼，培养修炼口才的思维能力，以求达到出口成章、语惊四座的口才境界。

蓝海战略

之口才修炼

卢孟来◎编著

BLUE OCEAN STRATEGY
OF ELOQUENCE IMPROVEMENT

内蒙古文化出版社

图书在版编目(CIP)数据

口才修炼 / 卢孟来编著 .—呼伦贝尔 : 内蒙古文化出版社，2009.1
（蓝海战略）
ISBN 978-7-80675-672-0

Ⅰ. 口… Ⅱ. 卢… Ⅲ. 口才学—通俗读物 Ⅳ. H019-49

中国版本图书馆 CIP 数据核字（2008）第 205651 号

蓝海战略之口才修炼
LANHAI ZHANLUE ZHI KOUCAI XIULIAN
卢孟来 编著

责任编辑 白 鹭
装帧设计 知尧视觉

出版发行 内蒙古文化出版社
地　　址 呼伦贝尔市海拉尔区河东新春街4 - 3号
直销热线 0470 - 8241422 **邮编** 021008

排版制作 北京鸿儒文轩文化传播有限公司
印刷装订 三河市华东印刷有限公司
开　　本 787mm × 1092mm 1/16
字　　数 200千
印　　张 17
版　　次 2009年1月第1版
印　　次 2022年4月第2次印刷
印　　数 8001—13000 册
书　　号 ISBN 978-7-80675-672-0
定　　价 48.00元

前 言

口才是一种才能，口才是一种技术，口才更是一种艺术，但是口才并不是一种天赋的才能，因为好口才不可能一蹴而就，它是靠刻苦修炼得来的。一般人说话的境界好比红海，高人说话的境界即为蓝海。如何让口才从红海驶向蓝海，这是不少人的困惑。

口才不是口若悬河，不是空洞无味的废话堆积，口才是一个人综合能力的体现：智慧、胆量、学识、素质、仪态……这些方面都是靠一天天的努力修炼来达到的。

一句话可以说得让人笑，但是一句话也能说得让人家跳。会说话的人，能用流利的语言表达自己的意图，能把道理讲得很清楚明白，能把事情说得有条有理，能把握好语言的节奏，能眼观四方琢磨对方的心思，能恰当掌握自己说话的语气语调，能把难言之事说得使别人乐于接受……

今天我们把口才训练提升到战略角度上来，只是因为它对于我们的重要性简直只亚于粮食，因为不少人对口才重要性的认识不够。

古人说："一言可以兴邦，一言可以误国。"可见会说话的重要性。大至安邦治国，小至家庭和睦都与说话是分不开的。

21世纪，是信息时代，竞争激烈，机遇和风险并存。实力当然必不可少，但交际也相当重要。交际离不开讲话，尤其是当众讲话能力，是获得社会认同、上司赏识、下属拥戴、同事喜欢、朋友帮助的必要条件。

那些事业有成、得到提拔、能够鼓舞他人的人往往是那些非常善于沟通的人。他们能够清晰地、有说服力地提出自己的意见;他们能够领导、激励、鼓舞和说服他人。

口才是一个人综合素质的体现,有口才的人必备良好的做人素质,健康热忱充满自信心的心态素质,睿智思想、聪慧思维品质素质,广博知识素质。它是敏锐的观察力、丰富的想象力、联想力,深邃的思考力,较强的记忆力的综合运用和体现,这些素质和能力正是未来强者的素质和能力,这种素质和能力,就是创造物质丰裕、精神愉悦的基石,所以,有了好口才就有好未来;要创好未来,必练好口才。

本书从战略角度出发,针对不同场合、环境提出独到的口才修炼见解,旨在引导读者注重自身口才修炼,一步一步地培养修炼口才的思维能力,以求达到出口成章、语惊四座的口才境界,真正让自己的口才修炼水平从红海驶向蓝海。

编　者

2009 年 1 月

目 录

第六章 对象修炼——看准对象下菜碟

第七章 目的修炼——有的放矢不放空

第八章 快慢修炼——节奏快慢该有度

第一章

底气修炼

——浩然之气是真功

摸摸底气，认清自我

说话是否有底气，首先看你说话是否有自信，看你是否从内心认定自己要说的话是正确的和有道理的，如果你自己都不敢肯定，那你说出话来肯定没有底气，其结果就是犹犹豫豫、吞吞吐吐。自信是一个人拥有底气最基本的心理素质，一个人对自己都不能相信，别人还会相信你吗？我们永远要对自己说，我行，我可以，别人能做成功的事，我也一定能够成功，这种来自内心深处的相信自己，而不是在别人面前夸夸其谈，也不是在别人面前炫耀自己的能耐。拿破仑曾说过一句话：我的字典里没有不可能的字眼。坚强的自信，来自对事业孜孜不倦的追求，自信的基础来自实力。可以说，自信是有形的，有实力的人才会越来越自信，自信不是一种口号，从骨子里焕发底气的人必然是一个自信的人。在我们说话的时候，怎样才是自信呢？我们不妨来做个小测验。

当你讲话讲到一半的时候，突然有人打断你的话，转移话题，你会作出怎样的选择：

A. 把剩下的话吞下去，当做没讲

B. 等对方讲完，再接下去讲

C. 跟对方抢着讲，看谁声音大

D. 马上要求对方尊重你，不要插话

如果你选 A：那么你是属于对自己没有自信的人，对自己没有信心，对你的人际关系更没信心。在你的心态上来讲，话讲到一半就被人打断，甚至转移话题，这是非常不尊重你的表现。你觉得受这样的污辱是很见不得人的，所以尽可能地把话吞进去，而且还希望大家不会注意到你，就当做没讲。这是一件很令你难过的事，而你也是那种挨打也不吭声的人。

如果你选 B：那么你是那种话不吐完，心里就不舒服的人。一旦有人不尊重你，打断你说话，你会等对方讲完，再接下去讲。从这点可以看出来，你是一个很沉得住气的人。虽然你知道对方不尊重你的发言权，但你又不便于当面翻脸，只好耐心地等对方说完，然后才以很有君子风度的样子继续讲完。一来可以避免话没说完的尴尬，二来可以给对方一个教训，这是一个很好的制敌之术。

如果你选 C：那么你是那种经不起侵犯，一触即发的人。你的脾气很不好，一旦有脾气上来，压也压不住，就会直接爆发出来。所以，如果对方要恶意打断你的话，你会不甘示弱地拉高嗓门，要和对方拼一拼。你的性格是一条肠子通到底的，如果凡事不三思而行，很容易惹祸，也很容易掉进敌人的圈套中，还是小心为妙！

如果你选 D：那么你的气势凌人，颇有领导人的架势。在你讲话的时候，不许别人插嘴或打断，否则你不会坐视不管，并且会当面警告对方，要尊重你的发言权。你的性格是很主观的，而且是以自我为中心的人。你想做的事，你就会按照自己的意思来做，不容许别人干涉，一旦有人干涉，你会毫不客气地提出纠正。这除了要有很大的自信外，也要有很大的勇气和实力，因为，你这种直接响应对方的做法，很容易和对方起冲突。

口才修炼很重要的一点就是要从根本上提升自己的底气，一个牛高马大的男人，如果说出话来唯唯诺诺，甚至带点娘娘腔，这种人是明显没有底气的表现。 反过来，有底气也并不意味着说话大大咧咧，以声高压人，以气势压人。 真正的底气应该是心中满怀正义感，头脑冷静，能够做到善于聆听、察言观色，能够在尴尬气氛中，化尴尬为无形，能适可而止，能胸怀浩然之气。

一个从骨子里焕发底气的人，是一个对社会对家庭对朋友负责的人，他的所作所为一定能得到社会、家庭、朋友的理解和宽容，而他的言行举止，举手投足永远是那样的从容不迫，恰到好处。 他能在低谷中眺望高峰，困境中展望未来，这种底气会将会贯穿他的一生，让他受用无穷。

远离胆怯，找回自我

善于言辞，无疑对每个人的事业和生活都裨益无穷，能言善辩、口若悬河的演说家更是令人羡慕，受人崇拜。但是，在我们的生活中，并不是每个人都拥有完美的语言技巧，我们周围不善说话、沉默寡言的人比比皆是。这些人天生性格内向、孤僻，存在着和别人说话的胆怯心理。

“我总是不敢在别人面前讲话、发言，因为我觉得那样会使我心跳加快，然后就是脑中一片空白……”有人坦诚地承认自己和他人说话时的胆怯，并且为之相当苦恼。

往往每一个说话胆怯的人都以为怯场的只是自己，以为别人并不怯场，总是在想“我为什么老是怯场呢”。其实，这并非某个人所特有的现象，只不过别人对怯场状态不太注意而已。

每当我们打开电视机，总是被那些潇洒大方、谈吐自如的节目主持人所折服，打开收音机，也会被一些口若悬河、音色优美的播音员所倾倒。其实，他们也并非我们想象的那样说话时无忧无虑，收放自如，他们也往往碰到怯场的情况。据闻，日本某演员临近自己拍片的时候就要上厕所，并且一去就是5分钟以上；美国某播音员，起初每次临近播音，就要先到浴室去洗一次澡，因为只有这样，才能保持播音时的镇定自若。如果碰到外出进行现场直播，他不得不提前到达场地，然后就近寻找浴室。

既然很多人都可能存在说话胆怯的情况，这就说明说话时胆怯是一件正常的事情。怯场时，最明显的症状就是脸红、心跳加快、语无伦次、词不达意等情况。如果此刻说话者想到“怯场啦！怎么办呢”，他就会因紧张而说不出话来。但是，如果当时他想“这种情况下，换了任何一个人都会怯场，我怕什么”，他有可能会因此而镇定下来，并很快能恢复正常。因此，正确地对待怯场非常重要。

美国一位年轻议员在向一位年老而富有经验的老议员请教时说：“我在演说之前，心里总是扑通扑通地跳，这是否正常？”老议员则回答道：“那是说明你对你所要说的话进行着认真的考虑，这是必然的。即使你到了我这年龄，也难免会出现这种情况。”

台湾一著名歌星这样说过：“每当面对观众，如果我不怯场，那时我做歌手的生命也就结束了。”

此话表明了他对每一次演唱都是全力以赴、认真对待。如果他觉得马马虎虎凑合着就可以了，那他也就不存在怯场的心理了。

由此可见，说话胆怯是一种非常正常又极其普遍的现象，它可能发生在每个人的任何一次与他人的谈话中，而绝非个别人的语言方面的障碍。那些常为自己胆怯而深深苦恼的人，大可不必为此担心，而应振作精神，努力克服这种困难。

虽然人人都可能有胆怯的心理，但是造成这种心理的原因又是千差万别的。比如，有的人可以和亲朋戚友聊上一两个小时；有的人一打起电话来就是半天，主题源源不断，越说越起劲；有些人经常能说出让人大笑或非常感兴趣的话题，可谓是相当会说话。但是，一到了正式场合，一面对麦克风，他们就不知所措，六神无主了，这是为什么呢?

根据对多人的调查，我们分析了大概有以下两种原因：

第一，不想献丑。这些人的想法是：只要我不在别人面前暴露自己，别人就不会知道我的缺点。但是一旦在大家面前说话，自己的粗浅根底、拙劣看法都被暴露出来了，那么从此以后，哪里还有自己的立足之地，所以，还是不说为好。

其实，有这种心理的人，只要你认真地发挥全力，诚诚恳恳地把话说出来，不要踮高足尖充内行，应该会有不错的表现。

第二，不知道如何组织说话的内容，就像被硬拉到陌生的世界一样，所以有感到惶恐的心理恐惧。

其实，只要我们看清造成自己紧张、恐惧的原因，并以积极的态度认真去分析，就会发现，我们本来就没有什么好怕的。

说话胆怯，是由我们缺少必要的自信引起的，同时也是我们说话底气不足的一个重要原因，只有远离胆怯，我们才有可能真正迈上口才终极修炼之旅。

树立自信，坚定自我

面对大庭广众说话，需要巨大的勇气和胆量，这是培养和锻炼自信的重要途径。在我们周围，有很多思路敏锐，天资颇高的人，却无法发挥他们的长处。为什么？因为他们害怕与人交流，并不是他们不想参与，而是缺乏信心。树立自信，坚定自己的信念，确认自己能行，我们得先从与陌生人说话锻炼开始。

面对陌生人，一般人的反应都是好奇和提防，尤其是提防。很多孩子从小就受到父母的告诫：不要和陌生人说话，不要吃不认识人的东西。的确，个别心怀鬼胎的人会利用小孩子识别能力不强来干坏事，甚至很多成年人也常遭受其害。但是，理性地来看，和陌生人交谈并非一无是处。

和陌生人交谈可以体现和增强一个人的自信。心理学实验表明，人类很多特性的分布都有一个规律：特别好和特别差的人各只占2%左右，中间水平的占95%，也就是说绝大多数的人都是差不多的。所以，和陌生人交谈，碰到正常人的几率远大于碰到一个坏蛋。和正常的陌生人进行一次交谈，可能让我们吸收到新信息，也可能验证我们对人性的一些观念，还可能感受到人与人之间的热情、信任，这些良性的结果必定增强一个人生活的信心。

和陌生人交谈，还能体现个人独立性，有助于人格发展。大家都明白，和熟人打交道，说话的方式依附于社会关系，服从说话人的身份，很多时候并非是个人独立意志的表达。和陌生人说话则不一样，互相之间常常作为独立的个体交往，彼此没有切身的利益关系，双方见到的都只是眼前的这个人，不会特殊关照也不会有什么成见，相对客观、平等，这种完全对等的关系，对一个人的人格成长是很有帮助的。

和陌生人交谈，更能锻炼口才和人际沟通艺术。熟人之间，彼此都很了解，不会很注意说话的方式和技巧。而陌生人之间的交往从零开始，需要有意识地运用沟通技巧来建立关系，多次下来，人际沟通能力和口才就会得到提高。

在公众场合，沉默寡言的人都认为：“我的意见可能没有价值，如果说出来，别人可能会觉得很愚蠢，我最好什么也别说，而且，其他人可能都比我懂得多，我并不想让他们知道我是这么无知。”这些人常常会对自己许下渺茫的诺言：“等下一次再发言。”可是他们很清楚自己是无法实现这个诺言的。每次的沉默寡言，都是又中了一次缺乏信心的毒素，他会愈来愈丧失自信。

从积极的角度来看，尤其是性格内向的人，如果尽量发言，尽量多和别人交流，就会增强信心。不论是参加什么性质的会议，还是在人多聊天当中，每次都要主动发言，主动和别人交流。有许多原本性格内向或有口痴的人，都是通过练习当众讲话而变得自信起来的。因此，当众发言是信心的“维他命”。培养说话的信心，我们需要对自己有个明确的了解，同时，对说话的题材熟悉，并且不能有失败的打算。不妨试试下面的几种方式：

一、挑前面的位子坐

你是否注意到，无论在教学或各种聚会中，后排的座位是怎么先被坐满的吗？大部分占据后排座的人，都希望自己不会“太显眼”，而他们怕受人注目的原因就是缺乏信心。

坐在前面能建立信心。把它当作一个规则试试看，从现在开始就尽量往前坐。当然，坐前面会比较显眼，但要记住，有关成功的一切都是显眼的。

二、练习正视别人

一个人的眼神可以透露出许多信息。某人不正视你的时候，你的直觉马上就会问自己：“你想要隐藏什么呢？他怕什么呢？他会对我不利吗？”

不正视别人通常意味着：在你旁边我感到很自卑；我感到不如你；我怕你。躲避别人的眼神意味着：我有罪恶感；我做了或想到什么我不希望你知道的事；我怕一接触你的眼神，你就会看穿我。这都是一些不好的信息。

正视别人等于告诉对方：我很诚实，而且光明正大。我相信我告诉你的话是真的，毫不心虚。

三、走路速度加快

当大卫·史华兹还是少年时，到镇中心去是很大的乐趣。在办完所有的差事坐进汽车后，母亲常常会说：“大卫，我们坐一会儿，看看过路行人。”

大卫的母亲是位绝妙的观察行家。她会说：“看那个家伙，你认为他正受到什么困扰呢？”或者“你认为那边的女士要去做什么呢？”或者“看看那个人，他似乎有点迷惘。”

观察人们走路实在是一种乐趣。这比看电影便宜得多，也更有启发性。许多心理学家将懒散的姿势、缓慢的步伐跟对自己、对工作以及对别人的不愉快的感受联系在一起。但是心理学家也告诉我们，借着改变姿势与速度，可以改变心理状态。你若仔细观察就会发现，身体的动作是心灵活动的结果。那些遭受打击、被排斥的人，走路都拖拖拉拉，完全没有自信心。

普通人有“普通人”走路的模样，作出“我并不怎么以自己为荣”的表白。另一种人则表现出超凡的信心，走起路来比一般人快，像跑。他们的步伐告诉整个世界：“我要到一个重要的地方，去做很重要的事情。”

使用这种“走路速度加快”的方法，抬头挺胸走快一点，你就会感到自信心在滋长。

四、练习当众发言

不论是参加什么性质的会议，每次都要主动发言，也许是评论，也许是建议或提问题，都不要有例外。而且，不要最后才发言。要做破冰船，第一个打破沉默。你不要担心你会显得很愚蠢。不会的，因为总会有人同意你的见解。所以不要再对自己说：“我怀疑我是否敢说出来。”用心获得别人的注意，你的自信就在逐渐增长。

五、不妨咧嘴大笑

大部分人都知道笑能化解某些尴尬，同时也是自己很实际的推动力，它是医治信心不足的良药。但是仍有许多人不相信，因为在他们恐惧时，从不试着笑一下。真正的笑不但能治愈自己的不良情绪，还能马上化解别人的敌对情绪。如果你真诚地向一个人微笑，他实在无法再对你生气。

拿破仑·希尔讲了一个自己的亲身经历：

有一天，我的车停在十字路口的红灯前，突然“砰”的一声，原来是后面那辆车的驾驶员的脚滑开刹车器，他的车撞了我车后的保险杠。我从后视镜看到他下来，也跟着下车，准备痛骂他一顿。但是很幸运，我还来不及发作，他就走过来对我笑，并以最诚挚的语调对我说：“朋友，我实在不是有意的。”他的笑容和真诚的说明把我融化了。我只有低声说：“没关系，这种事经常发生。”转眼间，我的敌意变成了友善。

咧嘴大笑，你会觉得美好的日子又来了。笑就要笑得“大”，半笑不笑是没有什么用的，要露齿大笑才能有功效。我们常听到：“是的，但是当我害怕或愤怒时，就是不想笑。”当然，这时，任何人都笑不出来。技巧就在于你强迫自己说：“我要开始笑了。”然后，笑。要控制、运用笑的能力。

六、不妨道出真情

内观法是研究心理学的主要方法之一，这是实验心理学之祖威廉·华特所提出的观点。此法就是很冷静地观察自己内心的情况，而后毫无隐瞒地抖出观察结果。如能模仿这种方法，把时时刻刻都在变化的心理秘密，毫不隐瞒地用言语表达出来，那么就没有产生烦恼的余力了。

例如初次到某个陌生的地方，内心难免会疑惧万分，这时候，不妨将此不安的情绪，清楚地用语言表达出来：“我几乎愣住了，我的心忐忑地跳个不停，甚至两眼也发黑，舌尖凝固，喉咙干渴得不能说话。”这样一来，不但可将内心的紧张驱除殆尽，而且也能使心情得到意外的平静。不妨再举一个很实在的例子。

有一个位居美国第5名的推销员，当他还不熟悉这行工作时，有一次，他竟独自会见美国的汽车大王。结果，他真是胆怯得很。在情不自禁之下，他只好老实地说出来了：“很惭愧，我刚看见你时，我害怕得连话也说不出来。”结果，这样反而驱除了恐惧感，这要归功于坦白的效果。

七、多用肯定语气

有些女人面对着镜子，当她看到自己的形影或肤色时，忍不住产生某种幸福的感受。相反地，有些女人却被自卑感所困扰。虽然彼此的肤色都很黝黑，但自信的女人会以为："我的皮肤呈小麦色，几乎可跟黑发相媲美。"而她内心一定暗喜不已。可是，一个缺乏自信的女人却因此痛苦不堪地呻吟起来："怎么搞的，我的肤色这么黑。"两种人的心情完全不同。有的女人看见镜子就丧失信心，甚至在一气之下，把镜子摔破。由此可见，价值判断的标准是非常主观而又含糊的。只要认为漂亮，看起来就觉得很漂亮，如果认为讨厌，看来看去都觉得不顺眼。尤其，关于自卑感的情况，也常常会受到语言的影响，所以说，否定意味的语言，对于一个人的心理健康有百害而无一利。

如果我们称赞肤色黝黑的女人说："你的肤色如同胡桃那样迷人。"只要不断如此赞赏对方，那么，这位女人即使再三对镜梳妆，或明知自己的皮肤黝黑，也会毫不在乎。这样一来，她就能专心于化妆，而且总觉得自己不失为迷人的女性。

我们不妨将"骨瘦如柴"改说为"可爱的羚羊"，把"喋喋不休"改说为"雄辩的才华"。不同的语言可将相同的事实完全改观，而且也给人以不同的心理感受。

总之，运用肯定或否定的措辞，可将同一件事实，形容成有如天壤之别的结果。可见措辞这件事，诚然是任何天才都无法比拟的魔术师。在任何情况之下，只要常用有价值的措辞或叙述法，则可以将同一个事实完全改观，当然驱除自卑感，而令人享受愉快的生活。

八、做自己能做的事

做自己做得到的事时，个性会显现出来。重要的是，与其极欲恢复自我的形象，不如找出现在可以做的事。知道应该做的事，然后加以实行，就可以从自我的形象中获得解放。总之，要试着记下马上可以做的事，然后加以实践，没有必要一定是伟大、不平凡的行动，只要是自己能力所及的事就足够了。因为我们就是想一步登天，所以才找不到事做。

跑马拉松，因为身体会疲倦，所以我们不可能每超越一根电线杆就更有动力。但是，只要不完全是肉体上的操劳，一次一次的达成目标会带给人更多的动力。所以，应该把大目标分成几个小阶段来达成。每达成一个阶段，都会产生新的动力。然后就会激发达成终极目标所需要的动力。

所以，如果你想让自己勇敢一些，那就先表现得好像真的很勇敢一样，运用一切意志来达成那个目标，勇气很可能就会取代恐惧感。要想克服恐惧，当我们面对观众时，不妨就表现得好像真的很有勇气一样。当然，前提是一定要有充分的内容准备，否则就是再怎么表演也是无用的。所以，如果你对自己所要讲的内容已经了然于心，那就轻快地大踏步而出，适当地做做深呼吸。事实上，在登台面对听众之前，我们应深呼吸30秒，这样做可以增加脑的氧气，帮你提神，给你勇气。杰出的男高音姜·德·雷斯基常说，你若气充胸间，便可以“席气而坐”，紧张感自然就会消逝无踪。

在台上时你要把身体站直，可以直视听众的眼睛，然后开始信心十足地讲话，就好像他们每个人都欠你的钱。假想他们欠你的债，假想他们聚在那儿是要求你宽限还债的时间。这种心理意念对你会大有帮助。

学会微笑，展现自我

《辞海》上说，笑是“因感喜悦而开怀”，也是人类内心世界的七情六欲之一，但它却是一种高质量的精神状态，特别是微笑。自古以来人们就有“千金难买一笑”、“一笑解千愁”的说法，而“尘世难逢开口笑，菊花须插满头归”说明真正做到笑口常开，不容易，出门办事最怕的就是“铁板脸”、“苦瓜脸”。微笑是一种语言，它能赢得朋友与你一起分享快乐。微笑也是一种力量，它能够解决我们在一般情况下解决不了的困难。

微笑是一种最详和的语言，微笑展示人的形象和风度之美，微笑能带给人们快乐、温馨和鼓舞，微笑的力量是不可抗拒的，它是协调人际关系的一朵奇丽的鲜花。在工作和生活中没有人拒收微笑这一“贿赂”。

微笑能提高人的魅力指数和成功指数。在社会竞争越来越激烈的今天，物竞天择、适者生存的规律所产生的作用，往往有利于那些懂得利用微笑价值的人们。

有一位叫珍妮的小姐去参加美国联合航空公司的招聘，她没有任何“后门”关系，完全是凭着自己的本领去争取。她被录取了，原因就是她的脸上总是带着微笑。

令珍妮惊讶的是，面试的时候，主试者在讲话时总是故意把身体转过背对着她，你不要误会这位主试者不懂礼貌，他是在体会珍妮的微笑，感觉珍妮的微笑。因为珍妮的工作是通过电话工作的，是有关预约、取消更换确定飞机班次的事情。那位主试者微笑着对珍妮说：“小姐，你被录取了。你最大的资本就是你脸上的微笑。你要在将来的工作中充分运用它，让每一位顾客都能从电话中体会出你的微笑。”虽然没有看见她的微笑，但他们透过电话，可以知道珍妮的微笑将一直伴随着他们。

微笑是一种心灵魔力的外在表现，这种魔力不仅能够给日渐枯萎的生命注入新的甘露，也会使你的人生开出幸福的花朵。

一家信誉特好的大花店以高薪聘请一位售花小姐，招聘广告张贴出去后，前来应聘的人如过江之鲫。经过几番口试，老板留下了三位女孩让她们每人经营花店一周，以便从中挑选一人。这三个女孩长得都如花一样美丽，一个是曾经在花店插过花、卖过花的女孩，一个是花艺学校的应届毕业生，余下一人只是一个待业青年。

插过花的女孩一听老板要让她们以一周的实践成绩为应聘条件，心中窃喜，毕竟插花、卖花对于她来说是轻车熟路。每次一见顾客进来，她就不停地介绍各类花的象征意义以及给什么样的人送什么样的花，几乎每一个人进花店，她都能说得让人买去一束花或一篮花，一周下来，她的成绩不错。

花艺学校的女生经营花店，她充分发挥从书本学到的知识，从插花的艺术到插花的成本，都精心琢磨，她甚至联想到把一些断枝的花朵用牙签连接花枝夹在鲜花中，用以降低成本。她的知识和她的聪明为她一周的鲜花经营也带来了不错的成绩。

待业女青年经营花店，则有点放不开手脚，然而她置身于花丛中的微笑简直就是一朵花，她的心情也如花一样美丽。一些残花她总舍不得扔掉，而是修剪修剪，免费送给路边行走的小学生，而且每一个从她手中买了花的人，都能得到她一句甜甜的话语"鲜花送人，余香留己"。这听起来既像女孩为自己说的，又像是为花店讲的，更像为买花人讲的，简直是一句默契的心语……尽管女孩努力地珍惜着她一周的经营时间，但她的成绩比前两个女孩相差很大。

出人意料的是，老板竟然留下了那个待业女孩。人们不解——为何老板放弃能为他挣钱的女孩，而偏偏选中这个外行的待业女孩？

老板如是说：用鲜花挣再多的钱也只是有限的，用如花的心情去挣钱才是无限的。花艺可以慢慢学，可如花的心情不是学来的，因为这里面包含着一个人的气质、品德以及情趣爱好、艺术修养……

对于一个企业来说，微笑最为廉价却又最为珍贵。说它廉价，是指它再普通不过了。说它珍贵，是指它能创造非凡的绩效，有时甚至会产生奇迹。

有一次，美国底特律的哥堡大厅举行了一个巨大的汽艇展览，人们蜂拥而来参观。在展览会上人们可以选购各种船只，从小帆船到豪华的巡洋舰都可以买到。在展览期间，有一宗巨大的生意差点跑掉了，但这家汽艇厂用微笑又把顾客拉了回来。

一位来自中东沙特阿拉伯的亿万富翁站在一艘展览的大船面前，对站在他面前的推销员说："我想买只价值2000万美元的汽船。"当然，这对推销员来说是求之不得的好事。可是那位推销员只是直直地看着这位顾客，以为他是疯子，没加理睬，他认为这位富翁在浪费他的宝贵时间，所以表情冷冰冰的。这位富翁看看这位推销员，看着他那没有笑容的脸，然后走开了。

富翁继续参观，到了下一艘陈列的船前，这次他受到了一个年轻推销员的热情接待。这位推销员脸上挂满了欢迎的微笑，那微笑就像太阳一样灿烂。由于这位推销员的脸上有了最可贵的微笑，使这位富翁有了宾至如归的感觉。因此他又一次说："我想买只价值2000万美元的汽船。""没问题！"这位推销员说，他的脸上挂着微笑，"我会为您介绍我们的汽船系列。"他只这么简单地附和说，便推销了他的产品。

这位富翁留了下来，签了一张500万美元的支票作为定金，并且他又对这位推销员说："我喜欢人们表现出一种他们非常喜欢我的样子，你现在已经用微笑向我推销了你自己。在这次展览会上，你是唯一让我感到我是受欢迎的人。明天我会带一张2000万美元的保付支票回来。"这位富翁很有信用，第二天他果真带了一张保付支票回来，购下了价值2000万美元的汽船。

这位推销员用微笑把自己推销出去了，并且连带着推销了他销售的汽船。听人说，在那笔生意中，他可以得到20%的奖金，这或许够他一生的生活费了。而那位脸上没有微笑的推销员，我们就不知他在哪儿了。

看，这就是微笑创造的奇迹。

微笑的后面蕴含的是坚实的、无可比拟的力量，一种对生活巨大的热忱和信心，一种高格调的真诚与豁达，一种直面人生的智慧与勇气。而且，境由心生，境随心转。我们内心的思想可以改变外在的容貌，同样也可以改变周围的环境。

对自己微笑，对他人微笑。别说你的心在滴血伤在痛，实在没情绪给自己一个微笑，只要舒展眉头笑一笑，你就又打开了一扇心的门。曹操败在华容道，犹能大笑，这笑是一种超拔，一种强烈的自信，一种藐视万难的气度，是强者的风范。

重视对方，推销自我

人际交往中与人谈话态度如何，一定程度上决定你是否受人欢迎。一个与人和颜悦色交谈的人总能打动对方的心。在说话过程中，能够重视对方的人，往往给别人亲切的感觉，不仅谈话目的能达到，而且在谈话过程中，很好地推销了自己。那么，怎样才是良好的谈话态度呢？

一、表现出兴趣

别人讲话时，要注意倾听，如果你望天望地望别处，或是玩弄着小物件、翻弄报纸书籍等等，别人就会以为你对他的话没有兴趣，会很扫兴。

在人多的时候，你还不能只对其中一两个你熟悉的人发生兴趣，你要把注意力分配到所有的人身上；对于那些话说得很少，或是精神不太自在的人，你更要特别留神，找机会特别关照一下他们。你的注意，你的关心，对他们是一种尊重和安慰，正好把他们从冷落中挽救出来。

二、表示友善

如果你对别人表现出刻薄的神情，或者你对别人所谈的话表示冷淡或鄙视，那么对方谈话的兴趣也就消失了。

哪怕你不喜欢听他的话，或者你不同意他的意见，但是你对他本人还应该表示友善，不要因为他说了一句不得体不适当的话就否定了他的人格。你尊重他，并不防碍你表示与他有不同的意见。没有经验的人，一听到不喜欢的话，立刻就表现出不快和不满来，把彼此的关系弄坏、搞僵，而失去了继续交谈、深入了解的机会。

三、轻松、快乐、幽默

真诚、温暖的微笑，是打开别人心灵的钥匙。人的心灵好像对温度有强烈的敏感，遇见抑郁的、冰冷的表情就凝结了起来，便硬了起来，但遇见了欢乐的、温暖的笑容就柔软了，融化了，活泼了。所以，真诚的、温暖的微笑；快乐的、生动的目光；舒畅的、悦耳的声调，就像明媚的阳光一样，使一切欣欣向荣，使谈话进行得生动活泼，使大家谈笑风生，心旷神怡。

至于幽默感，需要慢慢地培养，它是一种兴致的混合物，富于幽默的人，常常能使客厅中充满欢声笑语，有时一个笑语，或是两句妙语，就能驱散愁云，消弭敌意，化干戈为玉帛，化凶戾为吉祥。

四、适应别人

跟自己趣味相投的人在一起就舒服，话多得很，一遇到趣味不投的人就感到别扭，不想开口。像这样依着自己的脾气去接近别人，真正投机的人就少了。

跟别人谈话多关心别人，重视别人的口味，善于适应。有的人喜欢讲大道理，有的人喜欢高谈阔论，有的人喜欢娓娓而谈，有的人喜欢深思，有的人拙于应对，你都要能调节自己去迁就一下别人的兴趣与习惯。有满腹经纶的，让他尽情地宣泄；守口如瓶的，由他吞吞吐吐；失意的，多给予一些安慰与同情；软弱的，多给予一点鼓舞和激励。假如对方对某一个问题发生特别强烈的兴趣，就让他在这方面继续发展，畅所欲言；假如对方对某一个问题不想多谈，就及时转换话题把谈话引到另一个方向，免得引起不快的局面。

五、谦虚有礼

谦虚有礼决不是说一些不着边际的客气话，谦虚有礼是一方面真诚地尊重对方、关心对方的需要，尽力避免伤害对方；另一方面严格地要求自己，对自己的意见与看法带着一种“可能有错”的保留态度，虚心地听取别人的意见，关心别人的感受和反应。

请记住吧，与人谈话态度的好坏，是你和别人谈话成功与否的关键。

六、时刻重视对人的尊重和说话的礼貌

一位知名的企业家，有一次代表公司与另一家公司洽谈合作业务，但他

却在约定的时间过了以后才姗姗来迟,一见面就一本正经地向对方说:“我忙得不得了,我们长话短说,一会儿我还有事。”

事实上,这句话说得大错特错,因为这是公司与公司洽谈业务,不是个人往来,是一种商业上的正式公关活动,不管公司规模大小,也不管知名度高低,就其地位来说,都是平等的。

这位企业家的言行举止,无疑是在向对方暗示:

“我是大企业的老板、大忙人,自然地位也高于你,我能来已经是给你面子了。”

他这种狂妄自大的心态,毫无保留地表现在言语上,不但语气令人听了不舒服,用词也不当,像那些“不得了”、“只能”、“很少”、“一点”等等“自大型”的形容词,全都是为了炫耀自己,贬低别人,根本就犯了人际往来的大忌。

因此,此话一出口,对方公司代表人心里自然不是滋味。结果是人家送上门来的一笔几十万元的生意,就此告吹。

俗话说:骄傲是失败的种子。这个故事告诉我们,对人的尊重和说话的礼貌,是任何一个想成功的人都不能掉以轻心的。

不仅在生意场上应该相互尊重,朋友之间,甚至夫妻之间,都不能忽视互相尊重的问题。

七、不要告诉人家你更聪明

在纽约有这样一位年轻的律师,参加一个重要案子的辩论:这个案子牵涉到一大笔钱和一项重要的法律问题。在辩论中,一位最高法院的法官说:“海事法追诉期限是6年,对吗?”

律师愣了一下,看看法官,然后率直地说:“不。庭长,海事法没有追诉期限。”

这位律师后来对别人说:“当时,法庭内立刻静默下来。似乎连气温也降到了冰点。虽然我是对的,他错了;我也如实地指出来。但他却没有因此而高兴,反而脸色铁青,令人望而生畏。尽管法律站在我这边,但我却铸成了一个大错,居然当众指出一位声望卓著、学识丰富的人的错误。”

这位律师确实犯了一个“比别人正确的错误”。在指出别人错了的时候,为什么不能做得更高明一些呢?

无论你采取什么方式指出别人的错误:一个蔑视的眼神,一种不满的腔调,一个不耐烦的手势,都有可能带来难堪的后果。你以为他会同意你所指出的吗？绝对不会！因为你否定了他的智慧和判断力，打击了他的荣耀和自尊心，同时还伤害了他的感情。他非但不会改变自己的看法，还要进行反击，这时，你即使搬出所有柏拉图或康德的逻辑也无济于事。

永远不要说这样的话："看着吧！你会知道谁是谁非的。"这等于说："我会使你改变看法，我比你更聪明。"——这实际上是一种挑战，在你还没有开始证明对方的错误之前，他已经准备迎战了。为什么要给自己增加困难呢？

苏格拉底一再告诫他的门徒："你只知道一件事，就是你一无所知。"

英国19世纪政治家查士德斐尔爵士曾对他的儿子做过这样的教导："要比别人聪明，但不要告诉人家你比他更聪明。"

塑造魅力，完善自我

每个人都希望自己能够谈笑自如。每当我们看到谈笑自如的人，往往会情不自禁地露出羡慕的眼神。其实，你也可以成为口若悬河的人，只要遵守一些注意事项，成为谈话高手并不像你想象的那么困难。怎样的人才能称为健谈高手？无非是具备了说起话来妙趣横生的能力。当然，这对工作、社交都有很大的帮助。当你遵守以下的原则，就会惊讶地发现自己的交谈能力大为改善，对自己富有魅力的人品有多么大的正面帮助。

一、自我感觉很健谈

首先，应该认为“我很健谈”。当与别人在一起时要认识到，自己将会使这次谈话有良好的表现。要认识到，你的思想如行云流水般顺畅，也可以幽默的方式表达自己的想法。虽然在刚开始时，可能会认为有点自相矛盾，尤其当自己认为自己口拙时，更显得充满矛盾。但是“行动创造感情”，当自己相信自己口才很好时，所产生的自信会在你的心中生根发芽，使你真正成为口才很好的人。

二、丰富知识的仓库

想要使自己更健谈，当然要掌握一定的话题。在当今社会中，可以自由地掌握各方面的讯息，任何人都必须不断吸收各种新资讯。如每天至少要仔细阅读一份值得信赖的报纸，使自己能够精通最近所发生的一切事。健谈的人会随时准备当天的“新鲜话题”，在适当时候提供适当的资讯。

三、学会提出问题

大部分人在和别人交谈时，都很害怕暴露自己的无知，所以，都不敢提出自己的问题。这种态度不可取。没有一个人可以无所不知。即使是最有学问的人，对他最有兴趣的问题也不可能无所不知。越深入某一种学问，就越会发现学海无涯。

对对方所谈论的内容提出疑问，其实也是一种尊重的表现。不仅可以表示出你对这个话题很有兴趣，更可以从中获益良多。

四、做一个好听众

当一个好听众也是一种技巧。聆听对方谈话时，并非默默无声地听，而是必须注视说话者，表示出自己对对方所说的话题很有兴趣。

五、增加交谈中的变化

除非是一群人针对某个特定的问题展开讨论，否则，在一般情况下，应该尽可能使交谈有所变化。在对某个话题感到无聊以前，适时地转移向另一个话题。只要仔细观察对方，就可以从对方的脸部表情中了解，对方是否真的对所谈论的话题产生兴趣。

六、不唱“独角戏”

交谈不是唱“独角戏”，应该是意见和思想的交流。在交谈中，除了要适时地发表自己的意见以外，还要让对方也有发言的机会。

七、练习“声音的表情”

说话声就好像是歌声一样，也可以富有韵律感。应该练习“声音的表情”，赋予语言以生命。在赋予所有语言表情的同时，大声地朗读出来是一种良好的练习。可以从书中选择一个章节，了解自己可以如何完美地加以表达。你会惊讶地发现，自己说话的声音变得越来越好听。

八、赋予声音温暖的感觉

与他人交谈时，应该对对方抱有亲切的感情。于是，你的声音就会充满温暖的感觉，也因此令对方对你产生好感。

假如你去商店买衣服，看见一件式样新颖，款式别致的衣服，于是就在身上试了试，觉得它恰能有效地衬托出你的身段，使你形象更添魅力；但据说这种衣服容易退色，容易起皱。另一件衣服式样差一些，颜色不那么鲜明，但它是真正的名牌产品，质地好，做工讲究，穿它个三年五载也不会出什么问题。面对价格相当的这两件衣服，也许你会选择前者而不去选择后者，这是为什么呢？这就关系到人们展现自己魅力的问题了。

一个人平时的一言一行，一举手一投足，都会折射出他的素质修养品行，都将影响到别人。别人对他的评价好与坏，可以说这一因素占了很大比重。

练声习气，夯实自我

口才并不是一种天赋的才能，它是靠刻苦训练得来的。 古今中外历史上一切口若悬河、能言善辩的演讲家、雄辩家，他们无一不是靠刻苦训练而获得成功的。

美国前总统林肯为了练口才，徒步 30 英里，到一个法院去听律师们的辩护词，看他们如何论辩，如何做手势，他一边倾听，一边模仿。 他听到那些云游八方的福音传教士挥舞手臂、声震长空的布道，回来后也学他们的样子。 他曾对着树、树桩、成行的玉米练习口才。

日本前首相田中角荣，少年时曾患有口吃病，但他不被困难所吓倒。为了克服口吃，练就口才，他常常朗诵、慢读课文，为了准确发音，他对着镜子纠正嘴和舌根的部位，严肃认真，一丝不苟。

我国著名的数学家华罗庚，不仅有超群的数学才华，而且也是一位不可多得的“辩才”。 他从小就注意培养自己的口才，学习普通话，他还背了唐诗四五百首，以此来锻炼自己的“口舌”。

这些名人与伟人为我们训练口才树立了光荣的榜样，我们要想练就一副过硬的口才，就必须像他们那样，一丝不苟，刻苦训练，正如华罗庚先生在总结练口才的体会时说的：“勤能补拙是良训，一分辛苦一分才。”

练口才不仅要刻苦，还要掌握一定的方法。 科学的方法可以使你事半功倍，加速你口才的形成。 当然，根据每个人的学识、环境、年龄等等的不同，练口才的方法也会有所差异，但只要选择最适合自己的方法，加上持之以恒的刻苦训练，那么你就会在通向“口才家”的大道上迅速成长起来。

一、速读法

这里的“读”指的是朗读，是用嘴去读，而不是用眼去看，顾名思义，“速读”也就是快速的朗读。

这种训练方法的目的，是在于锻炼人口齿伶俐，语音准确，吐字清晰。

找来一篇演讲辞或一篇文辞优美的散文。先拿来字典、词典把文章中不认识或弄不懂的字、词查出来，搞清楚，弄明白，然后开始朗读。一般开始朗读的时候速度较慢，逐次加快，一次比一次读得快，最后达到你所能达到的最快速度。

读的过程中不要有停顿，发音要准确，吐字要清晰，要尽量达到发声完整。因为如果你不把每个字音都完整的发出来，那么，速度加快以后，就会让人听不清楚你在说些什么，快也就失去了快的意义。我们的快必须建立在吐字清楚、发音干净利落的基础上。很多人都听过体育节目的解说专家宋世雄的解说，他的解说就很有“快”的功夫。宋世雄解说的“快”，是快而不乱，每个字，每个音都发得十分清楚、准确，没有含混不清的地方。我们希望达到的快也就是他的那种快，吐字清晰，发音准确，而不是为了快而快。

速读法的优点是不受时间、地点的约束，无论在何时、何地，只要手头有一篇文章就可以练习。而且还不受人员的限制，不需要别人的配合，一个人就可以独立完成。当然你也可以找一位同学听听你的速读练习，让他帮助挑你速读中出现的毛病。比如哪个字发音不够准确，那个地方吐字还不清晰，等等，这样就更有利于你有目的地进行纠正、学习。你还可以用录音机把你的速读录下来，然后自己听一听，从中找出不足，进行改进。

二、背诵法

大家都背诵过课文，有诗歌、有散文、有小说。背诵的目的是各有不同的。有的是因为老师要求必须背诵，而不得不背，以完成老师交给的学习任务；也有的是为了记忆下某个名诗、名句，以此来丰富自己的文学素养。而我们提倡的背诵，主要的目的是在于锻炼我们的口才。

我们要求的背诵，并不仅仅要求你把某篇演讲辞、散文背下来就算完成了任务，我们要求的背诵，一是要“背”，二还要求“诵”。这种训练的目的有两个：一是培养记忆能力，二是培养口头表达能力。

记忆是练口才必不可少的一种素质。没有好的记忆力，要想培养出口才是不可能的。只有大脑中充分地积累了知识，你才可能张口即出，滔滔不绝。如果你大脑中是一片空白，那么你再伶牙俐齿，也无济无事。记忆与口才一样，它并不是一种天赋的才能，后天的锻炼对它同样起着至关重要的作用，“背”正是对这种能力的培养。

“诵”是对表达能力的一种训练。这里的“诵”也就是我们常说的“朗诵”。它要求在准确把握文章内容的基础上进行声情并茂的表达。

背诵法，不同于我们前面讲的速读法。速读法的着眼点在“快”上，而背诵法的着眼点在“准”上。也就是你背的演讲辞或文章一定要准确，不能有遗漏或错误的地方，而且在吐字、发音上也一定要准确无误。

其方法是：第一步，先选一篇自己喜欢的演讲辞、散文、诗歌；第二步，对选定的材料进行分析、理解，体会作者的思想感情。这是要花点工夫的，需要我们逐句逐段地进行分析，推敲每一个词句，从中感受作者的思想感情，并激发自己的感情；第三步，对所选的演讲辞、散文、诗歌等进行一些艺术处理，比如找出重音、划分停顿等，这些都有利于准确表达内容；第四步，在以上几步工作的基础上进行背诵。在背诵的过程中，也可分步进行。首先，进行“背”的训练。也就是先将文章背下来。在这个阶段不要求声情并茂。只要能达到熟练记忆就行。并在背的过程中，自己进一步领会作品的格调、节奏，为准确把握作品打下更坚实的基础。第二，是在背熟文章的基础上进行大声朗诵。将你背熟的演讲辞、散文、诗歌等大声地背诵出来，并随时注意发声的正确与否，而且要带有一定的感情。第三，是这个训练的最后一步，用饱满的情感，准确的语言、语调进行背诵。

这里的要求是准确无误地记忆文章，准确地表达作品的思想感情。比如，我们要背诵高尔基的《海燕》，我们首先就应明白，这是篇散文诗。它是在预报革命的风暴即将来临，讴歌的是海燕——无产阶级战士的形象。整篇散文诗都是热烈激亢的，表达了革命者不可遏止的憎爱分明。那么我们在朗诵《海燕》时就要抓住这个基调。当然仅仅抓住作品的基调还是不够的。我们还要对作品进行一些技巧上的处理，比如划分段落、确定重音、停顿等等。平平淡淡，没有波澜，没有起伏，一调到底的朗诵是不会成功的。有些人在背诵《海燕》时把握了它激昂奋进的基调，却没有注意朗诵技巧，开口就定在最高的音上，结果到了表达感情的最高点时，就只能是声嘶力竭。我们说这也是把握欠准确的缘故。如果对作者的思想感情发展的脉络有了准确的把握，那么就不会犯类似的错误了。

三、练声法

练声也就是练声音，练嗓子。在生活中，我们都喜欢听那些饱满圆润、悦耳动听的声音，而不愿听干瘪无力、沙哑干涩的声音。所以锻炼出一副好嗓子，练就一腔悦耳动听的声音，是我们必做的工作。

练声的方法是：第一步，练气。俗话说练声先练气，气息是人体发声的动力，就像汽车上的发动机一样，它是发声的基础。气息的大小对发声有着直接的关系。气不足，声音无力，用力过猛，又有损声带。所以我们练声，首先要学会用气。

吸气：吸气要深，小腹收缩，整个胸部要撑开，尽量把更多的气吸进去。我们可以体会一下，你闻到一股香味时的吸气法。注意吸气时不要提肩。

呼气：呼气时要慢慢地进行。要让气慢慢地呼出。因为我们在演讲、朗诵、论辩时，有时需要较长的气息，那么只有呼气慢而长，才能达到这个目的。呼气时可以把两齿基本合上。留一条小缝让气息慢慢地通过。

学习吸气与呼气的基本方法，你可以每天到室外、到公园去做这种练习，做深呼吸，天长日久定会见效。

第二步，练声。我们知道人类语言的声源是在声带上，也就是我们的声音是通过气流振动声带而发出来的。

在练发声以前先要做一些准备工作。先放松声带，用一些轻缓的气流振动它，让声带有点准备，发一些轻慢的声音，千万不要张口就大喊大叫，那只能对声带起破坏作用。这就像我们在做激烈运动之前，要做些准备动作一样，否则就容易使肌肉拉伤。

声带活动开了，我们还要在口腔上做一些准备活动。我们知道口腔是人的一个重要的共鸣器，声音的洪亮、圆润与否与口腔有着直接的联系，所以不要小看了口腔的作用。

口腔活动可以按以下方法进行：

第一，进行张闭口的练习，活动嚼肌，也就是面皮。这样等到练声时嚼肌运动起来就轻松自如了。

第二，挺软腭。这个方法可以用学鸭子叫“gā gā ”声来体会。

人体还有一个重要的共鸣器，就是鼻腔。有人在发音时，只会在喉咙上使劲，根本就没用上胸腔、鼻腔这两个共鸣器，所以声音单薄，音色较差。练习用鼻腔的共鸣方法是，学习牛叫。但我们一定要注意，在平日说话时，如果只用鼻腔共鸣，那么也可能造成鼻音太重的结果。

我们还要注意，练声时，千万不要在早晨刚睡醒时就到室外去练习，那样会使声带受到损害。特别是室外与室内温差较大时，更不要张口就喊，那样，冷空气进入口腔后，会刺激声带。

第三，练习吐字。吐字似乎离发声远了些，其实二者是息息相关的。只有发音准确无误，清晰、圆润，吐字也才能“字正腔圆”。

我们在小学时，都学习过拼音，都知道每个字都是由一个音节组成的，而一个音节我们又可以把它分成字头、字腹、字尾三部分，这三部分从语音结构来分，大体上可以说是，字头就是我们说的声母，字腹就是我们说的韵母，字尾就是韵尾。

吐字发声时一定要咬住字头。有一句话叫“咬字千斤重，听者自动容”说的就是这个意思。所以我们在发音时，一定要紧紧咬住字头，这时嘴唇一定要有力，把发音的力量放在字头上，利用字头带响字腹与字尾。

字腹的发音一定要饱满、充实，口形要正确。发出的声音应该是立着的；而不是横着的，应该是圆的，而不是扁的。但是，如果处理的不好，就容易使发出的声音扁、塌、不圆润。

字尾，主要是归音。归音一定要到家，要完整。也就是不要念“半截子”字，要把音发完整。当然字尾也要能收住，不能把音拖得过长。

如果我们能按照以上的练习要求去做，那么你的吐字一定圆润、响亮，你的声音也就会变得悦耳动听了。

四、复述法

复述法简单地说，就是把别人的话重复地叙述一遍。这种方法在课堂上使用的较多。如老师让同学们看一段幻灯片，然后请同学复述幻灯片的情节或人物的对话。这种训练方法的目的，在于锻炼人的记忆力、反应力和语言的连贯性。

其方法是：选一段长短合适、有一定情节的文章。最好是小说或演讲辞中叙述性强的一段，然后请朗诵较好的同学进行朗读，最好能用录音机把它录下来，然后听一遍复述一遍，反复多次地进行。直到能完全把这个作品复述出来。复述的时候，你可把第一次复述的内容录下来，然后对比原文，看你能复述下多少，重复进行，看多少遍自己才能把全部的内容复述下来。这种练习绝不单单在于背诵，而在于锻炼语言的连贯性。如果能面对众人复述就更好了，它还可以锻炼你的胆量，克服紧张心理。

这要求我们在开始时，只要能把基本情节复述出来就可以，在记住原话的时候，可以用自己的话把意思复述出来；第二次复述时就要求不仅仅是复述情节，而且要求能复述一定的人物语言或描写语言；第三次复述时，就应基本准确地复述出人物的语言和基本的描写语言，逐次提高要求。在进行这种练习之前，最好能根据自己的实际情况和所选文章的情况，制定一个具体的要求。比如选了一段共有 10 句话的文章，那么第一次复述时就要把基本情节复述出来，并能把几个关键的句子复述出来；第二次就应该能复述出 5－7 个句子；第三次就应能复述 8－10 个句子。当然，速度进展得越快，也就说明你的语言连贯性和记忆力越强。

开始练习时，最好选择句子较短、内容活泼的材料进行，这样便于你把握、记忆、复述。随着训练的深入，你可以逐渐选一些句子较长，情节少的材料，进行练习。这样由易到难，循序渐进，效果会更好。

有的同学一开始就选用那些长句子、情节少的文章作为训练材料，结果常常是欲速则不达。这就像我们学走路一样，没学会走，就要学跑是一定要摔跤的。而且这个训练有时显得很繁琐、麻烦，甚至是枯燥乏味，这就需要我们要有耐心与毅力，要知难而进，勇于吃苦，不怕麻烦。没有耐心与毅力，那么你注定将是一事无成的。

五、模仿法

我们每个人从小就会模仿，模仿大人做事，模仿大人说话。其实模仿的过程也是一个学习的过程。我们小时候学说话是向爸爸、妈妈及周围的人学习，向周围的人模仿。那么我们练口才也可以利用模仿法，向这方面有专长的人模仿。这样天长日久，我们的口语表达能力就能得到提高。

其方法是：

模仿专人。在生活中找一位口语表达能力强的人，请他讲几段最精彩的话，录下来，供你进行模仿。你也可以把你喜欢的、又适合你模仿的播音员、演员的声音录下来，然后进行模仿。

专题模仿。几个好朋友在一起，请一个人先讲一段小故事、小幽默，然后大家轮流模仿，看谁模仿的最像。为了刺激积极性，也可以采用打分的形式，大家一起来评分，表扬模仿最成功的一位。这个方法简单易行，且有娱乐性。课上、课间、课后都可进行。只要有三四个人就能进行。所要注意的是，每个人讲的小故事、小幽默，一定要新鲜有趣，大家爱听爱学。而且在讲以前一定要进行一些准备，一定要讲得准确、生动、形象，千万不要把一些错误的东西带去，否则模仿的人错跟着错了，害人害己。

随时模仿。我们每天都听广播，看电视、电影，那么你就可以随时跟着播音员、演播员、演员进行模仿，注意他的声音、语调，他的神态、动作，边听边模仿，边看边模仿，天长日久，你的口语能力就得到了提高。而且会增加你的词汇，增长你的文学知识。

这里要求要尽量模仿得像，要从模仿对象的语气、语速、表情、动作等多方面进行模仿，并在模仿中有创造，力争在模仿中超过对方。

在进行这种练习时，一要注意选择适合自己的对象进行模仿。要选择那些对自己身心有好处的语言动作进行模仿，我们有些同学模仿力很强，可是在模仿时都不够严肃认真，专拣一些脏话进行模仿，久而久之，就形成了一种低级的趣味，我们反对这种模仿方法。

模仿法是一种简单易学、娱乐性强、见效快的方法，希望大家能勤学苦练，早日见效。

六、描述法

小时候我们都学过看图说话，描述法就类似于这种看图说话，只是我们要看的不仅仅是书本上的图，还有生活中的一些景、事、物、人，而且要求也比看图说话高一些。简单地说，描述法也就是把你看到的景、事、物、人用描述性的语言表达出来。

描述法可以说是比以上的几种训练法更进了一步。这里没有现成的演讲辞、散文、诗歌等做你的练习材料，而要求你自己去组织语言进行描述。所以描述法训练的主要目的就在于训练同学们的语言组织能力和语言的条理性。

无论是演讲、说话、论辩都需要有较强的组织语言的能力，没有这种能力也就不可能有一张悬河之口，组织语言的能力是口语表达能力的一项基本功。

其方法是一幅画或一个景物作为描述的对象。第一步，对要描述的对象进行观察。比如，我们所要描述的对象是“秋天的小湖边”，那么我们就要观察一下这个湖的周围都有些什么，有树？有假山？有凉亭？还有游人？并且树是什么样子，山是什么样子？凉亭在这湖光山色、树影的衬托下又是个什么样子，这秋天里的游人此时又该是一种什么心情呢？这一切都需要你用自己的眼睛去观察，用你的心去体验。只有有了这种观察，你的描述才有基础。第二步，描述。描述时一定要抓住景物的特点，要有顺序地进行描述。其要求是，抓住特点进行描述。语言要清楚，明白，要有一定的文采。千万不要描述成流水账，平平淡淡，一定要用描述性的语言，尽量生动些，活泼些。要讲点顺序，不要东一句，西一句，南一句，北一句的。描述出的东西，要让人听了以后能知道你描述的到底是个什么景物。描述的时候允许有联想与想象。比如，你观察到秋天的湖边有一位白发苍苍的老爷爷，孤独地坐在斑驳陆离的树荫下，你就可能有一种联想，你可能想到了自己的爷爷，也可能想到这个老人的生活晚景，还可能想到“夕阳无限好，只是近黄昏”这个诗句……那么在描述的时候，你就可以把这一切都加进去，使你的描述更充实、生动。

七、角色扮演法

角色一词，我们也是从戏剧、电影中借用来的。是指演员扮演的戏剧或电影中的人物。我们这里的角色，与戏剧、电影中讲的角色，有着相同的意义。

角色扮演法，就是要我们学演员那样去演戏，去扮演作品中出现的不同的人物，当然这个扮演主要是在语言上的扮演。

其方法是：

①选一篇有情节、有人物的小说、戏剧为材料。

②对选定的材料进行分析，特别要分析人物的语言特点。

③根据作品中人物的多少，找同学，分别扮演不同的人物角色。比比看，谁最能准确地扮演自己的角色。

④也可一个人扮演多种角色，以此培养自己的语言适应力。

这种训练的目的，在于培养人的语言的适应性、个性，以及适当的表情、动作。

这种训练法要求“演”的成分很重，它有别于对朗诵的要求。它不仅要求声音洪亮，充满感情，停顿得当；还要求能绘声绘色、惟妙惟肖地把人物的性格表现出来，而且要配有一定的动作和表情。从这个角度看，这个训练是有一定的难度的。但只要我们朝着这个方向努力，那么我们就会成功。

第二章

语气修炼

——轻重适度得人心

轻重急缓，抑扬顿挫

说话要充分表达自己的思想和情感，但却不是靠声高来实现的，而是靠语气或语调的得体而取胜。虽然说“理直”就“气壮”，但有理也要有礼，有理不在声高。有理再加上得体的语气，才会收到“情通理达”的效果。所以，把握好说话语气的分寸，对任何人来说都是非常重要、非常必要的。

所谓语气，是指说话时句子中间高低、快慢、轻重、停顿等变化。不同的感情可以在语气的变化中表现出来。

重音。苏联戏剧家斯坦尼斯拉夫斯基说过，重音就好像人的食指，指示着节奏中或句子中最主要的词。同样一句话，重音不同，所强调的意思就不同。

声调。像音乐里音调的高低是音乐的生命那样，说话没有声调，又怎能感染人呢？不同的声调可以表达不同的感情。例如，“天啊！这是什么世道啊……”“啊！放火的人竟然是他！”“啊！啊！我一定遵命。”“啊！终于盼来这一天了！”“啊！那么说，你真的答应了。”这几句话中的“啊”字所表现的感情是有差别的。

我们常常听到有人说：“瞧，这姑娘说话跟唱歌一样。”这银铃般的悦耳声调，就是一个人的说话语调。有人不大重视说话的语调，其实，须知语言是靠声调来传播的，如果作为一个女性，发出的语调含混不清、尖利、散乱、沉闷、鼻音过重等等，那就会直接影响你的魅力。

有人说，一个人的语调是天生的。其实，语调是可以训练，可以得到校正的。

如果你的嗓门尖厉难听，就尽量在说话时放低声调，让人听起来柔和悦耳。

如果你说话太快，就注意把发声缓和下来。如果你说话的声调过分僵直，你就在说话时尽量做到委婉柔和。如果你说话声调总是平淡无味，让人听了昏昏欲睡，你就尽量采用抑扬顿挫的声调。

假如你在语调上重视起来，并认真纠正自己在语调中存在的毛病，你就会发现自己的谈话艺术会有一个很大的改进，优美悦耳的语调，会增加你的语言美。请在自己说话的声调快慢、高低、轻重、粗细、大小上下一番工夫，但千万注意在此同时不要走向另一个极端：拿声拿调，浪声荡气，娇柔造作，这样一来，反倒让人觉得恶心反感。应该追求的是声调的自然美、和谐美！

语气在和别人谈话中有着重要的作用，有的人说话对方容易接受、愿意接受，有的人说话对方就不容易接受、不愿接受或者很难接受。这其中的原因，大多是由于语气的不同造成的。一句同样的话，如果用不同的语气来说，就会起到不同的，甚至是相反的效果。例如，“我爱你”这三个字，如果用真挚的语气说出来，那就是满怀着对于自己爱人的一腔真情；如果用油腔滑调的语气说出来，那就是另外一种情景了，所以，一定要注意自己在说话中的语气。

事情有轻、重、缓、急，语气有抑、扬、顿、挫。只有把握了说话语气的分寸，才能使说出的话被对方充分理解和接受，才能收到说话的预期效果。

当然，说话语气的运用要分对象，分场合，分时间。不同的情况，要运用不同的语气，这其中的分寸，就需要说话者灵活掌握了。

那么怎样才能够做到恰当地使用语言呢？可以从以下几方面入手：

首先，要因人而异。驾驭语气最重要的一条是语气因人而异。语气能够影响听者的情绪和精神状态。语气适应于听者，才能同向引发，用喜悦的语气就会引发对方的喜悦之情，用愤怒的语气就会引发对方的愤怒之意；语气不适应于听者，则会异向引发，如生硬的语气会引发出对方的不悦之感，埋怨的语气会引发出对方的满腹牢骚等等。

其次，要因地而异。把握语气要注意说话的场合，这是十分必要的。一般来说，场面越大，越要注意适当提高声音，放慢语流速度，把握语势上扬的幅度，以突出重点。相反，场面越小，越要注意适当降低声音，适当紧凑词语密度，并把握语势的下降趋向，追求自然。

最后，要因时而异。同样的一句话，在不同时候说，效果往往会大相径庭。抓住时机，恰到好处，运用适当的语气才能够产生正确的效果。

语气傲慢者使人反感，语气谦卑者使人喜欢。同样的话，用不同的语气说出来，就会起到不一样的效果，所以，在说话的时候，就要注意自己的语气，不要给人一种傲慢的感觉。

在推销技巧中，许多经验丰富的营销人员都特别留意谈话中对方表情的变化。因为他们明白，只有能够时时注意对方的心理、周围的状况而随时临机应变的人，才有资格成为一流的推销专家。

每个人都有不同的表达思想的方式，并不是非用言语不可。尤其是对那些语言不易形容的感情，人们往往总是通过脸部表情来显现的。

有的时候，人们对自己那份难以说出的感情，会故意让对方了解或看出。但是有些时候，非但不想让对方知道，甚至想隐藏起来。但是不论哪种情况，都或多或少，会显现在人的脸面上。当它展现出来时，如果你不注意而继续自顾自地说下去，都会带来于你不利的后果。

因此，当你和人面谈时，要随时注意对方的表情，一旦出现了类似的表情时，要立刻停止自己原先强迫性的说法，如果你改变语气或说辞之后，对方的那种表情尚未消失，可以直率地问对方是否有什么困难，这样做，可以将对方难于启齿的心事或是心里的疙瘩予以表面化，同时更能了解对方的心理。

声音花园，你属哪枝

声音是一个重要的晴雨表，它可以测出你对自己以及周围环境的感觉如何。你的想法和你的感觉基本上都是通过你的音调和你的措辞体现出来的。

古希腊的医生伽林曾经说过："声音可以反映出一个人的灵魂。"

当人们不开心的时候，他们的声音听起来会很自然地无助、生气或者沮丧；反之，当人们高兴的时候，他们的声音听起来会更活泼一些，并且声调会轻快地上扬。

当甲得知乙有了未婚夫后说："啊，我真为你高兴，真的。"甲是用一种伤心的、干巴巴的语调说这句话的。很显然，甲言不由衷，甲并不为乙感到高兴。

研究表明这个特性和感知可以通过声音和说话模式推断出来。说话声音洪亮的人被看成是聪明、受欢迎、在事业上很成功的人，并且在约会和婚姻方面也更容易被接受。他们也被看作是一些更友好、更能让异性兴奋、有决断力、可信、更可能受到他人帮助的人；并且他们也不大会被看成是有可能犯罪的人。

无数的研究已经探究了跟外在的容貌有关的声音效果。一项研究表明那些口吃的人不管他们的外貌怎么样，给人的感觉总是差一些。相同的是，当一个人面部有缺陷的时候，他的鼻音就会加重。

一个人虽然面部有缺陷，但是说话的声音很好听，这会比那些说话声音有问题的人更有外在魅力。

一、语调低沉、圆润、热情的迷人声音

用对了语气的声音能够说明一切问题。无论对于男人还是女人来说，迷人的声音都比较低沉，它使人在表达上比较成熟、性感，情感方面比较安全。

活泼的声音通过其热情和充满生机的跃动使人们对其发出者感兴趣。

这种声音必须要有变化的音调和响度以及自信的语调和音色。 通过它，传达的是爱、怒、欢乐、同情、悲伤、恐惧、怀疑。 这是一种让人们愿意把耳朵支棱起来倾听的声音。 这是一种精力充沛、轻轻松松地传情达意的声音。

这种声音因为能把你和他人的最佳状态带出来，所以往往像磁铁一样吸引人。 一种认为“我很自信”的语调让别人也会觉得很有信心，它传达的是信任。 有着这种声音类型的人都会比较可靠、性感、聪明和可信，他们是生活的主人。 他们的声音既不会颤抖也不会踌躇。 意志坚定的人会使用这种语调，并且说起话来也很诚恳。 这样的人是坦诚正直的人。

用圆润的语调和热情的活力来说话的女性，在吸引异性的时候具有明显的优势，比起那些不具有这种声音的女性来说，她们声音中有感染力和活力让别人觉得她们更友好、更可靠、更能干、更有女性的魅力。

如果你的声音听起来也是这样的话，你就会吸引那些跟你在一起觉得自己更快乐、更乐观的人们。

二、音调过高的声音

无论男女，音调过高的音质常常和不成熟、不了解自己的性格特征、犹犹豫豫、缺少安全感、脆弱和愤怒联系在一起。 当一个人的性别特征的意识被唤醒的时候，音调自然就会降下来。 所以如果某人的音调一直很高的话，这说明此人在拒绝或封闭自己的性别特征。

无论男女，音调太高都不会被认真对待，他们不是被当成脆弱的人，就是不如那些嗓音圆润的人聪明体面。 通常当某人紧张、不自信的时候，他的发音肌肉就会绷紧，因此就表现出声调很高的音质。

当某人生气的时候，声调会抬高，显而易见的是，如果一个人总是用很高的声调说话的话，那么他一定是处于一种没有发泄完的愤怒、内心的恼火甚至恐惧的持续状态中。 所以，选择恰当的声音，辅助以心理治疗，你才有可能不给人留下音调太高的印象。

三、音调很低的声音

声带很厚的人或者发声器官比较大的人说话的时候音调可能会较低。总的来说，无论男女，音调很低的声音给人一种美感。 但是，如果声音硬是被压低成八度音阶，听上去就会很做作。 这种人也会被大家视为虚伪矫饰的人。

特别缺少安全感的男性经常会用压得过低的音调说话。他们以为如果他们说话时声音较低，再时常地加大音量，别人就会更认真地对待他们，并且也会认为他们很有能力。他们相信用较低的音调说话，别人会更尊重自己，大家也更愿意倾听他们谈话。

四、过于洪亮的声音

爱大声喧哗的人苛求别人的注意，并且为了获得别人的关注，会声嘶力竭地大吼大叫。他们常常是内心怀有很多敌意的装模作样的人、傲慢的人、社交上缺少敏感性的人、爱支配别人的人、爱欺负人的人、爱跟人攀比的人、爱生气的人。因为他们非常缺少安全感，所以需要听众去倾听他们的谈话，否则就浑身难受。

旧金山加州大学的研究员马休·默凯博士和玛莎·戴维思博士非常形象地对爱大声喧哗的人进行了这样的描述："听我指挥。照着我说的去做。"这证实了他们爱威胁别人的态度。

比较大的声音常常和愤怒的人通过喧哗的、吵架一样的音调把对别人和自己内心的恶意表现出来。

这种人常常来自大家庭，他们必须学会保护自己，为了发出自己的声音，他们必须对着一群兄弟姐妹叫嚷。因为这样做必然会成为引人注意的焦点，这种经历常常让他们缺少安全感。

如果不存在失聪的问题，那么高声喧哗就肯定和某种愤怒有关系。这可能是一种内心的愤怒，被大声喧哗的人下意识地埋藏在了内心深处；或者这也可能是直接指向某人的表面的愤怒。这种人越觉得不安全，说话的声音就越大，而这样其实很容易让人感到尴尬。

五、句尾渐弱至无的声音

这种人的发声模式表现为拖拖沓沓，缺少控制、准确、深思。因为缺乏自信，所以他们觉得自己无论说什么都不重要。

和说话柔声细气的人不一样的是，说话声音渐弱至无的人没有那么强的操纵和控制别人的欲望。反而，这种人在开始的时候说得很不错，可是后来就糊涂了，所以在语调上无法贯彻到底。这或许也在他们的生活方式上有所反应——他们可能开始了某件事，但是却不去完成它。我观察到很多有这种发声模式的来访者。 他们因为缺乏自信而感到很沮丧，并且往往不去完成要做的事情。

有位朋友第一次在公开场合说话，他不知道该怎么做。 他说话的语调圆润低沉，因此声音很好听，可是往往在句尾的时候声音很小，几乎都听不见。 他把自己说的话吞下去了。

当专家问他是不是那种着手做一件事，可是却从不完成的人。 他笑着说：“那就是我的生活经历。 你应该去看看我的公寓。 那里简直乱得一塌糊涂，乱得女佣都不知道从哪儿下手。”

“我用了 8 年时间才读完大学。 还曾经有人打赌我到底能不能读完。上班以后，我要很吃力才能完成工作方案。 其实，我连你正在帮助我的这份发言都说不完。”

事实上，他的发音模式所反映的正是这方面的问题，必须试着对此做些改变。 简单的方法是：先吸一口气，再用铿锵有力的声音把所有想法都流畅地表达出来，否则就不要开口说话。 然后再停顿一下，吸上一口气，接着再把下一个想法说出来，直到说完所有想说的话。

语音名片，感染他人

你的声音即是你的第一名片。通过电话，它能反馈听者的真实情感。无论对方感到厌烦还是愉悦，都将通过声音传递给你。

陌生人彼此之间的最初感知无非是通过三种方式来获得：视觉感知（见面的方式）、声音感知（声音的传递）和语言感知（语言的表达）。其中言语因素只占人们感知来源的7%，视觉感知占印象来源的55%，而声音感知则令人惊讶地占到38%。因此，我们理所当然地应该给予我们的声音更多的关注。

你必须对你的声音有所控制，并且在讲话时对其加以润色、变化。正如你所听到的每一番令人乏味的演讲一样，错误的发音，不仅会给人留下糟糕的印象，而且还将破坏本应精彩的演讲内容。一成不变的声调，含糊不清的发音，只能让听众注意你的声音而不会记得你的语言。

声音没有中间状态：要么极富个性、精彩绝伦，要么糟糕透顶、平淡至极。前者充满自信，能够控制听众的思绪，从而有效地传递信息；而后者则枯燥无味。声音应该成为丰富你的演讲、吸引你的听众最得力的手段，因为它能够令平淡无奇的语言变得丰富多彩。要让听众的目光在你身上进行短暂的停留，你必须每隔三四分钟就插入一些有趣的东西。但这并不一定要你在演讲中额外添加一些故事或者笑料。有时你仅仅改变一下你的声音就立即可以达到立竿见影的效果。润饰你的声音，与润饰你的语言同等重要。你需要做的就是在思想上开始对声音重视起来，并在实践中不断练习以增强自己的声音感染力。

要提高你的声音感染力的第一步是开始了解你自己的声音。这决不是故弄玄虚。你也许认为你了解自己的声音，毕竟你一直都在用这样的声音在工作中、在家庭、在电话中与人交谈。但其实在以上这些情况下，你只是在听对方谈话，而忽视了自己的声音。

让你的声音为口才做好准备，首先从以下几个方面开始：你需要经常地练习大声说话，随便你说什么，无论是日常话语还是书报词章，都可以郑重其事地大声朗读，反复琢磨你的声音；一段精彩的讲话同样需要你倾注真实的情感，你要怀揣饱满的激情面对你眼前的听众。这时候，你最好找来一些成功演讲者的录音带听听，看看一些著名人物是怎样训练和控制声音的，就像练习乐器一样找到那种感觉。

练习时看着镜子里自己发音时的口型，养成每天对自己大声说话的习惯，如有必要，最好用录音机记录下来，听听自己有没有一些进步，经常对自己做一下评估。一旦你开始有目的地留意自己的发音，你就做好了控制自己声音的准备。

我们大多数人都会在互相介绍之后以“嗨，你好！”作为开场白，但通常接下来的相对无语却一点也不高明。

当谈话的机会出现时，我们有些人反应总是不够快，或者根本视而不见。其实闲聊不需要准备，兴之所至，在任何约定的时间都可以聊一些适当的话题。你不必刻意使“球”滚动，但一定要打破僵局，而且要快。因为时间越久，站在那就越无话可说，你刚认识的朋友就会越快离开你去找一个有话说的地方。

一、抓住时机

先开口会吃亏吗？那要看你的感觉了。你的新朋友穿得很潇洒吗？不妨说：“你的领带真漂亮！”如果你参加宴会，他正在吃东西，就说：“我想尝尝那个‘沾汁蟹’，但又怕太辣。”其实，渡过开头这一关很容易，语气要轻松、自然，而且不显得唐突。接着，该把“球”传给别人了，提问题可使谈话继续下去。“你是怎么认识主人的？”“说话的那人你印象怎么样？”“那是条什么狗？”如果是别人问你，试着不要回答得太简单，让人无话可接。例如，他很欣赏你的耳环，你可以说：“很高兴你注意到了。那是我的朋友从西南部捎来的，你去过那儿吗？”回答问题的同时，要注意改变有关的话题，使谈话继续下去。

二、积极热情

将视线停留在他的脸上，集中精力促使聊天在一种自然、谦逊的氛围中进行。最糟的就是你四处张望或目光茫然，要全身心地投入才行。如果他看上去不大想继续谈，不用难过，也不用担心会让他看出来你有丝毫反应。也许他是感兴趣的，但需要一点时间整理思路。如果你提早结束，你就不会有动力、精力或体力再次聊得神采飞扬。

三、听话听音

现在你们已经聊了一些各自的兴趣爱好，都觉得挺合得来，接下去该准备进行深谈了。

在这一阶段，很容易低估用心听的重要性。别人在说话时，你仅仅保持安静是不够的。除了听清事实之外，还要听话听音。是什么使你的伙伴困扰呢？例如，他提到过失业或者刚刚离婚吗？如果你发现他开始时这么说："希望你不会介意我的问题……"那是他正在向你发信号，打算过分涉及私事，而又感到有点儿不便。因此，听话听音迫使你把心思集中到他身上，而不是你自己。还要记住一点，谈话成功不需要惊天动地，需要的是双方积极配合继续聊下去。投入不一定要相等，重要的是诚恳。

四、避免"杀手"

如果应付得当，大多数人都会跟你聊得比你想象的久，还会感激你的礼貌。但仍有一些屡试不爽的"杀手"，使谈话终止。其中需要认识的三个重点是：

①速度陷阱。当你的话像子弹一样飞驰或者像慢慢腾腾爬行的列车一样喋喋不休时，是无法引起别人兴趣的。保护自己以防堕入速度陷阱——太快或太慢的一种办法就是经常停一下，给你的话友一个发言的机会。你是否犯有这种错误的倾向呢？不妨将你打的电话录下来听听。

②消极话题。如果你过分热心于个人或其他重要的问题，如果你津津有味地说着不幸的事儿，别人就会变得紧张而且不舒服。类似的，即使他的地位高于你，你也不用畏首畏尾。如果你的工作不理想，别说："我只是个档案管理员，我讨厌这份工作。"消极只能表明你一无是处。如果你有远大的抱负，可以大胆而且坦白地说出来："我正在学习成为一名饮食学家，但现在仍在做办公室工作。"否定的开场白："这儿的服务真差劲，我再也不来了。"也会吓走任何一位听众。

③个人隐私。涉及关系、财产和身体的直接问题是完全不适当的。"你婚姻幸福吗？""你挣多少钱？""你穿多大号的衣服？"这些问题不仅让人觉得你爱管闲事，而且把聊天弄得像警察在审讯。

五、间歇效应

当你对一开始的话题感到厌倦的时候，往往有一个间歇会出现，一两分钟笨拙而又勉强的交流之后，大多数闲聊就会因此而终止。如果你们不想再继续，那是另一回事。但成功的谈话是可以避免夭折的悲剧的。根据你现在的情况或对他了解的程度，不妨挑一个轻松的话题继续聊几分钟。嗜好和旅游等丰富而自然的领域往往是最好的选择。同样，广泛地阅读杂志、书籍和报纸，了解时事，为谈话做准备，也是一条好的途径。重新再聊起来，你只需要说："你有没有读过……"别把他的"没有"当作回答，也别绕过这个话题，你可以继续问："那你相信不相信……"如果你们一直在谈酒和干酪，当渐渐没什么可聊的时候，你可以简单地问："夏天快到了，你计划去度假吗？"或者"你打算去什么特别的地方度过这个假期呢？"即使他回答："我没有任何计划。"你还可以问问他曾经去过哪些地方。如果由于职业的原因，他或她不能休长假，你可以换换方式问他从事何种职业。如果你能拓宽话题让他们有话说的机会，人们通常会很高兴的。

六、话宜得体

无论是断绝来往、各自走开或是交换电话号码，结束交流必须采取明确的行动。如果你很愿意再见他，就给他打电话，不要犹豫，拿出你的名片并向他要号码，注视着他的眼睛，说："很高兴同您交流，我希望与您交换一下家里的电话号码。"如果你们的关系发展得很快而且相当融洽，可以说得更明确："我很愿意与您交换家里的电话号码，并希望过两天和您共进午餐。"合适的话，也可建议去看看体育比赛或文艺演出。

当你的新朋友想让你们的友谊开花结果，而你却无意于此时，该怎么办呢？最好当时就有礼貌地对他说"不"！不要让他觉得不舒服；也不要很久以后再说，否则会伤人。如果你直接说："我不想再见到你。"那一定不讨人喜欢。应该这么说："我很高兴，同时谢谢你的邀请，但我不得不拒绝，对不起！"

可见，结识新朋友不是那么简单的事情。即使你对刚认识的人毫无兴趣，不要忘了他也有朋友，或许他会邀请你参加派对，介绍你认识其他有可能在社交或者商务洽谈方面都对你有益的朋友。

总之，一位全新的朋友，一个令人兴奋的职业或者一份意想不到的爱情，都不是每一次交谈所能期盼的。认识新朋友，学一点新东西从来不会是一件错误或者浪费时间的事。对于交谈来说，不要在意时间或结果，准备好，再试一次！

批评得体，轻重有度

在工作中，批评也是一种必要的强化手段，它与表扬是相辅相成的。不过，作为一个现代社会的领导者，批评的同时就应该尽量减少批评所产生的负作用，减少人们对批评的抵触情绪，从而保证批评效果能尽可能的理想。

一、当你不得不斥责部属时

身为上司，有时为了工作不得不斥责部属。然而，骂人却比被人骂难得多。

在责骂部属的时候，千万不可以用到“笨蛋”或“混蛋”这一类的字眼。此外，骂人的时间不可太长。

你可以强调言辞的内容来加深对方的印象。只要是稍有常识或自尊心的人，你这样提醒他，就足以让他知道事情的严重性。对于反应迟钝的人，有时不得不使用打击治疗法：“你到底知不知道该怎么做？”“你认为自己尽到责任了吗？”

有时候，你必须很大声地告诉部属：“因为公司的要求严格，所以我也必须严格要求你。”尤其是对那些即使犯了错也认为“这没什么大不了的”或是“只要不说，就假装忘记好了”的马虎型部属，更要清楚地告诫他们不能有这种想法。

除了对当事人之外，有时候也可以提醒周围的人，如果能让其他人产生“老板真的生气了！还是小心点好”的想法，那就成功了。此外，骂人的时候，一定要清楚地点明问题，如果让对方挨了骂也不知道是为什么，那可就一点意义也没有了。不但如此，还会让大家认为你莫名其妙呢！

雷声隆隆地指责完部属之后，别忘了适时地给予安慰。让挨了骂而沮丧万分的部属，有重新冲刺的勇气。但是，安慰要得法，可别让对方以为你是骂了人后悔，这样可就会产生让对方看轻的反效果。所以，在斥责与安慰之间，必须保持一段适当的时间，最好是在半天到一个礼拜之间。

二、多体谅，少批评

俗话说得好，乌鸦落在猪身上，只看到别人身上黑，却看不到自己也是一样的黑。每个人都只会看到别人的缺点，而看不见自己的错误和过失，结果就会造成互相埋怨。因此，在批评老板之前，先要从对方的角度想想，为什么他要那样做。有时候，对方可能是有难言的苦衷，没有办法，然而又不愿向别人透露隐情。在此种情况下，对无伤大雅的事，例如迟到等，就应该以关心代替批评，这样会使对方更容易接受。

三、讲究批评的语调

人们常说，“一样的话，两样说”，虽然是相同的一句话，但是用不同的语调说出，让人听起来感觉就会大不一样。

四、当众赞美，私下批评

每个人都喜欢听赞美的话，而且如果这种话是当众听到的，就会更加觉得有面子。反之，有关批评的话要私下说，这样除了能照顾到对方的面子外，对本身的形象也会产生好的影响。

当众赞美，私下批评，这看起来有点搞“两面三刀”之嫌，实际上并非如此，这样做的人，和那种表面一套、背地一套的人，有本质上的不同。

五、请教批评

有一个人在一处禁捕鱼的水库网鱼，远处走来一位警察，捕鱼者心想这下糟了。警察走来后，出乎意料，不仅没有大声训斥，反而和气地说：“先生你在此洗网，下游的河水岂不被你污染了？”这情景令捕鱼者十分感动，连忙道歉。

六、暗示批评

某单位工人小张要结婚了，工会主任问他：“小张，你们的婚礼准备怎么办呢？”

小张不好意思地说：“依我的意见，简单点，可是丈母娘说，她就只有这个独生女……”主任说：“哦，咱们单位还有小王、小刘都是独生女！”这段话双方都用了隐语。小张的意思是婚礼是不得不办，而主任则暗示，别人也是独生女，但能新事新办。

七、模糊批评

既照顾了面子，又指出了问题，提出了批评。它没有指名实际上又指名，并且说话又具有某种弹性。通常这种说法比直接点名批评效果更好。

八、安慰批评

年轻的莫泊桑向著名作家布耶和福楼拜请教诗歌创作。两位大师一边听莫泊桑朗读诗作，一边喝香槟酒，布耶听完说：“你这首诗，句子虽然疙里疙瘩，像块牛蹄筋，不过我读过比你写的还要坏的诗。这首诗就像杯香槟酒，勉强还能吞下。”这个批评虽严厉，但有余地，给了对方一些安慰。

九、一分为二的批评

大多数的批评者，往往是把重点放在指出对方“错”的地方，但却不能清楚指明“对”应怎么做。有的批评人家说：“你非这样做不可吗？”这是一句废话。因为没有实际内容，只是纯粹表示个人不满意。又如一位丈夫埋怨妻子说：“家里一团糟，又有客人要来，你怎么只管坐在那儿化妆？”这种话也不会起作用，他只说了一半，好的批评应该把另一半也说出来。

总之，批评是讲艺术的，不讲艺术的批评往往事与愿违。

拒绝他人，不伤和气

在你日常的工作和生活中，很可能会遇到下面的情形：一个素行不良的熟人来缠住你，非要向你借钱不可，但你知道，如果借给他便是肉包子打狗一去不回；一个相熟的产业向你兜售物品，你明知买下了就要吃亏，诸如此类的事你必定加以拒绝，可是拒绝之后，就要断绝交情，引人恶感，被人误会，甚至引发仇恨的因素。

要避免这种情形发生，唯一的方法就是运用些聪颖的智慧。请看下面的例子：

在德国某电子公司的一次会议上，公司经理拿来一个他设计的商标征求大家的意见。经理说："这个商标的主题是旭日，这个旭日很像日本的国徽，日本人民见了一定乐于购买我们的产品。"

营业部主任和广告部主任都极力恭维经理的构想，但年轻的销售部主任说："我不同意这个商标。"经理听了感到很吃惊，全室的人都瞪大眼睛盯住他。

年轻的销售部主任没有同经理争论那个带红圈圈的设计是否雅观，而是说："我恐怕它太好了。"

经理感到纳闷，脸上却带着笑说："你的话叫我很难理解，解释来听听。"

"这个设计与日本国徽很相似，日本人喜欢，然而，我们另一个重要市场——中国的人民，也会想到这是日本国徽，他们就不会产生好感，应当不会买我们的产品，这不与本公司要扩展对华贸易营业计划相抵触吗？这显然是顾此失彼了。"

"天啊，他的话太高明了！"经理叫了起来。

面对权威人士表示反对或拒绝，你一定要有充分的理由，还要注意技巧。年轻主任先用一句"我恐怕它太好了"抚平了经理的不快，使他不失体面。后来他以更加充分的理由，提出反对经理的意见，经理也就不会感到下不了台。

这里例举几种既恰到好处又不失礼节的拒绝方式，供您借鉴：

一、尽可能以最为友好、热情的方式表示拒绝

一位青年作家想同某大学的一位教授交朋友，以期今后在文艺创作和理论研究方面携手共进。作家热情地说："今晚6点，我想请你在海天楼餐厅共进晚餐，我们好好聚一聚，你愿意吗？"事情真凑巧，这位教授正在忙于准备下星期学术报告会的讲稿，实在抽不出时间。于是，他亲热地笑了笑，又带着歉意说："对您的邀请，我感到非常荣幸，可是我正忙于准备讲稿，我实在无法脱身，十分抱歉！"他的拒绝是有礼貌而且愉快的，但又是那么干脆。

二、避免只针对对方一人

某造纸厂的推销员上某大学推销纸张，推销员找到他熟悉的这个大学的总务处长，恳求他订货。总务处长彬彬有礼地说："实在对不起，我们学校已同某国营造纸厂签订了长期购买合同，学校规定再不向其他任何单位购买纸张了，我也应按照规定办。"因为总务处长讲的是任何单位，就不仅仅针对这个造纸厂了。

三、让对方明白你是赞同的

王女士在民航售票处担任售票员的工作，由于经济的发展，乘坐飞机的旅客与日俱增，王女士时常要拒绝很多旅客的订票要求。王女士每每总是带着非常同情的心情对旅客说："我知道你们非常需要坐飞机，从感情上说我也十分愿意为你们效劳，使你们如愿以偿，但票已经订完了，实在无能为力。欢迎你们下次再来乘坐我们的飞机。"王女士的一番话，叫旅客们再也提不出任何意见来了。

四、委婉说"不"

有时候，你的领导委托你做某事时，你要善加考虑，这件事自己是否能胜任？是否不违背自己的良心？然后再作决定。

如果只是为了一时的情面，即使是无法做到的事也接受下来，这种人的心似乎太软。纵使是很照顾自己的领导委托你办事，但自觉实在是做不

到，你就应该很明确地表明态度，说：“对不起！ 我不能接受。”这才是真正有勇气的人。 否则，你就会误大事。

如果你认为这是领导拜托你的事不便拒绝，或因拒绝了领导会不悦而接受下来，那么，此后你的处境就会很艰难。 因畏惧领导报复而勉强答应，答应后又感到懊悔时，就太迟了。

领导所说的话有违道理，你可以断然地驳斥，这才是保护自己之道。假使领导欲强迫你接受无理的难题，这种领导便不可靠，你更不能接受。

尽管部下是隶属于领导，但部下也有他独立的人格，不能什么事不分善恶是非都服从。 倘若你的领导以往曾帮过你很多忙，而今他要委托你做无理或不恰当的事，你更应该毅然地拒绝，这对领导来说是好的，对自己也是负责的。

在拒绝对方的要求时，同时指出应该怎样努力才能达到要求；以有说服力的事实诱使对方否定自己原来的要求等等。 拒绝的方式多种多样，需在实际的语言交往中灵活运用。

好声好气，各有魅力

说话是人们交流信息、传情达意的一个重要手段。它所表达的意义是通过人们对其发音器官的有意识控制和使用而表现出来的。这种控制和使用的一个重要对象便是说话的声和气。恰到好处地使用声和气不仅能充分地表达说话的意图和情感，而且还能使说话生机勃勃，充满艺术的感染力。

根据语音学中音素、音位的原理和人们说话时用声用气的心理状态及规律，我们可以把声和气通俗地分为以下几种类型：

一、和声细气

这种声和气宛如柔和的月光和涓涓的泉水，由人心底流出，轻松自然，和蔼亲切，不紧不慢，能给听者以舒适、安逸、细腻、亲密、友好、温馨的感觉。人们在请求、询问、安慰、陈述意见时常使用这种声和气。它可以弘扬男性的文雅大度和女性的阴柔之美。尤其是在抒发情感时，这种声和气的运用更具有一种迷人的魅力。

二、轻声小气

它可以表现说话者的尊敬、谦恭、谨慎和文雅。在和别人交谈时，使用它可以缩短人与人之间的感情距离，密切双方之间的关系。有时，它还能避免一些可能会招致的麻烦。当然，用它来公开坚持意见、反驳别人、维护正义和尊严或表示强调是不可取的。

三、嗲声嗲气

被宠爱者（通常是女子和儿童）对宠爱者说起话来嗲声嗲气，不仅能恰到好处地表现自己娇滴滴的秀气，更能博得和激发宠爱者的爱心和情感。可见，这种嗲声嗲气实际上是爱的生命的律动。

四、大声吼气

铁人王进喜曾有一句名言：“石油工人一声吼，地球也要抖三抖。”可见，大声吼气可以表现说话者的英勇精神、坚强意志和刚毅决心。此外，它可以表现威胁、指责、气怒，宣泄等意思，并能起到强化意识、渲染气氛、深化表现力度等作用。

五、高声大气

这是一种人们用来召唤、鼓动、说理、强调和表达自己激动心情的声和气。它可以表现说话者的激情和粗犷豪放的气质。虽然它和大声吼气都属于高音频和高调值，但是，它和大声吼气却有所不同。它通常是用来表示极度的欢喜或慷慨激昂的。

六、粗声粗气

日常工作和生活中，人们难免会遇到一些麻烦或苦恼。于是，粗声粗气地说它一通便成了一种自我排忧解愁的好方法。不过，听者习惯把粗声粗气与指责、反驳、训斥、顶撞、反感、抱怨联系在一起。因此，使用这种声和气时，应谨慎小心。

七、恶声恶气

世界虽然美好，但仍然有心术不善的人或令人深恶痛绝的事。用恶声恶气来鞭笞这些丑恶的人或事，可以起到警告、怒斥、敌视、憎恨、蔑视、制止等作用。此外，它还可以宣泄说话者的不满和愤怒等情感。

八、冷声冷气

由于某种特殊的原因，说话者有时不能或不便用恶声恶气来公开而又强烈地表示自己的意图和情感。于是，冷声冷气便可代替恶声恶气，而成为说话者的一种“冷战”的方法。它除了可以间接地表示恶声恶气所表示的意思外，还可以表示讨厌、讥讽、挖苦、不愿意、不赞成等意思。

九、怪声怪气

人们习惯把自己所憎恶或讨厌的人在说话时所使用的声和气看作是怪声怪气。因而，这种声和气常含贬义。不过，在有些场合下，借机模仿自己所憎恶或讨厌的人的怪声怪气，倒能表示说话者蔑视、憎恶等意思和起到挖苦、嘲讽等作用。

十、低声下气

它原是说话者在对有身份、有地位、有某种特殊的背景或自己所尊敬的人说话时，为了表示尊敬所采用的一种特殊的声和气。不过，人们现在常把它看作是奴颜媚骨和窝囊的表现。

十一、唉声叹气

人生并非如同梦幻的仙境，生活也并非总是充满着阳光。人们不时会遇到一些忧心苦闷、不快或自己力所不能及的事情。借用唉声叹气可以发泄说话者的内心苦闷和表示因自己无能而感到抱歉、追悔和内疚。然而，在某些特定的情况下，对某些背景特殊的人唉声叹气和辅之以笑容的话，倒是别有一番意思和情趣。

十二、怨声怨气

遇到不公正、令人不满和不快的人或事情时，用这种声和气可以表现说话者埋怨、哀怨、不满、不快等情绪。从某种角度来说，这也是一种发泄内心不快和自我安慰的方法。

十三、有声无气

在有些情况下，说话者会一反常态，说起话来让听者只闻其声，不觉其气。这种有声无气的说话方式表明说话者精神沮丧、意气消沉、心烦意乱、缺乏兴趣、慑于某种威胁或体力不支。常言的“有气无声”也属于这种范畴。

十四、吞声忍气

这是一种有意识的吞音现象。它通常表示说话者内疚、恐惧、惭愧、遗憾、无奈、懦弱等心理状态和性格特征。常言的“欲言又止”在一定程度上也属于这种范畴。

十五、屏声屏气

由于某种特殊的原因，说话者无意识地暂时抑止声和气，或者有意识地闭住声和气，这样往往能产生或制造某种设想的说话效果。比如：吸引、被吸引、尊敬、谨慎，等等。

十六、泣声悲气

当说话者感到悲愤、苍凉、伤感时，说起话来便会带有一种无意识的泣声悲气。善于表演的人，能借此表现极度的哀伤，以唤起听者的怜悯和同情。这种声和气的最大特点就是气多于声。

十七、破声破气

我国歌坛上曾兴起过一股“西北风”。这种“西北风”的演唱特点就是歌唱演员以破声破气来表现西北人、山里人乃至一些普通人的那种特有的粗犷、豪爽、热情、奔放、坚强的气质和性格特征。

不同的声和气表达着不同的意思。因此，我们说话时，不仅要注重遣字用词，更应该选用好恰当的声和气。这一点十分重要。否则，再美的词语也会失去其光彩，并很有可能引起听者的猜疑、妒忌、不满、反驳、敌视、唾弃和嘲笑。

幽默语调，化解尴尬

据说，钢琴家波奇一次在美国密西根州的福林特城演奏，发现全场有一半座位空着，他很失望。演出完毕，他还是大步走到台前，向听众表示谢意，并对听众说：“朋友们，我发现福林特这个城市的人都很有钱，我看到你们每个人都买了二三个座位的票。”

于是，这半屋子听众放声大笑，使劲鼓掌。

波奇极其幽默的话语，使他反败为胜，摆脱了困境，赢得了听众的尊重。其实，幽默不是男人的专利，只要把握适当，女性也不妨在适当的时候“幽他一默”。

有一位叫阿芳的姑娘，虽然没有出众的容貌和迷人的身材，但为人性情开朗、正直、幽默，许多人一旦和她交往几次，往往就被她的幽默所吸引，不知不觉地感受到她的魅力。

有一次，阿芳参加同学聚会，和同学们回忆着大学时代的美好生活。不料主人在招呼客人时，一不小心将一盆水打翻，全洒在了阿芳的脚上，把她那双新皮鞋泼湿了。主人不知所措，显得十分尴尬。阿芳却不慌不忙地说：

“一般正常情况是洗脚之前先脱鞋。”

一句话，使满屋的人都笑了起来，难堪的气氛也一扫而空，大家更加佩服阿芳姑娘。

在社交场合，说话带些风趣和幽默更能体现出一个人的修养和礼仪，表现出其人格魅力。在生活中，可依靠幽默化解尴尬的情况是非常多的，比如某高校一位姓严的古汉语教师，学识渊博，治学严谨，教学时严格训练，严格要求。一日，当他走进课堂，见黑板上赫然写着“严可畏”三字。该老师不愠不怒，只见他停下来，对学生朗声说道：“真正可畏的是你们！”学生们一时不知所措。严老师接着说：“不是吗？后生可畏嘛！为了让你们这些后生真的可畏，超过我们这些老朽，我这严老师怎可名不副实呀！”由“严可畏”三字，严老师准确地捕捉到学生们因严格训练、严格要求而生发的“积怨”与“不满”，先是冷静地予以宽容，进而曲解“可畏”二字，并且一语双关，含蓄幽默地表达出必须“严”的道理以及要继续“严”下去的决心，既宽容有度，又严格适中。

一、幽默化解别人的指责

一个冬晨，郊区开来的火车到站时又晚了25分钟，一位常遇见这种情形的旅客问列车长，这次又是什么缘故。

列车长说道：“碰到下雪，火车难免误点的。”

“可是今天并没有下雪啊。”旅客说。

“不错，”列车长说道，“可是，根据天气预报今天下雪。”

虽然列车长并未回答旅客的问题，相信听了列车长的话，旅客一定生不起气来了，这就是幽默的力量之一。

下面这个例子也是用幽默化解别人的指责的“经典之作”。 就是将本来只适合于彼种场合的话，移植到此种场合来说。 其特点是张冠李戴，语意翻新。

在美国的一所学校里，一位女教师在课堂上提了个问题：“‘要么给我自由，要么让我死’这话是谁说的？”

教室里鸦雀无声，女教师脸上一片失望。这时，有人用不熟练的英语答道：“1775年，美国国务卿巴特利克·亨利说的。”

“对，同学们，刚才回答问题的是一位日本同学。你们生长在美国却回答不出来，而来自遥远的日本的同学能回答，你们是多么可怜哟！”

这时，从教室的一角突然发出一声怪叫：“把日本人干掉！”

女教师听到叫声，气得满脸通红，大声问道：“谁？这话是谁说的？”

静了一会儿，教室的一角有人答道：“1945年，杜鲁门总统说的。”

1945年杜鲁门总统的对日作战宣言，可说是美国人的精神原子弹，而教室里冒出这句话，只能是笑的原子弹。妙的是，那位学生引用得那么贴切、适宜。

二、用幽默化解矛盾

记得一位幽默大师曾说过这样一句话：“懂得幽默，能说幽默话的男人是最佳男人，长得丑一些是无所谓的。”幽默是一个人内在气质的表现，一个人内在气质的美，胜过外表的美。 无论何人，只要充分运用自己的睿智，随机应变，用幽默的言辞缓和窘境，这就是一种成功。 它能化冲突为喜悦、变危机为幸运，即使在充满火药味的场合，也可以成为最佳的缓和剂，帮助你摆脱困境。

小周驾驶的汽车载人又装货在公路上行驶，边跑边放录音。后面来了一辆小车，鸣笛几次，由于笛声不响，车上噪声又很大，小周和他的同伴都没有听见，他把小车压了好长一段路。小车瞅机会超车了，便在小周的前面停下挡住了去路。小车上的几个人下车又是指责又是骂。小周的伙伴们也不示弱，眼看一场械斗就要开始了。这时，小周很冷静，他下车走上前去，边脱衣服边大声说：

"同志们，我今日虽然不是有意压小车，但是给大家带来了麻烦，该打。我脱了衣服，让你们方便，要求你们打轻点、打快点，打完了大家好赶路。"

小周这么一说，反而把大家逗笑了。大伙都说"算了"，各自走路。

小周利用以柔克刚之法，将责任揽到自己头上，话含幽默，又透出真诚，从而化解矛盾。

三、幽默化解"牛皮吹破"的被动局面

在社交场合，几乎每个人都会不由自主地"吹几句牛"或说些无关紧要的"谎言"，如果当场"露馅"，处理不好，往往是很尴尬难堪的，遇到这种情况该怎么办呢？有人采用"装傻充痴"的办法常常能顺利"过关"。

一个人常向人们吹嘘自己是位好猎手，沾沾自喜地谈论自己高明的枪法。

一天，他同朋友去打猎，朋友指着河里的一只野鸭请他开枪，他瞄了一下扣动扳机，但没有打中，野鸭飞走了。

朋友为他难为情，他却毫不介意，对朋友说：

"真怪！我还是第一次看到死鸭子能飞呢！"

朋友听了捧腹大笑。

"我还是第一次看到死鸭子能飞。"这是"荒唐无比"的"痴言呆语"。正是这句"痴言呆语"，才使自己解脱了窘境，多么巧妙、多么有趣、多么可笑，是痴呆非痴呆。

有时最高的社交智慧在于显得一无所知。不必真是白痴，看来像就可以了。你懂得装蠢，你就并不蠢了。这种技巧最为简单：把你的聪明放在冰山下面，跟没有任何智力一样。言语交际中，故意说"痴言呆语"，会使你的语言幽默风趣，妙趣横生，创造轻松、活泼、诙谐的交际氛围。故作"痴言呆语"会让人诧异，感到"荒唐至极"，瞬间思考后便恍然大

悟，觉得巧妙绝伦，谐趣无穷，发出会心的微笑，赞美说话者超人的智慧和高雅的幽默。

故作“痴言呆语”是高超的社交幽默技法，具有是痴非痴的特点。在具体运用时，必须注意三点：

第一，扮演痴呆人角色。只有这样，才能使人产生疑问，继而加以思索，随之理解用意，捧腹大笑。

第二，让人明白你的用意。如果别人不理解你“痴言呆语”背后隐藏的真实用意，幽默感就不会产生。

第三，打破生活常规。顺着生活中固有的逻辑思考便不可能幽默。

面对奚落，不动干戈

在社交场合，有时会遇到别人有意无意抢白你，奚落、挖苦、讥讽你，你该怎么办？ 我认为应该用语言做“护心符”，筑起防卫的堤防。有随机应变能力的人，能调动自己的智慧，化被动为主动，使尴尬境地烟消云散。 “兵来将挡，水来土掩”，你可视不同的来者选择不同的应付办法。

若判明来者不善，是怀有恶意，故意挑衅，你可以“以眼还眼，以牙还牙”，有理、有利、有节，即有礼貌而巧妙地回敬对手，针锋相对，用“原物”顶回。

有一次，一个美国记者同周总理谈话时，看到桌上有一支美国派克钢笔，就带着几分讥讽的口气问：“请问总理阁下，你们堂堂中国人，为何还用我们美国的钢笔呢？”周总理听出了他的言外之意，庄重而又风趣地答道：“提起这支钢笔话就长了，这是一位朝鲜朋友的抗美战利品，作为礼物赠送给我的。我无功不受禄，就拒收。朋友说，留下做个纪念吧。我觉得有意义，就收下了贵国这支钢笔。”那个记者听后一脸窘相，怔得半晌也说不出话来。

英国前首相威尔森在竞选时，演说刚讲到一半，突然有个故意捣乱者高声打断他：“狗屎！ 垃圾！”显然，他的意思是叫威尔森“别胡说八道”。威尔森却不理会其本意，只是报以容忍的一笑，安抚地说：“这位先生，我马上就要谈到您提出的脏乱问题了。”捣蛋者一下子哑口无言。

假如有人冲着你横眉竖眼、恶语中伤地骂道：“你这个人两面三刀，专门告我的阴状，想踩着别人的肩膀爬上去，没门！”如果你心中无愧，完全不必大发雷霆，倒不妨解嘲地反诘：“哦！ 是真的吗？ 我倒要洗耳恭听。”然后诱使谩骂者说下去，直到对方找不到言辞了，你再“鸣金收兵”。 在这种情况下，你以温文尔雅、彬彬有礼的方式笑迎攻击者，显然比暴跳如雷、大动肝火好。 如果对方来势汹汹，盛气凌人，前来指责辱骂你，而你确信真理在手，则应报以藐视的目光、冷峻的笑颜，让他尽情地发泄个够，而不予理会。 有时沉默无言的蔑视胜过万语千言。

如果有人用过于唐突的言辞使你受到伤害，或叫你难堪，你应该含蓄以对，或采取装聋作哑、拐弯抹角、闪烁其辞，或采取顺水推舟、转移“视线”、答非所问，谈一些完全与其问话“风马牛不相及”的事，用这种委婉曲折的方法反驳对手，定会取得奇特的功效。

比如，你刚被提拔到某领导岗位，有人对此揶揄道：“这下子你可平步青云，扶梯直上了吧！”你听了不必拘泥，可一笑了之：“是这样吗？你算得这样准？”这种不卑不亢的应对方法可立即使对方语塞。相反，你若过于计较，说出一大堆道理，倒显得太认真，反而适得其反。假如有人以半真半假的口吻问：“你得了一大笔奖金，该‘发财’了吧？”如你就实避虚地回答：“你也想吗？咱们一块来干。”语中带点刚阳锐气，别人再问，也不大好意思了。

有的时候可能会遇到棘手犯难的问题，对此，若以幽默谐趣的方式回答，往往会化险为夷，改变窘态。在“山重水复疑无路”时，转为“柳暗花明又一村”，使尴尬局面消失在谈笑之中。

俗话说：“害人之心不可有，防人之心不可无。”练就随机应变的语言表达能力如同学会“少林拳”一样，只可用它筑防卫之堤，切不可主动进攻、出口伤人。而且防卫要注意有礼貌，不管是用“软”办法，含蓄反驳，还是用“硬”办法，原话顶回，都要有理、有节。有一次，我看到一位长者在买菜时说：“你这菜太老了！”卖菜者立即反唇相讥：“哪有你老啊！”这种嘴不饶人的做法是不足效法的。如果自以为有一副伶牙俐齿，以尖刻之语到处挑起“战火”，那就必定招人嫌了。

分量话出，语惊四座

人微言轻，是一句流传经年的老话了。其中既有自轻自贱的托词意味，也有拙口笨舌的无奈慨叹。细细推敲便不难发现，世间的小人物，也并非都是出口无分量的。要想使自己的言语有分量，能够打动尊者、贵者，自然牵涉到说话的态度、方式、时机和技巧。不少“小人物”都以自己卓尔不群的口才，说出过动听耐听的锦言妙语，剖析一下他们“言重”的取胜方式，于我辈“人微”者或许不无启迪意义吧！

一、口出惊世骇俗言

不少小人物，总爱视“大言”为狂言的同义语，因此在尊者面前显得唯唯诺诺，毫无生气可言。其实，唯其人微，才不能唯尊者马首是瞻，才更需要独特的惊世骇俗之言，才能引人注目，令人洗耳恭听，最终使自己伴随妙语脱颖而出。

唐代宰相李绅位尊名盛，他出使淮南时，一律不接见下人。小小书生张祜偏要结识一下这个大人物，他先写了名帖，署名“钓鳌客”。李绅一见这名帖顿生怒气，于是破例召见了他。为了给对方一顿羞辱，李绅故意问：“秀才既懂得钓鳌，那么用什么东西作钓竿呢？”张祜脱口便道：“用长虹！”李绅再问：“用什么作钓钩？”张祜大气张扬：“用新月！”李绅再问：“用什么作钓饵呢？”张祜大笑：“用我作钓饵，当然也就不难钓到大鳌啦！”听到这些话，李绅高兴地款待了这个口出狂言的书生，对饮聊天，不亦悦乎。

显然，张祜能折服李绅这个大人物，用的正是大言惊骇之法，以磅礴气势给了对方强烈刺激，其才华才最终得到大人物的认可。

二、傲语述志非凡响

大凡表述心迹，总少不了豪言壮语。如果只是一般地转述现成的豪语，小人之言更令人小觑。真正振聋发聩之语，大约总是一种心底激情之宣泄，一种颇有个性色彩的挥洒。

抗日英雄鲁雨亭，年轻时同几个长辈一道赴宴。席间一长者问及他将来的打算，鲁雨亭率直地说："各位长辈，不瞒你们说，晚辈立志与别人不同。别人都愿当大官、享清福，而我此生不愿作大官，只愿作大事！"一语既出，令长辈们震惊不已，倒吸冷气，从此更加看重他关心他了。

若按中国人的习俗，晚辈之言总该谦让些吧，可鲁雨亭偏偏豪情傲语，以"大官"与"大事"对比，表明自己的志向，让长辈们对这小字辈刮目相看。一个人微者，要赢得尊者的重视，没有如此傲然之言，又怎能谈得上脱颖而出呢？

三、峻言交锋卫自尊

即使尊卑上下之间，也难免有意见相左甚至唇舌交锋的时候。作为人微者，如何才能使自己的话语掷地有声震慑对方？很多时候，低声下气委婉曲折是无用的；相反，利用一些严词峻语却常能令尊者怦然心动，心悦诚服，特别是在需要护卫自己人格尊严的时候，此法更为有效。

曹操的一个故交宗世朴看不起曹的品性。后来曹操官至司空，总揽朝政，一次他故意对自己手下的小人物宗世朴挑衅道："你现在总可以答应与我相交了吧？"宗却不为所动，出语傲然："松柏之志犹存。既然得罪了你不受重用，就更没想过高攀与升迁了！"这毫无媚气的铮铮之语，既令曹操惊讶，更令他折服。事后，曹操竟叫儿子向宗登门求教，其子恭敬地静伏于宗的床下，令人慨叹不已。宗世朴在对手前是人微者，他却以毫无委曲求全的凌厉之言，最终赢得了对手的折服，护卫了自身人格的尊严。

由此可见，那"落笔惊风雨，诗成泣鬼神"般的峻语严词在特定场合下的分量与震慑力了。

四、套语设陷点要害

人微者谋求言重，当然不只有"大江东去"的言语风格一途。有时候，"小桥流水"般的谑语戏言也能征服对方。

我国援建B国一大型运动场遇到了停电的困扰，难以按期完工。工程队负责外事的黎晓女士便找到该国电力委员会经理高迪卡，谁知对方百般推诿。碰钉子后黎晓决定智取，她先设宴款待高迪卡，不断以外交辞令夸赞他"颇有才干"，感谢他对双方的"支持与合作卓有成效"。正当对方喜不自禁时,她话锋一转,以调侃的语调说:“高迪卡先生,您是这个项目的总负责人。我们如果不能按期完工,虽然经济上受损失,可是对您的影响恐怕更大了。贵国运动会不能如期召开,那么,您头上的乌纱帽没准也会被拿掉呢!”此言在软硬夹攻中点明了要害,立即引起对方的重视。高迪卡只得笑道:“不会误期的,不会。”工地上很快就恢复了供电。

黎晓以区区小人物打动对方的,正是那先赞美后将军的套路,从而显示出话语的分量来,对方能不予以重视么?

蘑菇游说自从容。饶舌,是平常谈话之大忌;然而,位卑者既要使自己的言谈打动贵者尊者,免不了要绕点弯子,打持久战,以激起对方的恻隐之心。

巴普自办了一个剧场,却总无戏剧评论家前来光顾,他深知没人宣传就没有观众,于是大胆闯入《纽约时报》欲搬尊神。巴普点名要见著名评论家艾金森,凑巧艾在伦敦访问,巴普干脆呆在报社不走:“我就等到艾金森先生回来!”艾的助手吉尔布无奈,只好询问其原因。巴普便大施游说之术,说他的演员如何优秀,观众如何热烈,最后摊牌:“我的观众大多是从未看过真正舞台剧的移民,如果贵报不写剧评介绍,那我就没经费继续演下去了!”吉尔布见其态度坚决,不由感动了,答应当晚就去看戏。谁知,露天剧场的演出到中场休息时,便遇上了滂沱大雨。巴普一见吉尔布躲雨欲走,立即又粘上他说:“我知道,你们剧评家通常是不会评论半场戏的。不过,我恳求你了,无论如何破一回例!”巴普一次次地游说,真诚也有,“无赖”也有,斯人斯言到底感动了上苍,几天后一篇半拉子戏的简评见报,巴普剧场也日渐红火起来。

一个名不见经传的小小剧场主,其言何以搬动了《纽约时报》这尊神?那不正是步步紧逼、巧舌游说的结果吗?人微者言语的力量,正是在那步步紧逼软缠硬磨中展示出来的。当然,蘑菇游说须有分寸,只宜抽丝剥茧般地渐次逼近主题,否则也是徒劳无功的。

五、巧言诡辩寓机锋

理直辞正之法,固然有光辉,然而,特定环境下利用矛盾的巧言诡辩,有时却更有醍醐灌顶的力量。对于人微者来说,更能显示出巧藏机锋之妙处。

春秋时,一个叫直躬的人,告发父亲私下扣留了别人一只羊,按当时法律其父该判死刑。当判决下来后,直躬方才省悟,忙跑到官府去哭诉,说:

"我作为臣民,不得已而检举父亲,是因为臣民必须维护法律,以向国君尽忠。可是作为人子,我不忍家父被诛,因此请求代父受戮,以尽人子之孝。"官吏见他说得在理,于是特许他替父从死刑。然而,到了刑场上,直躬又长叹大叫:"我真是太不幸了。我举奸不避亲,可说是至忠了;我甘愿代父受戮,可说是至孝了。可是,连我这样至忠至孝的人都被诛杀,那么,楚国人又有谁不该被杀掉呢?"刑场上的官吏一听,觉得在理,于是上报楚王。楚王听后亦大为感动,不仅免去直躬一死,还对其奖掖有加,从此直躬便声名大振了。

直躬抓住事物矛盾的两面,左右开弓,其言之重,竟至撕开了法律的一个窟窿,可见巧言悖论中所蕴藏的力量之所在了。说到底,所谓机锋,不正是临场应变、妙语言重所激发的奇光异彩么?

第三章

语境修炼

——山头唱歌自有道

山头唱歌，节外无枝

有一些憨直的人过分诚实，喜欢实话实说，常常让人觉得过于莽撞，锋芒毕露。人性的弱点是：无论处在何种地位何种情况，都喜欢听好话，喜欢受到别人的赞扬，不愿听到伤害自己的话。为人必须有锋芒有魄力，但不能过火，否则不仅刺伤别人，也会损伤自己。

失意人前，勿谈得意事。因为那只可能加重对方的失落感，所以即使万事顺心，也要故意说些辛苦处给朋友听。

得意人前，勿谈失意事，因为得意人常不能体谅失意者的痛苦。所以即使许多不如意，也要振作起精神来。

失意时交的朋友，得意时常会失去，因为他觉得你高升了，不再是他的一伙，他不愿意高攀，也高攀不上，你无心的一言一行，都可能引起他敏感的自卑。

得意时开罪的朋友，失意时也难以挽回，因为他觉得你昔日气焰的消失，不是因为你变得谦和了，而是因为走投无路，才回头搭老交情。昔日你不认他，他今天也不会认你。

说话的时候要注意语境的变化，到什么山头唱什么歌，心里最好得有个谱，要不然就败事有余了。

一位早年毕业于某高等院校中文系、勤勤恳恳工作了几十年的老教师退休了，为此，学校为他和另一位曾多次荣获过“先进”的退休老同志一并举行了一个欢送会。与会同志和领导对他们的工作和为人进行了热情洋溢而又非常得体的肯定和赞扬，相比之下，对那位曾多次荣获过“先进”的老同志的美誉则尤多。当轮到两位受欢迎的退休老同志致答谢辞的时候，他们对大家的赞誉作了深情的感谢。一时间，会场里充满了一种令人动情的温馨气氛。作为答谢，话本该说到这里为止；然而，那位老教师却并未就此打住，却由人们对另一位“先进”的赞扬中引起了感触，并作了颇为欠当的联想和发挥：“说到先进，很遗憾，我从来也没有得过一次……”话犹未竟，坐在他对面的、平日与他相处得不很融洽的一位青年教师突然抢了话头：“不，那是我们不好，不是你不配当先进，是怪我们没有提你的名。”话语中带着一种不肯饶人而又让人难堪的“刺”,冷不防,老教师的眼角眉梢被“刺”出了一股感伤的表情,一时间会场中出现了一种快快不悦的尴尬气氛。

一位领导见势不对,马上接过话茬,想把气氛缓和一下。照理说,这时,他应避开“先进”这个敏感的话题,转而谈论其他。然而,他却反反复复劝慰那位退休老教师,叫他对“先进”的问题不要在意,没有评过先进,并不等于不够先进,先进不仅在名义,更要看事实。如此等等,一席话,等于是把本应避而不谈的话题作了重复和引申,使本已尴尬的局面显得更为尴尬。

这是一个发生在我们身边的真实的故事,我们不妨把它叫做一个“不会说话的故事”。从这个故事中,我们很可以引出几点发人深思的教训来:

一是那位退休老教师的教训:不该作无谓的比照。比照,是谈话中常用的一种手法。用得好,可以使谈话产生某种积极的效果。这里,“积极的效果”是应该特别注意的。在退休欢送会这样的场合,人家所说的往往都是一些富有情感而又不失其真的十分得体的人情话和好话。对于这种充满人味的好话,听话者要善于倾听,善于应答,大可不必拿别人的长处来衡量自己的短处,从而引起自己的不快。

二是那位青年教师的教训:不要在别人失意之火燃烧时加油。与人相处,难免会发生这样那样龃龉,在一位勤勤恳恳工作了一辈子的老前辈即将退休时,虽然可能因为老先生平时在某些方面不善为人处事而与自己伤了和气,然而在欢送会这种场合,我们却不能乘别人一时失言,抓住不放,图一时之痛快而说出那些不合人情的刻薄话,在这种场合,无论如何,还是要在“欢”字上多考虑一些,“欢送欢送”,“欢”而“送”之,要尽可能多留一点美好人想头给人家。

三是那位领导人教训:应注意避开敏感话题。领导者的领导能力固然表现在原则性上,在会场上一时出现了某种始料未及的尴尬局面时,他没有直接去批评那位言之有失的青年教师,他竭力肯定那位老教师人贡献:具有这种应急的意识并立即着手应变,这些都是无可厚非的。然而,从具体的应变能力和言语技巧来看,却又显得很不够。照理说,在这种场合,他应竭力避开“先进”这个敏感的话题,“王顾左右而言他”,巧妙地把话题岔开,使欢送会的气氛由暂时的不欢而重新转向欢快,并顺势掀起新的高潮,而不是如他所做的那样在敏感的话题上唠叨不休。能否机敏地避开某些不宜多说的话题,对领导者的领导能力也是一种很好的检验。

三个方面的教训,合为一点,就是:说话要注意场合。不看场合,随心所欲,信口开河,想到什么说什么,这是“不会说话”的一种拙劣表现。人，总是在一定的时间、一定的地点、一定的条件下生活，在不同的场合，面对着不同的人，不同的事，从不同的目的出发，就应该说不同的话，用不同的方式说话，这样才能收到理想的言谈效果。

初次见面，有理有节

公关是人与人之间的交流，所以公关人员讲话要有理有节，问候寒暄适可而止，分析判断恰如其分，要充分考虑对方的立场。

第一，说话要适时。既要积极主动，又要谨慎小心。该说话时不说就会冷场，不该讲时讲了又是多嘴。冷场会使人难堪，多嘴又令人讨厌。

第二，说话要适量。既要追求质量，又要掌握分量。话语当长则长，该短则短；音量当大则大，该小则小，既不能使人不明不白，也不能讲个没完没了。

第三，说话要适当。要周密思考，用词准确，语言得体，把握分寸，既不能词不达意，又不可言过其实，虽然难以字斟句酌，也要做到言之成理。

公关人员是联络员、宣传员、解说员，是沟通关系建立感情的桥梁，情真意切的语言才能打动人，理智有据的语言才能说服人。公关人员展示说话水平，只要做到了有礼、有节、有度，就能在公众中留下美好的印象。

在社交场合中讲话，总有一些忌讳，公关人员不得不考虑每一个听众的好恶。比如，有胖人在场忌讳说“肥”；在病人面前忌讳说“死”；结婚喜庆忌讳说“破裂”、“分手”；新厦落成忌讳说“垮了”、“倒了”等等，这并不是“迷信”、“过虑”，而是尊重他人的一般习惯。

要避免犯忌，争取做到“八戒”：

一戒连篇累牍、语无伦次、无的放矢、文不对题。

二戒颠三倒四、七拼八凑、文理不通、是非混淆。

三戒荒诞怪论、子虚乌有、装腔作势、故作高深。

四戒滥用词藻、自鸣得意、吟风弄月、华而不实。

五戒牵强附会、大言不惭、含糊其词、模棱两可。

六戒张冠李戴、不着边际、平淡乏味、冗词赘句。

七戒言不及义、陈词滥调、千篇一律、人云亦云。

八戒无中生有、低级趣味、风花雪月、斗鸡走狗。

公关人员在公关交际中首先要处理好接近公众问题。只有先接近才谈得上进一步沟通。接近是交流的前提，是被人容纳的基础，与人沟通的桥梁。

与人接触的第一句话、第一个词就是称呼。不知道怎么称呼对方，一见面只会说一句“您好！”，使人感到是一种应酬或应付，很难使对方产生亲近感，对相互沟通不利。所以，熟识的人见面，打招呼时要亲切地称呼对方；与陌生人联系，交谈之前更要恰当的称呼，以示尊重。

公关人员在称呼对方时，既要注意不同对象的身份，又要懂得不同地域的风情。前些年，普遍用“同志”作称呼，叫一声“同志”，对方觉得把他看成了自己人，感到很高兴；现如今，对男子称“先生”、“帅哥”，对年轻女子叫“小姐”、“美女”，就比较时髦。

与人初次见面，可以用这样的话开头：“请问您怎么称呼？”、“请问先生、小姐怎么称呼？”

同样是一句问话，感情色彩可能很不一样。讲究说话水平的公关人员应作出恰当的选择。在了解对方身份之后，称呼就可以更具体了。

公关人员在个别交谈场合称呼对方，对年长者一般用“老”或“大”，如“老伯”、“老太”、“大姐”、“大哥”。对有职衔者要称其“职”或“衔”。如“关厂长”、“严经理”、“王教授”、“李医师”。对一些地位比较低的人，如能用好称呼，定能博得好感。如把“开车的”称为“司机大哥”、把“理发的”称为“美容小姐”，就会得到热情帮助和优质的服务。在集体活动场合，面对众多年轻人，叫一声“青年朋友们”，就会缩短心理距离；面对农村老少，叫一声“父老乡亲们”定会增进相互感情。

沿海地区的中年、老年人，喜欢别人叫得年轻些；内地山区的人，喜欢别人叫得老大些，因此，对于中年或青年人，男性是叫“大哥”还是叫“先生”，女性是叫“大姐”还是叫“小姐”就要根据不同地区，选用不同的称呼了。称呼时还有几点要注意：

称呼应准确。比如：不能把“叔叔”称为“我爸爸的弟弟”，对一个年轻的姑娘不能称“大嫂”等。

区别对待。在不同的对象、场合，要准确地分清亲疏远近的关系和对方的年龄、辈分、职务等；在不同的场合、不同的时机，对不同的对象，要选择正确的称呼。比如：到同学和同事家，对其父母就不能称职务或同志，要称“伯父伯母”或“叔叔”。恋人、夫妻之间亲昵的称呼，不宜在公开场合、父母和孩子面前出现。

诚于内而形于外。对人称呼亲切、彬彬有礼，是心灵美的表现。不能把称呼看成是单纯交际应酬的手段，为称呼而称呼是不可取的，效果也不好。

语言美。称呼不仅表示对被称呼人的友好尊重，同时也反映了称呼者人格上的文明。有些人出言不逊，用词粗鄙，开口就“喂”、“老头子”、“卖肉的”，甚至带有不堪入耳的脏话，这不仅贬低了别人，也抹黑了自己。

称绰号要讲分寸。绰号就是外号，一般是针对对方的个性特点而加给对方的，可以赞颂人的优点，也可以揭示人的短处。起绰号不能只图一时开心，一定要注意效果，有利于团结和精神文明建设。

公关人员有很大一部分工作是同陌生人打交道。同陌生人见面，总要先作介绍。可以由他人介绍，也可以自我介绍。公关人员要联系公众，广结人缘，一般都应采取主动。先问对方，再说自己。例如：“请问怎么称呼？”对方回答后要有表示。对身份较高的可说声“久仰！”；对一般交谈者可说声“谢谢！”然后自我介绍，自我介绍要简明、谦逊。讲清自己的单位、职务、姓名、态度。一般可以用下面的话自我介绍：“我是公司公关部的，初次来到贵地，请多关照！”“我是四川所的公关员，专程来此拜访，请多指教。”

在为他人作介绍时，应先把身份低的、年纪轻的介绍给身份高的、年龄大的，把男同志先介绍给女同志。但在进行介绍时，应先提后者的称谓，再说明前者的身份。

“张董事长，这位就是××公司的王经理。”

“陈小姐，让我给你介绍深圳来的李先生。”

这样的介绍有礼有序，使大家都感到自然舒畅。

在某些公众场合，公关人员还可以适当地做自我介绍，以吸引别人的注意：

“我叫张伟，在上海宾馆公关部工作。也许在不少人心目中，公关工作都是一些漂亮小姐担任的，一个男子汉怎么从事公关工作呢？其实这是一种误解。公关是塑造形象和协调关系的工作，只要具有公关的知识和素养，男子汉同样能做好公关工作，今后希望各位在工作中多多关照。”

通过这样的介绍，就把一位公关先生的形象深深印在人们的脑海里，但这样的介绍要以实际情况为基础，不可哗众取宠。

下面是一般情况下的介绍：

假如有三个人在一起，其中两个人已经互相认识，而第三个人却与其中一个人不认识，那另一个就应当充当义务介绍人。另外，如果有一大群人，其中有互不认识的，也应给他们作介绍。

介绍时要注意先后次序，介绍的先后尽管没有明文规定，但在约定俗成的习惯里，却有男女、长幼、主次等等区别。人们在通常的情况下，是把男士介绍给女士，即在介绍的过程中，小姐的名字先提，然后再提男士的名字，如："李小姐，我来给你介绍一下，这位是梅先生。"如果你介绍一男一女相识，而男的年纪比女的大得多，则应该将她介绍给他，以示尊敬长者，你可以这样说："文教授，这是我的同学，中文系的。"如果是同性别的，年纪小的应介绍给年纪大的，未婚的通常介绍给已婚的，晚辈介绍给长辈。

在运用介绍语言时可以根据场合的气氛和彼此关系的熟悉程度来介绍双方的身份、地位等。"请让我介绍一下……"如非正式场合，千万不要这样用，那显得拘谨、生涩。大多数情况下，采用一些活泼轻松的语言比较受人欢迎。如：

"小王，老李，你们见过面没有呀？"

"文文，这位是小颖；小颖，这位是文文。"

"这是我的好朋友'调皮大王'，猴年出生的，你叫他小猴就行了。那位是我的同事，马年出生的，叫小马也可以。"说完，你可以补上一句幽默语："一对猴年马月生的，终于认识了。"

你介绍一对夫妇时，可以说："这是何先生和何太太。"当然，说名字亦可："这是林和他的太太赖。"这就要关系好一些了。

我们大多数人都会在互相介绍之后以"嗨，你好！"作为开场白，但通常接下来的相对无语却一点也不高明。

当谈话的机会出现时，我们有些人反应总是不够快，或者根本视而不见。其实闲聊不需要准备，兴之所至，在任何约定的时间都可以聊一些适当的话题。你在这时候一定要打破僵局，而且要快。因为时间越久，站在那就越无话可说，你刚认识的朋友就会越快离开你去找一个有话说的地方。

适时恭维，恰到好处

其实恭维分有三六九等，上等品被称为“赞美”、“赞扬”、“赞许”、“称颂”等，下等品则被贬为“讨好”、“阿谀奉承”、“溜须拍马”、“献媚邀宠”。

上等的恭维有几个主要规范：①无论真假却令人乐于信服；②不着痕迹，不动声色，使人浑然不觉；③气味芬芳宜人，远离点头哈腰；④富有新意，而非陈词滥调；⑤尺寸恰当，分量适中，正中下怀。

可见，恭维看似简单，其实最难。上下之分在于品位，奥妙之处存乎于心，不一而足。要想脱开令人生厌的廉价低俗，没有好的技术是无法完成的。所以当小心谨慎、全力对待，否则非常容易弄巧成拙。

一、戴“高帽”是美丽的谎言

恭维别人并不是轻而易举的事，所谓的“拍马屁”、“阿谀”、“谄媚”都是技艺拙劣的高帽工厂加工的伪劣产品，因为它们不符合赞美和恭维的标准。

过分粗浅的溢美之词会毁坏了你的名声和品位。不论用传统交际的眼光看，还是用现代交际的眼光看，阿谀谄媚都是一种卑鄙的行为。正人君子鄙弃它，小人之辈也不便明火执仗应用它，即使被人号称“拍马行家”或“马屁精”的人也会对这种行为嗤之以鼻。孔老夫子有话：“巧言令色鲜矣仁。”毛泽东生前也多次批评过吹吹拍拍、拉拉扯扯的庸俗作风。可见，阿谀谄媚者无仁无义、俗不可耐。

在现实的交往中，大凡向别人敬献谄媚之词的人，总是抱着一定的投机心理，他们自信不足而自卑有余，无法通过名正言顺的方式博取对方的赏识，表现自己的能力，达到自己的目标，所以只好采取一种不花力气又有效益的途径——谄媚。

如何做好高帽，说好恭维话呢？

①恭维话要坦诚得体，必须说中对方的长处。

人总是喜欢奉承的。即使明知对方讲的是奉承话，心中还是免不了会沾沾自喜，这是人性的弱点。换句话说，一个人受到别人的夸赞，绝不会觉得厌恶，除非对方说得太离谱了。

奉承别人首要的条件，是要有一份诚挚的心意及认真的态度。言词会反映一个人的心理，因而轻率的说话态度很容易被对方识破，产生不快的感觉。

②背后称颂效果更好。

罗斯福的一个副官名叫布德，他对颂扬和恭维，曾有过出色而有益的见解：背后颂扬别人的优点，比当面恭维更为有效。

这是一种至高的技巧，在人背后称扬人，在各种恭维的方法中，要算最使人高兴的，也最有效果的了。

如果有人告诉我们：某某人在我们背后说了许多关于我们的好话，我们会不高兴吗？这种赞语如果当着我们的面说给我们听，或许反而会使我们感到虚假，或者疑心他不是诚心的，为什么间接听来的便觉得悦耳呢？因为那是真心的赞语。

德国的铁血宰相俾斯麦为了拉拢一个敌视他的属员，便有计划地对别人赞扬这个部属，他知道那些人听了以后，一定会把他说的话传给那个部属。

③别像一个暴发户花钱那样，大手大脚地把高帽扔得到处都是。

对于不了解的人，最好先不要深谈。要等你找出他喜欢的是哪一种赞扬，再进一步交谈。最重要的是，不要随便恭维别人，有的人不吃这一套。

高帽就是美丽的谎言，首先要让人乐于相信和接受，但不能把傻孩子说成是天才一样离谱；其次是美丽高雅，不能俗不可耐、低三下四、糟蹋自己，也让别人倒胃口；再者便是不可过白过滥，毫无特点，不动脑子。

小偷看见狗从旁边走过，便不停地把小块面包扔给他，狗对小偷说："你这家伙，给我滚开！你这种好意使我感到非常害怕。"

小偷简直丢尽了恭维者的脸，连狗都骗不了。

二、不可明目张胆讨人好

如果一个人的学识、机智、地位等到了一定水平，恭维话便可大讲特讲，有声有色。只是不能称为"马屁"了，而应叫作谦和。钱钟书先生即为一个天才。

有一年冬他访问日本，在早稻田大学文学教授座谈会上即席做《诗可以怨》的演讲。开场白是：到日本来讲学，是很大胆的举动，就算一个中国学者来讲他的本国学问，他虽然不必通身是胆，也得有斗大的胆。理由很明白简单。日本对中国文化各方面的卓越研究是世界公认的；通晓日语的中国学者也满心钦佩和虚心采用你们的成果，深知道要讲一些值得向各位请教的新鲜东西实在不是轻易的事。我是日语的文盲，面对着贵国汉学或支那学的丰富宝库，就像一个既不懂号码锁又没有开播工具的穷光棍，瞧着大保险箱，只好眼睁睁地发愣。但是，盲目无知往往是勇气的源泉。意大利有一句嘲笑人的惯语，说："他发明了雨伞。"

据说有那么一个长在穷乡僻壤的土包子，一天在路上走，忽然下起小雨来了，他凑巧拿着一根棒和一方布，人急智生，他用棒撑了布，遮住头顶，居然到家没有淋得像落汤鸡。他自我欣赏之余，也觉得对人类作出了贡献，应该公诸于世。他风闻城里有一个发明品专利局，就兴冲冲拿棍连布赶进城去。到那局里报告和表演他的新发明。局里的职员听他说明来意，哈哈大笑，拿出一把雨伞来，让他看个仔细。我今天就仿佛那个上专利局的乡下佬，孤陋寡闻，没见识过雨伞。不过，在找不到屋檐去躲雨点的时候，用棒撑着布也不失为应急的一种有效办法。

这段开场白其实讲了两个层次。先讲对日本汉学研究中国人不敢等闲视之。即使是中国专家在日本讲中国学问，也要对听众的水平做最充分的估计。后段讲自己不通晓日语，除了有勇气之外，没什么资本。然而，自嘲正乃恭维别人的一种很好的方法！

三、赞美要准确，吹捧须新颖

对于初次见面的人，哪一种赞美最有效呢？最好避免以对方的人品或性格为对象，而称赞他过去的成就、行为或所属物等看得见的具体事物。如果赞美对方"你真是个好人"，即使是由衷之言，对方也容易产生"才第一次见面，你怎么知道我是好人"的疑念及戒备心。

如果赞美过去的成就或行为，情况就不同了。赞美这种既成的事实与交情的深浅无关，对方也比较容易接受。也就是说，不是直接称赞对方，而是称赞与对方有关的事情，这种间接奉承在初次见面时比较有效。如果对方是女性，则她的服装和装饰品将是间接奉承的最佳对象。

我和不少朋友的家人相处得很好，其中与一家夫人的友谊甚至比和她丈夫的友谊更为深厚，当然我们之间的关系绝不会使人产生误会。本来我只认识她的丈夫，那么我怎么成了他全家的朋友呢？ 起因是在与她初次见面的那次宴会上我随便说出的一句话。

当时，我被介绍给这位朋友的夫人，由于没有适当的话题，就顺口说了一句“你配戴的这个坠子很少见，非常特别”，企图以此掩饰当时的尴尬。 我说这句话完全是无意的。 因为我根本不懂女人的装饰品。 出人意料的是，这个坠子果然很特别，只有在巴黎圣母院才买得到，这是她的心爱之物。 随便说出的这句话，使夫人联想起有关坠子的种种往事，从此我们便成了好朋友。

要恰如其分地赞美别人是件很不容易的事。 如果称赞不得法，反而会遭到排斥。 为了让对方坦然说出心里话，必须尽早发现对方引以自豪、喜欢被人称赞的地方，然后对此大加赞美，也就是要赞美对方引为自豪的地方。 在尚未确定对方最引以自豪之处前，最好不要胡乱称赞，以免自讨没趣。

四、嘴甜未必心就辣

吹牛拍马的人，总是通过甜言蜜语、花言巧语，使对方在不知不觉或轻松愉快中入耳入脑而变得春风得意或忘乎所以。 有时，一个人做了一件事情，自己吃不准是对是错，如果有人趁机贡献几句好话，就会飘飘然，大有“深获我心”的知遇感，不禁发出“知我者惟你也”的慨叹。 再说，古今中外能够“闻过则喜”的人实在太少，听到别人赞美自己而欣然大悦的人倒是太多，“闻过则喜”的首创者也未必真能“闻过则喜”。 在这种社会心理环境下，虽然明知阿谀奉承的人大都言非心声，甚至可能别有用心，却仍然愿意或乐意姑妄听之，自我陶醉，这也叫“一个锅要补，一个会补锅”。 这大概就是对阿谀谄媚既怀深恶痛切之心又有洗耳恭听之意的主要原因。

冲着人们这层心理，酒家、舞厅的服务小姐对待上门捧场的客人，左一句“老板”、右一声“董事长”的，不知提振了多少男人的心。 她们口中的称呼虽是职业性的奉承，却令承受者飘飘欲仙，有如真当了老板、董事长。

一个挣薪水的突然成了老板，其心中的快活自然是不在话下，即使短暂，也心满意足。 可长久以来我们习惯于这样衡量人：爱夸赞的人是虚伪的；爱挑错的人是真诚的。 后者难能可贵，所以有成语“闻过则喜”、“攻错之谊”等等。 我们是那么怕吃亏上当，以致神经过敏，听到赞美自己的话，就疑之入骨；同时留心自己绝不轻易称赞别人，免得落下个“嘴儿甜”的坏印象。

面对尴尬，巧下台阶

生活中经常会发生一些让人尴尬的事情，如果置之不理，会使自己难堪；如果计较太多，会显得没有风度；如果无所适从，或处理不当，会使自己更下不了台。面对下不来台的事情，要想从容以待，化尴尬为潇洒，化被动为主动，化下不了台为应对自如，以下方法可以参考：

一、转换角度，巧语解难

让人下不了台的事大多发生在人们料想不到的时候，但是，只要能及时转换角度，巧说妙解，不但能给自己找个台阶，甚至能给生活增添某种乐趣。

有一对夫妻因小事争执不下，在家吵闹不休。正当妻子向丈夫作狮吼状时，有一对朋友来访，丈夫尴尬得无地自容。好在妻子也顾及到丈夫的面子，看朋友到来连忙改口，但对丈夫来说，终究一时无法从窘境中摆脱。朋友见状，笑着说："听你俩交流还挺热烈，我来的可真不是时候啊！"此话一出，其妻先红了脸，无语离去。其丈夫马上调侃地对朋友说："打是亲骂是爱，我们刚才是在打情骂俏呢！别看她刚才那么凶，其实正表示她对我的关心，不信你问她。"这时他妻子从里屋出来也与朋友打哈哈，争吵便化为云烟。

丈夫的"打是亲骂是爱"，把他和妻子的争吵说成是一种"亲"和"爱"，朋友自然不会信以为真，但这样转换了角度，给自己找了一个台阶，也似乎多了一些生活的情趣。想来，朋友走后，他们也不会再争吵了。

二、反唇相讥，争取主动

生活中，总有那么一些人爱故意找碴儿。寻衅滋事，想让别人下不来台。这时你如果退避三舍，必会遭人耻笑；如果视而不见，也难免有软弱之嫌。你想化被动为主动，采用反唇相讥法，既可让寻衅者无言以对，也能在主动中有台阶可下。

张因和李意见相左,便想在公众场合故意给李难堪。李在一次发言中,不慎读错了一个字,张便在大庭广众下说李:"水平太差,那么简单的字都不认得,还好意思在众人面前说话!"李见张故意寻衅滋事,也就不客气了,笑着对他说:"这总比你作错事不认账还强出一点吧!"李的话实际是事出有因,张在损坏了别人东西后,非但自己不承认,还欲嫁祸于人,但又被人揭穿。因为这件丑事人人皆知,因而李的话一出,众人皆知其意,大家默然相视而笑。

张偷鸡不成反蚀一把米，欲辱人而自取其辱。李在下不了台的情况下，运用反唇相讥法，转移了视线，巧妙地回击了张的侮辱，也使自己从窘境中摆脱出来。

三、调侃自嘲,低调退出

如果下不了台的事因自己不慎而生，当然不能埋怨别人，只有自己承受了。这时，最好采用调侃自嘲、低调退出的方法。

一群二十年后相见的老同学中,有一男一女曾是同桌,因而说话遮拦便少一些。但女同学不久前丈夫因病去世,男同学并不知道,因而在玩笑中一无顾忌地提及其丈夫。另一同学知情,便忙阻止,让他不要再说了,但他不知其详,玩笑开得更为厉害。阻止的同学只得说出实情,这个男同学可谓无地自容,非常尴尬。不过他迅速回过神,先是在自己脸上打了一下,之后调侃地说:"你看我这嘴,几十年过去了,还和当学生时一样没有把门的,不知高低深浅,只知道胡说八道。该打嘴!该打嘴!"女同学见状,虽有说不出的苦涩,但仍大度地原谅了老同学的唐突,苦笑着说:"不知者不为怪,事情过去很久了,现在可以不提它了。"男同学便忙转换话题,从尴尬中解脱出来。

一旦因自己失误而造成不好下台，最聪明的办法是：多些调侃，少些掩饰；多些自嘲，少些自以为是；多些低姿态，少些趾高气扬。像上面的无意中触人隐痛的男同学那样，用调侃自嘲法，低调退出，便容易轻松地找到可下的台阶。

谁都有可能碰上难下台阶的情况，但只要能多想办法，给自己找一个台阶也并不是太难的事。要给自己找个台阶，以上三法可以看出有一个共同点：都要在窘境中及时调整思路，选择一个巧妙的角度，改变眼前的被动局面，想方设法争取主动。这样就能比较自然地在窘境中给自己找到一个可下的台阶。

求人办事，游刃有余

求人办事，心理攻势和说话技巧有着不可估量的作用，它可使你更顺利或以更小些的代价来达到目的。人都有寻求同类或知音的倾向，要想使对方将你纳入知音之列，必须投其所好，而千万不能惹人反感，叫人生厌。

对性格外向的、喜欢交际的人，在办公室与他们谈话一般不会有什么副作用，而对性格内向、胆小怕事、敏感多疑的人则容易产生副作用。此时，就应该换个环境，在室外、院子里随便谈心，才容易达到说服的目的。

求人时只一味的谈自己的事，并不停地说“请你帮忙，请你帮忙”这类的话，会让人感到万分的不耐烦的。假如想把自己的请求向对方说明，就应该先摆出愿意听取对方讲话的姿态等，有倾听别人言谈的诚意，别人才会愿意听你说话。

谈话的材料不要总是老生常谈，或是在家里和麻将的范围打转；如此容易使对方厌倦。无法拓展谈话的范围，就不能进一步地使对方了解自己，更不必说与对方深切地交往了。

无论谈到什么问题，都要把自己目光所及、脑中所思的传达给对方，对任何问题都能发表独到的见解是最重要的。

但也不要夸夸其谈，显示自己什么都懂。

在日常谈话中，一般人都是说些身边琐事，这或许是想向对方表示亲切。在正式的交谈中，最好不要把老婆、儿女当作谈话的资料。有些人习惯性地讲几句正经话后，就把话题扯到老婆、儿女的身上，像这样尽说家务事，就不能算是好的谈话内容。

谈话应先从政治、经济等比较严肃的话题开始，然后再涉及到文学、艺术、个人的兴趣方面等比较轻松的话题。总之，将自己的观念见解堂堂正正的公布出来，使彼此都能有共同的思想，才是最好的谈话。谈话的语言要视对方的修养而选择，做到能雅能俗，才不会有格格不入的反感。

一个善于交谈的人，一定会注重礼貌，用词考究，不致说出不合时宜的话，因为他知道不得体的言辞往往会伤害别人，即使事后想再弥补也来不及了。相反，如果你的举止很稳重，态度很温和，言词中肯动听，双方自然就能谈得投机，分别后也会彼此怀念不已。

所以为了要使对方对你产生好感，必须言语和善，讲话前先斟酌思量，不要不动脑筋地想到什么就说什么，这样引起了别人皱眉头自己还不知道为什么。那些心直口快的朋友平时要多培养一下自己的深思慎言作风，切不可像随地吐痰似的不看周围是何处就脱口而出，那样是会被人瞧不起的。

既然求人，大多是工作生活出现了困难和危机，比如家人生病、婚姻不和、事业不顺等等，这些因素都会使人心力交瘁，丧失信心，不仅影响情绪，而且影响和周围人的交往。在处于情绪低潮时，请求别人能寄予关怀，伸出援助之手，是可以理解的。但千万不要把过度沮丧的情绪带到别人面前。求人办事，总是一副哭丧脸，会使人感到晦气。

俗话说老乡见老乡，两眼泪汪汪，乡情是以地缘为纽带而结成的特殊缘分。人们在求人办事时可以靠乡情套近乎、拉关系，可以利用乡情打通关节，办成事情。

在现代，在求人办事中老乡观念也照样有一定的积极作用。

张先生原是吉林人，解放战争时，由于兵荒马乱，他跟着父母逃荒到山东，后就在山东定居下来，一家人过着非常贫苦的生活。后来新中国成立了，张先生一家人为了当地的建设就再没有回吉林。

改革开放以后，张先生以敏锐的思维和大胆的投资，创办了一个工厂，经过几年的奋斗与拼搏，现已成为全国同行业的佼佼者，个人资产总额已名列全国前五名。张先生虽已成家立业，但时时刻刻都在想着家乡，想着家乡的人民，现在年龄也大了，很有一种叶落归根的想法，但苦于工作太忙，没时间回去。

这时，张先生的家乡为了创办当地特有的产品加工厂，需要一笔不小的资金，当地政府千筹万借，才筹到了总数的三分之一，于是就派出一名王某去找张先生，希望能得到援助。

王某是政府对外联络办的，为人聪明，善于交际，且很有办法。他看了张先生的详细资料后，就判断张先生这时也很有回家乡投资的意向。因此，在没有任何人员的陪同、也没有准备任何礼品的情况下，独自一人前往山东，并且打包票定会筹到款项。

当张先生听到家乡来人时，欣喜之余也感到有些惊讶，因为久不闻家乡的讯息，突然有人来了，该不会是招摇撞骗之人吧！张先生心里不由起了阵阵疑心,但出于礼节,他还是同王某见了面。

王某一见张先生这种神情,知道他还没有完全相信自己。于是他挑起了家乡的话题,只讲家乡解放前及前30年的风貌变化,他那生动的语言,特别是那浓浓的爱乡之情溢于言表,令张先生深受感动,也将他带回了童年及少年时期,想起了那时的家乡、那里的爷爷奶奶,还有邻里亲戚……很显然,张先生记忆深处中的那块思乡领地已被王某揭开了盖头,蕴藏在心中的那份几十年的感情全部流露了出来,欲罢不能。

就这样,经过3个小时的"聊天",王某对借钱一事只字未提,只是与张先生回忆了家乡的变迁,犹如放电影一般。最后,张先生不但主动提出要为家乡捐款一事,还答允了与家乡合资办厂的要求。

当今时代，利用乡情办事的事例数不胜数。近至一般的人物，远到港、澳、台以及海外侨胞，只要事业有成者，无不想为家乡做一份贡献，如果掌握并恰当地利用好"老乡关系"，不管是于人于己还是于我们的事业，都是有一定好处的。

回入题，缓解紧张

在谈判正式开始时，双方可能会感到紧张，这时，以别的话题迂回切入，可以融洽缓和气氛。

迂回入题，可以谈论多种话题。

可以谈有关旅游的话题。如“广西桂林真是山水甲天下，各位去过没有？”“我国的兵马俑堪称世界一绝，没有去看那是一大遗憾。”“各位这次经过泰山，有没有去玩玩，印象如何？”

可以谈有关娱乐活动的话题。如：“昨晚的舞会，大家尽兴了吧？王小姐舞姿翩翩，真是独领风骚啊！”“这几天播出台湾电视剧《含羞草》，很有看头，各位可以看看。”“离我们这个饭店不远，有一家卡拉OK厅，听说很不错，各位不知去过没有？”

可以谈有关新闻的话题。如：“听说美国政府开始救市了……”

可以谈有关衣食住行的话题。如：“这里的饭菜口味，各位吃得惯吗？”“这几天天气很冷，要注意多加衣服，弄感冒了可就麻烦了。”“这里居住条件还是蛮好的。尤其是有空调，这是比其他地方优越之处。”

可以谈有关旅行的话题。如：“各位昨天的航班正点吗？一路上辛苦了。”“这里飞机票一向不好买，各位哪天走，最好提前几天买票。”

各种各样的话题，能有效舒缓紧张气氛。

曾有广东某厂厂长率团与美国欧文斯公司就引进先进的浮法玻璃生产线一事进行谈判。

从我方来说，美方就是顾客。双方在部分引进还是全部引进的问题上陷入僵局。我方的部分引进的方案，美方无法接受，我方的“推销”受到对方拒绝。

这时，我方首席代表虽然心急如焚，但还是冷静地分析了形势，如果我们一个劲儿地说下去，可能会越说越僵。

于是他聪明地改变了说话的战术，由直接讨论变为迂回说服：

“全世界知道,欧文斯公司的技术是第一流的,设备是第一流的,产品也是第一流的。”

我方首席代表转换了话题,在微笑中开始谈天说地,先来了个“第一流”,诚恳而又贴切地称赞了美国的欧文斯公司,使对方由于谈判陷入僵局而产生的沮丧情绪得以很大程度的消除。

“如果欧文斯公司能帮助我们广东玻璃厂跃居全中国的第一流,那么,全中国人民都会感激你们。”

这里,刚离开了话题,似乎又转了回来。但由于前面说的话,已解除对方心理上的对抗,所以,对方再听到这些话时,似乎也顺耳得多了。

“美国方面当然知道,现在,意大利、荷兰等几个国家的代表团,正在同我国北方某省的玻璃厂谈判引进生产线事宜。如果我们这个谈判因一点点儿小事而归于失败,那么,不但是我们广东玻璃厂,而且更重要的是欧文斯公司方面将蒙受巨大的损失。这损失不仅是生意,更重要的是声誉。”

我方首席代表的这场迂回打得妙,没有直接提到大家谈判中敏感的问题,也没有指责对方缺乏诚意,而只是用“一点点儿小事”来轻描淡写,目的当然是冲淡对方对分歧的过度关注。

同时,指出谈判万一破裂将给美方带来的巨大损失,完全是站在对方立场上,替对方考虑。这一点,对方无论如何是不能拒绝的。

“目前,我们的确因资金有困难,不能全部引进,这点务必请美国同事们理解和原谅,并且希望在我们困难的时候,你们能伸出友谊之手,为我们将来的合作奠定一个良好基础。”

这段话,迂回到对方的心眼里去了。对方已是我们的朋友,现在不是做什么买卖,而是朋友之间的互相帮助。

特殊环境，无胜于有

古往今来，不知有多少人，凭着自己的三寸不烂之舌，改变了自己平凡的命运。

说话是人们每天生活的主要内容，“从早晨睁开眼睛开始，一天中的每件事都必须用语言来推动”。因此，语言在人们生活中是最简单、最平凡也是最重要的事。正因为语言与人们息息相关，所以说话的技巧就显得尤其重要。

西汉初年，汉高祖刘邦杀了项羽，平定天下之后，开始论功行赏，群臣在这个时候，彼此争功，吵了一年多都无法确定。刘邦认为萧何功劳最大，就封萧何为侯，封地也最多，但群臣却心中不服，议论纷纷。在封赏勉强确定之后，地席位的高低先后又起争论，大家都说：“平阳侯曹参身受70次伤，而且攻城掠地，功劳最多，应当排他第一。”刘邦因为在封赏已委屈了一些功臣，多封了许多给萧何，所以在席位上难以再坚持，但心中还是想将萧何排在首位。

这时候关内侯鄂君已揣摩出刘邦的意图，就挺身上前说道：“群臣的评议都错了！曹参虽然有攻城掠地的功劳，但这只是一时之功，皇上与楚霸王对抗五年，时常丢掉部队，四处逃避。而萧何却常常从关中派兵员填补战线上的漏洞。楚、汉在荥阳对抗了好几年，军中缺粮，都是萧何转运粮食补给关中。粮饷才不至于匮乏。再说皇上有好几次逃到山东，都是靠萧何保全关中，才能接济皇上的，这才是万世之功。如今即使少了一百个曹参，对汉朝有什么影响？我们汉朝也不必靠他来保全啊！为什么你们认为一时之功高过万世之功呢？我主张萧何第一，曹参其次。”

刘邦听了，自然是高兴无比，连忙说：“好，好。”于是下令萧何第一，可以带剑入殿，上朝时也不必急行。

刘邦本是个大老粗，在分封诸侯的时候，将一些从前跟着他出生入死、身经百战的功臣比喻为“功狗”，而将出谋划策的萧何比喻为“功人”，所以萧何的封赏最多。明眼人一看就知道刘邦宠幸萧何,所以安排入朝的席位上,高祖虽然表面上不再坚持萧何应排第一,但鄂君早已揣摩出他的心意。于是顺水推舟,专拣好听的话讲,刘邦自然高兴。鄂君因此而被改封为“安平侯”,封地也多了近一倍。鄂君的几句话,使他一生享尽荣华富贵。

在某种情况下,不说比说更好,这时,选择不言便是最佳谋略。即所谓“此时无声胜有声”。

唐太宗有次问魏征:“你的进谏我没有听取,再同你说话时,你为什么不应答呢?”魏征回答说:“我认为一件事不可以三番五次反复劝谏。如果陛下不听从,而臣子让步了,那么你还将照样做,所以我不敢应答。”李世民说:“应答了再劝谏也没有关系呀!”魏征说道:“从前舜告诫君臣‘你们不要当面听从,背后议论啊’。臣内心知道不对,却满口应承,这难道是臣子应持的态度吗?”

说话并非韩信点兵,多多益善,有时反而会起到事倍功半的效果;所以正确把握说话技巧是非常重要的。

有句谚语是这么说的:“雄辩如银,沉默是金”。在我们的生活工作中,有些时候确实是沉默胜于雄辩。与得体的语言一样,恰到好处的沉默也是一种语言艺术。在说话时机未到的时候,保持沉默,有时候是一种最好的选择,会收到“此时无声胜有声”的效果。

在时机未到时保持沉默是一种“大智若愚”的艺术,在商业活动中多听、少说甚至不说,这样做的目的是为了获得最大的利益。少开口不做无谓的争论,对方就无法了解你的真实想法;反之,你可以探测对方动机,逐步掌握主动权。这时候的沉默,实际上是“火力侦察”。

在一家小公司同一家“巨无霸”公司的一场贸易谈判中,“巨无霸”公司的代表依仗自己的实力,滔滔不绝地向对方介绍情况,而小公司的代表则一言不发,埋头记录。

“巨无霸”的代表讲完后,征求对方代表的意见。小公司的代表好像突然睡醒了一样,迷迷糊糊地对“巨无霸”的代表说:“哦,讲完了?我们完全不明白,请允许我们回去研究一下。”

于是,第一轮会谈结束。

几星期后,谈判重新开始,小公司的代表声称自己的技术人员没有搞懂对方的讲解。结果“巨无霸”的代表没有办法,只好再次给他们介绍了一遍。

谁知,讲完后小公司代表的态度仍然不明朗,仍是要求道:“我们还是没有完全明白,请允许我们回去再研究一下。”就这样,结束了第二次的会谈。

过了几天后,第三次会谈小公司的代表还是一言不发,在谈判桌上故伎重演。唯一不同的是,这次,他们告诉“巨无霸”,一旦有讨论结果立即通知对方。

过了一段时间,“巨无霸”觉得这次合作已经没戏的时候,小公司的代表找上门来开始谈判,并且拿出了最后的方案,以迅雷不及掩耳之势逼迫“巨无霸”,使对手措手不及。

最后,达成了这一项明显有利于小公司的协议。

这次小公司能够打败“巨无霸”,取得谈判的成功,关键就在于小公司的沉默,时机不成熟的时候,他们保持沉默,使对手摸不着头脑,盲目骄傲自大,同时也为自己赢得时间研究对手的方案,给了对手措手不及的一击。

说话莫忘看时机,因为心理学告诉我们,在不同的场合环境中,人们对他人的话语有不同的感受、理解,并表现出不同的心理承受力。正因为受特殊场合心理的制约,有些话在某些特定环境中说比较好,但有些话说出来就未必得当。同样的一句话,在此说与在彼说的效果就不一样。如果环境不相宜,时机未到,最好的办法是保持沉默。

其实何止在商业谈判中,在生活中我们也要遵循这种“时机未到保持沉默”的作风。老一辈人总是谆谆教导我们:“话到嘴边留半句,不可全抛一片心”、“言多必失,语多伤人”、“君子三缄其口”的古训,也把缄口不言作为练达的安身处世之道。今天,我们亦应谨记这些古训,该沉默时一定要沉默。

那么什么时候应该保持沉默,什么时候又应该及时出击呢?这个时机一定要把握好,不妨注意以下几个方面:

第一,不了解情况的时候要保持沉默

有时候,不了解对方的情况盲目地乱说,往往会给对方造成可乘之机,使自己遭受到莫大的损失,所以,在不了解对方的情况时,不要轻易地把话说出口,保持沉默是上策。

第二,自己做不了主的时候要保持沉默

有时候,自己往往不能够做主,所以,这时候也不能说。如果自己不慎把不该答应的事情答应下来了,到时候所有的问题只有自己来承担了,所以这时候也要保持沉默。

第三，正在气头上的时候要保持沉默

当你自己或他人的情绪正在气头上的时候最好闭口不谈，从长远来说这是有益的。如果你跟别人发生争吵，你们两个人的情绪都很激动，那就等以后你们都冷静下来，能够心平气和地讨论问题的时候再安排时间交谈，只有在那个时候你们才能进行有实质意义的讨论而不是相互指责。

在战场上，盲目地出击，有时候会落入对方的圈套。在和人家交谈时，同样是这个道理，如果不了解情况，随口乱说，反而会使情况变得更糟，所以，在张口说话之前，一定要注意了解情况，只有这样才能够有针对性，能够起到应有的效果。

第四章

弯曲修炼

——转个弯儿照样行

话能转弯，迂能生直

山顶住着一位智者，他胡子花白，谁也说不清他有多大年纪。

男女老少都十分尊敬他，不管谁遇到大时小事，他们都来找他，请他提出一些忠告。

但智者总是笑眯眯地说："我能提什么忠告呢？"

这天，又有年轻人来求他提忠告。

智者仍然婉言拒绝，但年轻人苦缠不放。智者无奈，他拿来两块窄窄的木条，两撮钉子，一撮螺钉，一撮直钉。另外，他还拿了一个榔头，一把钳子和一个改锥。

他先用锤子往木条上面钉直钉，但是木条很硬，他费了很大的劲，也钉不进去，倒是把钉子给砸弯了，不得不再换一根。

一会儿功夫，好几根钉子都被他砸弯了。

最后，他用钳子夹住钉子，用榔头使劲砸，钉子总算弯弯曲曲地进到木条里面去了。但他也前功尽弃了，因为那木条已经裂成了两半。

智者又拿起螺钉、改锥和锤子，他把钉子往木板上面轻轻一砸，然后拿起改锥拧了起来，没费多大力气，螺钉钻进木条里面去了，天衣无缝。

智者指着两块木板笑了笑："忠言不必逆耳，良药不必苦口，人们津津乐道的逆耳忠言、苦口良药，其实都是笨人的笨办法，那么硬碰硬有什么好处呢？说的人生气，听的人上火，最后伤了和气，好心变成了冷漠，友谊变成了仇恨。我活了这么大，只有一条经验，那就是绝不直接对任何人提忠告。当需要指出别人的错误的时候，我会像拧螺丝钉一样婉转曲折地表达自己的意见和建议。"

在人们的语言交往中，考虑到双方的关系或出于某种原因，说话者对有些话不能、不便或者直接说出来，而用较为委婉的语言，把本来要说的话或者要表达的意图暗示出来，让对方去领会和思考，这在语言的艺术上就叫做委婉的暗示，我们采取的方法就是化直为迂法，在化直为迂法中运用得最多的就是委婉含蓄的语言以及恰到好处的暗示。

在心理学上，暗示是采用含蓄的方式，通过语言、行动等手段对他人的心理和行为发生影响，从而使他人接受某一观念，或按照某一方式活动。通过暗示，不显露动机，不指明意义，而把语言所要表达的含义间接地提供给受暗示者，使其心理和行为受到影响。

《四世同堂》中，祁家老二瑞丰成天闲逛鬼混，还经常向操持家务的大嫂韵梅伸手要钱。但全家的生活已经十分困难，韵梅没钱可给。不给吧，又怕瑞丰闹气，搞得家庭不和。韵梅真是左右为难。这天，瑞丰又来要钱，韵梅只好说："老二，我偷偷地给你当一票去吧？"当一票，说明手上没钱，只能当东西；偷偷地，暗示了祁家的家规，恐怕有失体面。这样，老二如果还有人性的话，也就不会再让韵梅作难了。

当你面对这类难题，就要含蓄说话，委婉处理，既要达到目的，又要息事宁人，防止矛盾激化，有时还需要隐蔽动机。

在现实生活中，有时我们回答问题不能毫无顾忌、直言直语，而必须用委婉的方法进行暗示，以影响对方。每个人都有自尊心、虚荣心，运用语义明确的语言，会使对方受到很大的刺激，甚至伤害到对方的自尊心，特别是带有忠告性的意见或建议，若不考虑言辞，不但对方不容易接受，达不到忠告的目的，而且，还可能产生语言上的冲突，造成感情上的失和；有时，也由于涉及到对话双方以外的第三方，直接回答可能会引起误会甚至矛盾，将自己卷入不必要的语言纠纷。因此，在这些场合中，运用含蓄的言词，温和委婉的语气，平易近人的态度，曲折隐晦的暗示，使对方理解其意图，达到说服对方或应付对方的目的。

委婉的暗示并不是运用模糊语言推委、搪塞对方，而是在特定的语言环境与场合，运用暗示实现特定的目的，用委婉曲折的语言表达暗示者的思想意图，使对方心领神会，这些语言表面上不明确，但实际上对话双方却能明白其所指，这样对方就能从中领会其真实的含义，或了解答话者的真实意图，从而达到答话者的目的。

渡江战役前夕，国共和谈破裂，国民党政府即将垮台。周恩来力劝国民党和谈代表留在北平共事，代表们也对原政府失去了信任，却不知毛泽东能不能容忍他们这些异党分子，就想探个究竟，也好为自己求得一条退路。可如果直接相问，就明显有乞降之嫌，大家都抹不开面子。有一个成员趁打麻将之机，轻描淡写地问毛泽东："是清一色好，还是平和好？"毛泽东心领神会，爽快答道："还是平和好，我喜欢打平和，更喜欢和平。"就这样，一个重大的信息悄然传了出去，代表们全留了下来。问者自然高明，回答也是不凡。

首先，对不便于直接说出或回答的问题，可以委婉地暗示。这类问题或者有难言之隐，不便正面提出或回答；或者若直接提出或回答，会引起对方的不愉快；或者若直接说出来，有损对话双方的感情。

其次，是不能直接说出或回答的问题，需要通过委婉的暗示；对这些问题，或者为了保密，或者为了遵守诺言，或者是如果直接说出会引起较为严重的后果，出现不利的局面等。

最后，对不愿直接说出的问题，也可以进行委婉的暗示；在这种情况下，委婉的暗示还是回避的有效方法；对这类不愿明言或无法明确作答的问话，用含糊的语言委婉地表达，更能使自己从被动的局面中摆脱出来，争取主动。

要做到语言含蓄须善于洞悉谈话的情景和宗旨，还要练就随机应变的本领，这样才会使你的语言得心应口，别有新意。

兜个圈子，道理在后

在日常交际中，一般说，直言快语，是人的真诚所在，是受欢迎的。但有时候，效果并不佳，轻者损害人际关系的和谐，重者造成麻烦，违背言语交际的初衷。而有时有意绕开中心话题和基本意图，采用外围战术，从相关的事物、道理谈起，即“兜圈子”，却常能收到较理想的交际效果。请看下列三例。

例 1.一位年轻媳妇，见小姑穿上件新的羊毛衫，猜想是婆婆买的，故意高声对小姑说：“嗬，从哪里买来的羊毛衫，真漂亮！”婆婆在一旁答话：“从对门商场买的，刚到的货。我先买一件，让你们穿上试试，要看中了，下午再买一件。你们俩一人一件。”

例 2.一天，某青年教师早早回家做了一锅红枣饭。妻子下班回来，端起碗，高兴地问：“这枣真甜啊，哪来的？”丈夫说乡下姨妈捎来的。妻子不无感慨地说：“姨妈想得可真周到啊，年年捎枣来！”丈夫说：“那还用说，我从小失去父母，就是姨妈把我抚养大的嘛！”妻子说：“她老人家这一生也真够辛苦的。”稍停，丈夫忽然叹了口气，说：“听捎枣的人说，姨妈的老胃病又犯了，我想……”“那就接来呗，到医院好好治治。”不等丈夫把话说完，妻子说出了丈夫想说还未说出的话。

例 3.晚饭后，几位青年人去拜访某教授。谈到夜深，教授接这青年人的话题说：“你提的这个问题很值得研究，明天我去某城参加一个学术会，准备就这个问题找几位专家一块聊聊。”几位青年立刻起身告辞：“很抱歉，不知道您明天还要出差，耽误您休息了。”

例 1 年轻媳妇见小姑穿上了新的羊毛衫，猜想是婆婆买的，也想要一件，但又不好意思说出口，于是转向小姑夸羊毛衫，“王顾左右而言他”，达到目的。

例 2 青年教师想接姨妈来城里治病，但不直说，而是通过吃枣饭、忆旧情，造成一种适宜的氛围，然后再说姨妈生病，而让妻子接过话题，说出接姨妈的话。这样言来语去，自然圆满，比直说高明多了。

例 3 教授明天出差，要早点休息，但碍于情面，不好直言辞客，而接过对方话题一兜，即达到了辞客的目的。话语委婉得体而不失礼仪。由此看来，说话兜圈子，有时候确实是必不可少的。它能起到直言快语所不能起到的作用。

著名语言学家王力先生曾说过“兜圈子”是一种说话的艺术。要正确运用这种艺术，首先要善于分辨言语交际的具体情况，做到当兜则兜，不当兜还是直说为好。言语交际中兜圈子主要有如下几种情况：

——顾及情面，有些话不便直说，可以兜。比如婆媳之间、恋人之间、两亲家之间等，均系刚刚建立起来的情感宝塔，基础欠牢固，交往中双方都比较谨慎、敏感，言语中稍有差错，都会带来不快或产生误解、造成矛盾。例 1 那位年轻媳妇，如在娘家面对亲生母亲，大可不必兜圈子；但在婆家，面对婆婆，就不好直说要东西了。而她的兜圈子，既达到了要羊毛衫的目的，又不失情面。

——出于礼仪，有些话不便直说，可以兜。中国是一个历史悠久的文明古国，素称“礼仪之邦”，具有文明礼貌的社交风尚。人们在言语交际中，十分注意话语的适宜、得体。私人场合、知己朋友，说话可以直来直去，即使是说错了，也无伤大雅。在公共场合，对一般关系的人，特别是晚辈对长辈，下级对上级，对待外宾，说话就要特别讲究方式、分寸。为了不失礼仪，说话就常需兜圈子。例 3 那位教授的话，就与特定的交际场合、对象、自身的身份相称，实现了和谐的沟通。试想，如果直言明天出发，改日再谈，虽可以达到辞客的目的，但却易置对方较为尴尬的处境，也有失教授慈祥和蔼的一面。

——某个意思，直接挑明，估计对方一时难以接受，一旦对方明确表示不同意，再要改变态度，就困难多了。在这种情况下，为了强调事理，征服对方，就可把基本观点、结论性的话先藏在一边，而从有关的事物、道理、情感兜起。待到事理通畅、明白，再稍加点拨，自能化难为易，达到说服对方的目的。例 2 那位教师就是针对这种情况而兜圈子的。如果他直言接姨妈来城里治病，妻子不一定同意。而通过吃枣饭、谈红枣、忆旧情，事理人情双关，形成了接姨妈的充分理由，水到渠成，所以不用自己讲，妻子说出了他的心里话。

——有时候，由于对方的情绪、思想所致，难以与之进行交际，而要说服对方，就要想方设法与之接触，开辟言语交际的信息渠道的作用。如人们所熟悉的《触龙说赵太后》，触龙的言语成功就在于他采用了兜圈子这种艺术手段。

准确运用了兜圈子这种说话艺术，除了要善于区别交际活动的具体情况，做到当兜则兜外，还要了解兜圈子的一些常用方法，灵活地组织话语。从兜圈子所利用的事物、事理与中心话题、交际目的关系分析，主要有如下几种：

一、因果法

即从促使对方接受观点、产生行为的诸种原因兜起。这种原因可以是事实，也可以是理论。例 2 那位教师兜圈子就是采用的这种方法。姨妈把某青年教师抚养成人、姨妈年年捎枣、姨妈生病是因，接姨妈是果，这是用事实兜。

陈毅任上海市长时，干部实行供给制，为了不给国家增添负担，想劝岳父回老家。顾虑直接提出，老人产生误解，陈毅同志就绕了个弯先问老人家共产党还是国民党好。当老人家说出国民党任人惟亲，一人得道、鸡犬升天时，陈毅同志说："说得好，所以国民党要倒台……那您喜欢不喜欢您的女婿也这样？"老人立刻明白了其中的道理，决定回老家去。

这是用道理兜，先以事明理，再以理论事。

二、推论法

即从与交际目的相关的事物兜起，让对方由此及彼，或由表及里推出新的意思。例 1 那位年轻媳妇的话就是采用了这种方法。儿媳妇称赞小姑的羊毛衫，在婆婆心里必然产生这样的思考；儿媳夸小姑的羊毛衫，当然是自己也想要一件；儿媳也是自己家里人了，应同女儿一样看待，既然给女儿买了，也该给儿媳买，这是事理常情。所以那位聪明的媳妇，没说要羊毛衫而得到了羊毛衫。

三、比照法

即寻找与交际话题具有类比意义的事物兜圈子，两相比照，语义明晰，或者兜而不发，令对方自悟，或者稍加点化。

传说郑板桥早年家贫，一年除夕赊了一只猪头，刚下锅，又被屠户要了去转手卖了高价。为此他一直记恨在心。直到后来到山东范县做官，还特别规定杀猪的不准卖猪头，自己吃也要交税，以示对屠户的惩罚。夫人闻之，感到不妥。一天她捉到只老鼠吊在房里。夜里老鼠不住地挣扎，郑板桥一宿没睡好觉。他埋怨夫人，夫人说她小时候好不容易做了件新衣裳，被老鼠啃坏了。郑板桥听后笑了："兴化的老鼠啃坏了你的衣裳，又不是山东的，你恨它是何道理？"夫人说："你不是也恨范县的杀猪的吗？"郑板桥恍然大悟，随吟诗一首：贤内忠言实难求，板桥做事理不周。屠夫势利虽可恶，为官不应记私仇。郑板桥夫人的话，通过两种事的比照兜圈子，而后画龙点睛，说服郑板桥。

四、双关法

即寻找与中心话题相关的具有双重内涵的事物兜圈子，言在此而意在彼，获得一种含蓄委婉的言语效果。

比如，一位农村小伙和姑娘暗暗相爱，都羞于直接表白。一天，两人在田间相遇，姑娘灵机一动，指着在花间飞动的蝴蝶问小伙："你说为什么只见蝴蝶恋花，不见花追蝴蝶呢？"小伙一时发懵："花怎么能追蝴蝶呢？"转瞬明白了对方的意思，坦率地表达对姑娘的爱慕之情。这位姑娘的无意而问，自然令对方思考到其双关意义，话语婉曲、巧妙，既实现了完美的表情达意，又不丢脸面，不留人口实。

五、情感投资法

即某一交际话题一时难于为对方接受时，根据对方的思想、兴趣、职业等特点，先从本题之外的副话题兜起，待到言路畅通，再自然引入本题。

兜圈子有时能产生一种含蓄委婉的效果，但含蓄委婉的话却并非全是兜圈子。兜圈子也不是猜谜语、说隐语，它是曲径通幽，最终要让对方理解自己的意思，如果兜来兜去，把对方引入迷魂阵，就不好了。再者，兜圈子这种说话艺术一定要慎用，当兜则兜，不然，兜之不当，会给人虚伪之嫌，与交际目的相背。

反弹琵琶，其妙自现

人们的语言表达有着约定俗成的习惯性规则。在特定的情况下，人们也出于表达的需要打破习惯的约束，并反其道而行之，便形成了反语。反语是一种极端的拐弯抹角，彻底的迂回表达。

有些话绝对不允许你说出来，为了避免尴尬，不妨从其反面说起。须知真理再向前一步就可能变成谬误，反面的话稍加引申，就有可能走到反面的反面。

楚庄王的一匹爱马死了，他非常伤心，下令以上等棺木，行大夫礼节厚葬。文臣武将纷纷劝阻也无济于事，最后楚庄王放出话来："谁敢再劝阻，一定要杀死他。"

很明显，无论怎样改头换面，只要一说"不"，必定是把自己送上断头台。优孟知道了，直入宫门，仰天大哭，倒把庄王弄得十分纳闷，迫不及待地问："你缘何而哭？"优孟说："那马是大王最喜欢的，却要以大夫的礼节安葬它，太寒酸了，请用君王的礼节吧！"庄王越发想知道理由了，优孟继续说："请以美玉雕成棺……让各国使节共同举哀，以最高的礼仪祭祀它。让各国诸侯听到后，都知道大王以人为贱而以马为贵啊。"至此庄王恍然大悟，赶紧请教优孟如何弥补自己的过失。终于将马付于庖厨，烹而食之。

以优孟地位之微，如果直陈利弊，凛然赴义，固然令人肃然起敬。然而他正话反说，力挽狂澜，所作所为岂不更令人击节吗？

反语是语言艺术中的迂回术，是更为极端的迂回术。正话反说便是以彻底的委婉，欲擒故纵，取得合适的发话角度，达到比直言陈说更为有效的说服效果。

齐国有一个人得罪了齐景公，齐景公大怒，命人将这个胆大包天的人绑在了殿下，要召集左右武士来肢解这个人。为了防止别人干预他这次杀人举动，他甚至下令："有敢于劝谏者，也定斩不误。"文武百官见国王发了这么大的火，谁还敢上前自讨杀头之冤。晏子见武士们要对那人杀头肢解，急忙上前说："让我先试第一刀。"众人都觉得十分奇怪：晏相国平时是从不亲手杀人的，今天怎么啦？只见晏子左手抓着那个人的头，右手磨着刀，突然仰面向坐在一旁的齐景公问道："古代贤明的君主要肢解人，您知道是从哪里开始下刀吗?”齐景公赶忙离开坐席,一边摇手一边说:“别动手,别动手,把这人放了吧,过错在寡人。”那个人早已吓得半死,等他从惊悸中恢复过来,真不敢相信头还在自己肩上,连忙向晏子磕了三个大响头,死里逃生般地走了。

晏子在齐景公身边,经常通过这种正话反说的方法,迫使齐景公改变一些荒谬的决定。比如,有一个马夫有一次杀掉了齐景公曾经骑过的老马,原来是那匹马生了病,久治不愈,马夫害怕它也把疾病传染给马群,就把这匹马给宰杀了。齐景公知道后,心疼死了,就斥责那个马夫,一气之下竟亲自操戈要杀死这个马夫。马夫没想到国君为了一匹老病马竟会杀了自己,吓得早已面如土色。晏子在一旁看见了,就急忙抓住齐景公手中的戈,对景公说:“你这样急着杀死他,使他连自己的罪过都不知道就死了。我请求为你历数他的罪过,然后再杀也不迟。”齐景公说:“好吧,我就让你处置这个混蛋。”

晏子举着戈走近马夫,对他说:“你为我们的国君养马,却把马给杀掉了,此罪当死。你使我们的国君因为马被杀而不得不杀掉养马的人,此罪又当死。你使我们的国君因为马被杀而杀掉了养马人的事,传遍四邻诸侯,使得人人皆知我们的国君爱马不爱人,得一‘不仁不义’之名,此罪又当死。鉴于此,非杀了你不可。”晏子还要再说什么,齐景公连忙说:“夫子,放了他吧,免得让我落个不仁的恶名,让天下人笑话。”就这样,那个马夫也被晏子巧妙地救了下来。

我们发现:正话反说可以放大荒谬,让人更为明白地见到了荒谬的真面目,从而达到了更好的劝谏效果。

汉武帝刘彻的乳母曾经在宫外犯了罪,武帝知道后,想依法处置她。乳母想起了能言善辩的东方朔,请他搭救。东方朔对她说:“这不是唇舌之争,你如果想获得解救,就在将抓走你的时候,只是不断地回头注视武帝,但千万不要说一句话,这样做,也许有一线希望。”当传讯这位乳母时,这位乳母有意走到武帝面前,要向他辞行。当时东方朔正在旁边侍坐。只见乳母面带愁容地不停地看着汉武帝。于是,东方朔就对乳母说:“你也太痴了,皇帝现在已经长大了,哪里还会靠你的乳汁养活呢?”武帝听出东方朔是话中有话,面部顿时露出凄然难堪之色,当即赦免了乳母的罪过。

总之,说反话的效果源于它的“放大镜”作用,荒谬之上再加上更荒谬,则荒谬就无处躲藏,真话就显而易见了。

话里藏锋，莫测其深

在某些场合，我们不便把对对方的不满用言辞激烈的话语说出来，我们可以采取化直为曲的方法表达要说的意思，让对方好好听着，同时也不伤彼此的和气，这就需要说话的技巧，采用暗藏锋锐，不动声色的说话方式，达到说话的效果。

一、锣鼓听音，说话听声

生活中有大量的话不用直接说出来，话里带出来就行了，更有不能直言的话语，得靠暗示来表达。于是便有一语双关、含沙射影、指桑骂槐等旁敲侧击的艺术性语言。

1952 年，正在苏联访问的美国总统尼克松将去苏联其他城市访问。苏共总书记勃列日涅夫到莫斯科机场送行。正在这时，飞机出现故障，一个引擎怎么也发动不起来。机场地勤人员马上进行紧急检修。尼克松一行只得推迟登机。

勃列日涅夫远远看着，眉头越皱越紧。为了掩饰自己的窘境，他故作轻松地说："总统先生，真对不起，耽误了你的时间！"一面说着，一面指着飞机场上忙碌的人群问："你看，我应该怎样处分他们？"

"不，"尼克松说，"应该提升！要不是他们在起飞前发现故障，飞机一旦升空，那该多么可怕啊！"

尼克松的话里有辛辣的讽刺、涩涩的挖苦、无声的指责，而这些却是以貌似夸奖的话传达了出来的，听了这话，除了苦笑，还真什么也说不出来。人家可没有说任何难听的话，何必落个"自作多情"、"神经过敏"的把柄呢？不过，多练习"解话"、"接话"的功夫可提高你表达言外之意的本领。

接话很简单，可以回答，可以附和。解话似也不难，除了直言明意易于理解外，"听话听声，锣鼓听音"也能帮你听出言外之意来。但在实际交谈中，却并不是每个人都能解话准确、接话恰当的。

接话的正确与否，除了说话者自身的修养及驾驭语言的能力外，很大程度还取决于“解话”的准确与否，切不可小看“解话”错误，这不仅是制造几个笑话的小事，还影响到人际交往是否会产生矛盾和误会。

有时也许别人会忽略你的信息，因为他们没有抓到你话中的真意。我们先来说一则误解的故事，希望以后你和他人沟通时，能让人明白你这话是对他说的。

小强对老师说：“我不想吓唬人，不过我爸说，如果我的成绩再不进步的话，就有人要挨一顿打了。”

误解的可能性要求我们在表达的时候，不但要注意字面表达是否得体，也要注意可能出现的会话隐涵是否恰当。例如，有一句流行的广告词“嘉士伯可能是世界上最好的啤酒”（模仿此句的广告词也有不少）。有人认为这句广告词说得比较实在，没有夸大其辞，但如果我们从会话隐涵的角度来看，毛病就出现了。根据量的准则，该句话含有“嘉士伯不一定是世界上最好的啤酒”，显然这是广告主和作者所不愿意接受的。再以日常生活为例，假如你到朋友家做客，千万不能对食物或玲珑精品大加赞美，例如不能说“这瓶酒真好，我见都没见过”、“这打火机挺漂亮的”等等，否则你的朋友会以为你想喝酒或索要礼品了。

二、暗藏锋锐，接“镖”有术

在日常生活中，直接辱骂别人，听话人当然很容易能听出来，如果说话人是利用会话隐涵来侮辱人，听话人就更应注意了。听话人不仅要善于听出对方的恶意，而且必要时可以“以其人之道还治其人之身”，给对方一个含蓄的回击。

据说，有一位商人见到诗人海涅(海涅是犹太人)，对他说：“我最近去了塔希提岛，你知道在岛上最能引起我注意的是什么？”海涅说：“你说吧，是什么？”商人说：“在那个岛上呀，既没有犹太人，也没有驴子！”海涅回答说：“那好办，要是我们一起去塔希提岛，就可以弥补这个缺陷。”这里商人把“犹太人”与“驴子”相提并论，显然是暗骂“犹太人与驴子一样，无法到达那个岛”，而海涅则听出了对方的侮辱和取笑，回答时话里有活，暗示这个商人是个驴子，使商人自讨没趣。

在交际场合，遇到小人含沙射影，指桑骂槐，我们可采用以下策略：

①以牙还牙。及时巧妙地抓住对方讲话内容中的漏洞反戈一击，来揭露丑恶，戏弄无知，回击恶意的挑衅，以解脱窘境。

②以退为进。有时在交谈中，表面退缩，实则是为了更有力的反击，就像拉弓射箭一样，先把手往后拉，目的是为了把箭射出去更有力。

古代齐国晏子出使楚国，因身材矮小，被楚王嘲讽："难道齐国没有人了吗?"晏子说："齐国首都大街上的行人，一举袖子能把太阳遮住，流的汗像下雨一样，人们摩肩接踵，怎么会没有人呢?"楚王继续揶揄道："既然人这么多，怎么派你这样的人出使呢?"晏子回答说："我们齐王派最有本领的人到最贤明的国君那里，最没出息的人到最差的国君那里。我是齐国最没出息的人，因此被派到楚国来了。"几句话说得楚王面红耳赤，自觉没趣。这个故事中晏子的答话就是采用以退为进之法，貌似贬自己最没出息，所以才被派出使楚国，这是一退，实则是讥讽楚王的无能，这是"进"，以退为进，绵里藏针，使楚王侮辱晏子不成，反受奚落。

③暗藏锋锐。在某些场合，将某一固定词语拆开来解释，赋予原词新奇意境，使其能化腐为奇，博得喝彩。

有一次，周恩来接见美国记者，有个不怀好意的记者挑衅地问："总理阁下，你们中国人为什么把人走的路叫马路呢?"周恩来总理听了，很自豪地回答说："我们中国走的是马克思主义之路，简称为马路。"那个记者听后哑口无言，一副窘态。周总理这一妙答，创造了一种新奇的含意，时而山重水复，忽而柳暗花明，点石为金，化拙成巧。

④以柔充刚。

甲乙两人关系不好，一次在小巷中狭路相逢，甲傲慢地说："我就不给你让路，你能把我怎么样? 能把我吃掉吗?"乙慢条斯理地说："我当然不能吃掉你，因为我是回民。"乙的回答看似向甲妥协，但实际上是暗骂"甲是个猪"。

话里藏话，总体上有两个基本功：一是能够听出对方的弦外之音，恶毒之意，否则便会成为笑柄，白白被人耍了自己还陪着笑脸。二是要会委婉含蓄地表达自己，话说得很艺术，又让听话之人心领神会，明白你话中的锋芒所在。你的敌人发出的旁敲侧击之音，暗含恶毒之意，这是一种无形的霹雳，甚至会让你身败名裂，万万不可小瞧。对待居心不良的暗算的上策便是接"镖"有术，还以颜色。维护自己的名声和面子，是自我保护、立足于世的必备功夫。

三、驳人面子，点到为止

在人际关系中，出于各种原因有时我们会驳别人的面子，这种事情如处理不当，便容易得罪人，结仇家；别人有亏于你，也应该“得饶人处且饶人”，但“饶人”的表示又不能生硬，利用话里藏话暗示他人，是时刻离不开的奥妙技巧。

有一位姓周的女士因公出差，在火车上与一位看起来挺有涵养的男士坐在一起。这位男士主动和她搭讪，周女士觉得一个人干坐着也挺乏味的，于是就和他攀谈起来。开始时这位男士还算规矩，和周女士只是谈谈乘车难的感受以及交流交流对当今社会上一些不合理现象的看法。可不知怎的，谈着谈着，这位男士竟然话题一转，问了周女士一句：“你结婚了吗?”周女士一听顿生厌恶，于是她态度平和地对那位男士说：“先生，我听人说过这样一句话，前半句是‘对男人不能问收入’，所以我才没有问你的收入；后半句是‘对女人不能问婚否’，所以你这个问题我是不能回答了！请原谅。”那位男士听周女士这么一说，也觉得有点唐突，尴尬地笑了笑，不再说话了。

我们不能不佩服周女士的应变口才。寥寥数语，既表达了对对方失语的不满，又没有令对方下不了台，可谓一举两得。

颠来倒去，别有洞天

在一般情况下，表达总有一个固定的顺序，人们总是一丝不苟地习惯遵守着这个约定俗成的法则。

那么，在交际时，如果故意颠倒一下这种习惯了的顺序，将会产生何种效果呢？ 答案是，只要你颠倒得巧妙，就一定会产生美丽的效果。 不信，请看下例：

①成年人必须有孩子陪同方可进入本店！（见于儿童用品商店）

②小朋友，请拉紧妈妈的手，别把妈妈丢了！（见于儿童乐园）

这是两则极美妙的广告，其特点是颠倒了主语与谓语的顺序，但也正是因为有了这种颠倒，才一举突出了“此处儿童第一”的服务宗旨，自然，如此颠倒，对于成年人也是一个极巧妙的提醒！

让我们再看另一种类型的颠倒。

①每小时车速 40 公里，您可以活到 80 岁！ 每小时车速 80 公里，您只能活到 40 岁！

②一位画家问门采尔：“我用三天时间画的画，为什么三年也没卖掉？”门采尔回答：“那是因为您没有用三年的时间画，用三天的时间卖！”

这第二种颠倒是原句式基本不变，但句中表示数量的字眼已颠倒了位置。 显然，这是用颠倒法表达的机智，前者突出了谨慎驾驶的重要性，后者突出了精益求精的重要性，而且，正是因为妙用了颠倒，真心实意的提醒才表达得格外不同凡响。

现在，让我们看看第三种类型的颠倒。

①公共汽车上人多，一位女士无意间踩疼了一位男士的脚，便彬彬有礼地道歉：“对不起，踩着您了。”不料男士回答：“不不，应该由我来说对不起，因为我的脚长得太不苗条了。”哄的一声，车厢里立刻响起一片笑声，显然，这是在赞美。这是幽默型的颠倒，它温暖而机智。

②一位女士不小心摔倒在一家整洁无比的商店里，手中的奶油蛋糕弄脏了商店的地板，便歉意地向老板笑笑，不料老板却说：“真对不起，我代表我们的地板向您致歉，它太喜欢吃您的蛋糕了！”果然，老板的热心打动了这

位女士，于是下决心“投桃报李”，买了好几样东西后才离开了这里。

请注意这两处颠倒，这是应该享用道歉的人偏偏要颠倒一下自己的身分，偏偏要充当一次彬彬有礼的致歉者，但也正是因为有了这种颠倒，才那么巧妙地把自己的美好形象推销了出去！ 何为聪明？ 这就是。

总之，幽默的错位不是言语失误，幽默的错位是听话人完全能够理解说话人动机的一种语言现象。 这种语言现象可以叫做“故意违反会话原则”。 人们在日常会话过程中，总是要遵守一定的原则，比如说，关联原则（后说话的人所说的必须要和前者所说的有关联）、数量原则（提供恰当的信息量，不要太多或太少）、方式原则（说话的方式要恰当）。 现在似乎还要加上角色原则。 如果是故意违背这些原则就会引起言外之意。幽默也可以说是故意违背会话原则的一种言语现象。

轻松说“不”，摆脱纠缠

世界著名影星索菲娅·罗兰在自传中记录了卓别林的一段话：“你必须克服一个缺点。如果你想成为一个生活异常美满的女人，你必须学会一件事，也许是生活中最重要的一课，必须学会说‘不’。你不会说‘不’，索菲娅，这是个严重缺点。我很难说出口，但我一旦学会说‘不’，生活就变得好过多了。”卓别林的意图是告诫人们要树立一种严肃的、独立自主的生活态度。

生活中有不少人不认识“不”字的伟大，遇事优柔寡断、畏首畏尾，结果常使自己处于被动地位，听命于人。这些人心里都知道不要什么、不能怎样，和为什么不要、为什么不可能，可就是学不会说“不”，于是简单的“不”字只在嗓子眼里打滚，怎么也跳不出来，这真是人生的一大憾事。

学会说“不”，并非直言其“不”，而是语中藏“不”。具体有以下几种方法。

一、幽默轻松，委婉含蓄

办事要讲求原则，不符合原则的事情坚决不能办。如果某人向你提出的要求是不符合原则的，你不答应给办，这就叫坚持原则。不能为保持一团和气而丧失立场，不论什么样的关系，该拒绝的一定要拒绝。但同时要讲究说话方式的灵活性，根据人际关系的类型和特点，根据语言交往的内容、场合和时间等的不同，来采取灵活的策略，这就叫办事儿要有灵活性，做到原则性和灵活性的统一。讲究灵活性，很重要的一点是委婉含蓄。

美国总统弗兰克林·罗斯福在就任总统之前，曾在海军部担任要职。有一次，他的一位好朋友向他打听海军在加勒比海一个小岛上建立潜艇基地的计划。罗斯福神秘地向四周看了看，压低声音问道：“你能保密吗？”“当然能。”“那么，”罗斯福微笑地看着他，“我也能。”

弗兰克林·罗斯福采用的是委婉含蓄的拒绝，其语言具有轻松幽默的情趣，表现了罗斯福的高超艺术，在朋友面前既坚持了不能泄露的原则立场，又没有使朋友陷入难堪，取得了极好的语言交际效果。以至于在罗斯福死后多年，这位朋友还能愉快地谈及这段总统轶事。相反，如果罗斯福表情严肃、义正辞严地加以拒绝，甚至心怀疑虑，认真盘问对方为什么打听这个、有什么目的、受谁指使，岂不是小题大作，有煞风景，其结果必然是两人之间的友情出现裂痕甚至危机。

委婉拒绝是希望对方知难而退。

有人想让庄子去做官，庄子并未直接拒绝，而是打了一个比方，说："你看到太庙里被当作供品的牛马吗？当它尚未被宰杀时，披着华丽的布料，吃着最好的饲料，的确风光，但一到了太庙，被宰杀成为牺牲品，再想自由自在地生活着，可能吗？"庄子虽没有正面回答，但一个很贴切的比喻已经回答了，让他去做官是不可能的，这种方法就是委婉的拒绝法。

男孩暗恋女孩很久了，终于有一天男孩鼓起勇气对女孩表白了，但女孩并不喜欢男孩，委婉的拒绝了男孩。男孩还是不肯放弃。

于是男孩便给女孩写了这样一封信："昨天我喝了点酒，我好像记得我跟你表白了，但我的记性很差，我忘记了你昨天对我的回答是'行'还是'不行'了。亲爱的，求你再写信告诉我一遍好吗？"

第二天，男孩收到了女孩的回信，信中女孩这样回答的："昨天我记得是有人跟我表白，我的回答是'不行'，不过实在是很抱歉我的记忆力好像比你的还要差，我忘记了这些话我是对谁说的了。"

二、献可替否，转移重心

"献可替否"是一个成语，意思是建议可行的去替代不该做的。当对别人所托之事自己不能帮忙时，应在讲明道理之后，帮助想一些别的办法作为替补。因为一般的人都有一种补偿心理，如果你想的办法不很理想，但你已经尽力了，对方的情感便得到了满足，这在一定程度上减少了失望感；如果你的办法帮助别人圆满解决了问题，别人也会很满意。

小王和小李是一对好朋友。有一天，小王来到小李的单位请求小李帮他一件事，为他的未婚妻报仇。原来小王的未婚妻被车间主任欺侮了，小王发誓要为未婚妻报仇，并买了一把锋利的弹簧刀，要放倒那小子，但考虑到车间主任人高马大，自己对付不了他，于是请小李帮忙。小李听后，心中很明白，尽管车间主任不是好东西，应该教训教训他，但如果感情用事，放倒了他,那是会触犯法律的。因此,小李决定说服小王,他问小王:"你爱你的未婚妻吗?"

"爱,当然爱,不然我就不理这件事儿了。"小王回答说。

"这就好,爱一个人不容易,真正爱上一个人,不管她遇上多么大的不幸,都是不会动摇爱的决心的,相反,还要帮助她从不幸之中解脱出来。如果你感情用事,那就不是爱她,而是在害她,她不会为此而感谢你,相反会恨你。坏人总是要受到惩处的,这要靠法律。车间主任的行为是犯法的。这样吧,我帮你和你的未婚妻运用法律的手段来惩处车间主任吧,我相信,法律会给你们一个满意的答复的。"

小王听了小李的一番话,打消了复仇的念头,并最终运用法律惩处了那位车间主任。

在这个例子中,小李听了小王的请求,并没有感情用事,而是先讲了一番道理,并把话题的重心由复仇转移到运用法律手段来解决,小王从道理中明白了自己的糊涂,从重心的转移中得到了问题的圆满解决。小李也由此拒绝了小王复仇的请求,这就是"献可替否"的妙用。假设小李不这样做,而是满口答应帮助小王去复仇,那肯定要发生悲剧,到头来吃亏的还是自己。

三、含糊回避,敷衍拒绝

敷衍式的拒绝是最常见最常用的一种拒绝方法,敷衍是在不便明言回绝的情况下,含糊回避请托人。敷衍是一种艺术,运用好了会取得良好的效果。

有一次庄子向监河侯借贷,监河侯敷衍他,说道:"好!再过一段时间,等我去收租,收齐了,就借你三百两金子。"监河侯的敷衍很有水平,不说不借,也不说马上借,而是说过一段时间收租后再借。这话有几层意思:一是我目前没有,现在不能借给你;二是我也不是富人;三是过一段时间不是确指,到时借不借再说。庄子听后已经很明白了,但他不会怨恨什么,因为监河侯并没有说不借,只是过一段时间再说而已,还是有希望的。

听话人听出了说话人话中有话,但却装作没有听出,使对方无计可施。

小明对爸爸说:"爸爸,今天小伟的爸爸带小伟出去玩了。"小明的爸爸回答说:"是呀,我知道了。"这里小明的言外之意是想叫爸爸也带他出去玩,小明的爸爸也听出了儿子的用意,但他故意装糊涂。

四、破唱片法

在人们的社会交往中，常常会碰到这样的问题：有些熟人找你办某事，你感到左右为难。办吧，出于某种考虑，你内心不愿意；不办呢，你又担心别人不理解，弄僵了关系。

有一种方法，能帮助你处理这类问题，消除这类烦恼。这是由介夫曼戴尔博士创造的“破唱片法”。这种方法告诉你，只要你像一张破唱片，重复同样的声音，一而再，再而三……

“破唱片法”包含特定的步骤。第一步，通过问清情况，了解对方的企图；第二步，同意对方所说的事实或者同意对方有权陈述那样的意见；第三步，透露你不想做、不喜欢做的事。这“三招”都使用完后，如果对方仍然固执其求，你就不厌其烦地重复这三个步骤，直到对方放弃纠缠。

这是一种委婉拒绝的技巧。其一，它能支持你拒绝你不愿意办的某种事情。使用这种方法，可以抗得住任何软磨硬缠。这样，能避免你因做了你不愿意做的事而感到懊恼。其二，这种拒绝是一种委婉的拒绝。在处理人际关系方面，委婉是必要的。因为找你办事的熟人，或是你的同学同事，或是你的好朋友，处于某种“角色”，你都不便拉开“架式”，对他们发泄你的不满。其三，在某种条件下，它可以增进人们的相互了解。“路遥知马力，日久见人心”，倘若有双方互相尊重的前提，委婉的拒绝能促进思想的沟通和理解的加深。

五、给对方以希望

不善于拒绝，一次拒绝，就有可能得罪一位多年的深交；善于周旋，尽管天天都在拒绝，但仍然广结良缘，极少因拒绝招来非议、埋怨。你可以不给对方以幻想，但应给对方以希望。一个人被拒绝以后，仍有希望，就有盼头、奔头、干头，不仅有助于减轻、消除遗憾感，而且还能促使人振奋向上。

合理的要求，一时还不能解决，不妨如实告诉对方，经过努力，待条件具备了，问题就会迎刃而解。如属于经过对方的主观努力可以创造的条件，拒绝与鼓励相结合进行，拒绝就有可能转化为动力。如属于受多方面客观条件的限制，非个人的主观努力所能改变，也应给对方以希望，而不能令人绝望。所谓给予希望，决不是说空话、许空愿，而是在拒绝之后，再做一些必要的善后说服工作，使对方感到虽然某个要求未能满足，但工作还是有意义的、生活还是美好的。一拒了之与许空头愿都是对人冷漠无情，对事不负责任的表现。拒绝之后，给了希望、鼓励，使对方体会到了你那火热的心肠、殷切的期待。这份情谊仍然是可贵的。

六、投石问路巧暗示

有些求人的人，由于种种原因，不好意思直接开口，喜欢用暗示来投石问路。这时你最好用暗示来拒绝。

两个打工的老乡，找到在城里工作的李某，诉说打工之艰难，一再说住店住不起，租房又没有合适的。言外之意是要借宿。

李某听后马上暗示说："是啊，城里比不了咱们乡下，住房可紧了。就拿我来说吧，这么两间耳朵眼大的房子，住着三代人。我那上高中的儿子，没办法晚上只得睡沙发。你们大老远地来看我，不该留你们在我家好好地住上几天吗？可是做不到啊！"

两位老乡听后，就非常知趣地走了。

巧妙暗示，水到渠成

生活中，并不是每句话都必须直说的，若善于以暗示代直言，同样可以收到预期的效果。暗示是人际交往的一种特殊方式，指的是暗示者出于一定的目的，采用一定的方法，含蓄、巧妙地向对方发出某种信息，以此来影响对方的心理，使其不自觉地接受一定的意见、信念，或改变其行动。暗示的方法有：

一、讲故事暗示

一次，一位领导为了加强机关干部管理，在工作考勤等方面作出一系列规定。决定由曾在企业担任过多年负责人、不久前到机关做传达工作的一位老同志负责考勤登记。这位老同志认为这工作易得罪人，不愿意干，说自己过去就是因为办事太认真，得罪了不少人，正在吸取“教训”。

听了他的话，领导委婉地讲了一个故事：某电影导演，为拍一部片子四处寻找合适的演员。一天，发现了一个合适人选，便通知他准备试镜头。这个人十分高兴，理了发，换上新衣，对镜子左照右照，总感到自己两颗“犬牙”式的牙齿不好看，于是到医院把牙齿拔掉了。后来，他兴致勃勃地去报到，导演见到他，失望地说：“对不起，你身上最珍贵的东西，被你自己当缺陷给毁了，影片已经不需要你了。”

故事讲完后，这位老同志懂得了“坚持原则，办事认真”正是自己最珍贵的，他愉快地接受了任务。

二、以笑话暗示

一次，几位老同志反映机关晚上不安静，楼上的小青年不注意，老同志在楼下睡不好。这属于两代人的生活习惯问题，如果把这个问题拿在会上讲,就会使老同志和青年人之间产生鸿沟。

党委书记和小青年闲谈时,讲了一则笑话进行暗示:有个老头晚上很难入睡,恰好楼上住了一个经常上晚班的小伙子。小伙子每天下班回家,双脚一甩,鞋子"噔噔"两下,重重地落在地板上,每次都将好不容易才入睡的老头惊醒。老头提了意见。当晚小青年下班回来,又照例先甩下第一只鞋,尔后猛然想起老头的意见,就轻轻脱下第二只鞋。第二天一早,老头埋怨小伙说:"你一次将两只鞋甩下,我还可以重新入睡,你留下一只不甩,害得我等你甩第二只鞋等了一夜。"

笑话说完,小伙子们悟出了笑话是有所指的。

三、岔题暗示

请看一段话:

甲:老何这个人什么都好,就是有点好大喜功。

乙:昨晚播了《红楼梦》第一集,你看了吗?

甲:没有。你知道吗,向市里上报的材料,尽说好话,把老何捧上了天……

乙:唉,你不看真可惜,看了就能知道跟电影相比到底哪个拍得好。

不难看出,乙一再岔题,是为了向甲作出暗示:他不愿意背后随便议论别人。如果甲尚知趣,说话至此,也该停止对老何飞短流长了。

四、诙谐暗示

这是以幽默的语言或随意说笑的方式,向被暗示者传递信息。

南唐时,税收繁重,民不聊生。时逢京师大旱,烈祖询问群臣:"外地都下了雨,为什么京城不下?"大臣申渐高决定利用这个机会进谏,便诙谐地答道:"因为雨怕抽税,所以不敢入京城。"烈祖天性比较豁达,听罢大笑,决定减轻税收。借助一句笑话来暗示,竟然为百姓做了一件好事。

五、传达噩耗话要曲

俗话说:天有不测风云,人有旦夕祸福。灾难、不幸,甚至是噩耗,有时会无情地降临到人们的头上。这种不幸带给亲人们的打击像晴天霹雳、地陷天倾一般，令人惊惧、痛苦，难以承受。特别是对于年迈的老人，身患疾病的亲人，在这突如其来的致命打击面前，很可能生出意外，出现“祸不单行”的情形。正因为如此，我们在把不幸消息通知当事人时，就应格外讲究方式方法，尽可能地减轻或缓解对他们的刺激，避免发生不必要的麻烦。

通知他人坏消息是一件严肃的事情，一定要认真去做，要根据不同对象的情况，采取适当的方式和语言，才能收到较为理想的效果。

第五章

客套修炼

——人人爱听客套话

良好印象，谋面开始

客套话是指在交际场合中用于应酬、表示客气的话。说起话来彬彬有礼、温文尔雅，是讲文明、懂礼貌的表现；也是一个人有良好品德修养、有较高文化素质的显现。一般常用的客套话兹录如下：

请人原谅说“包涵”；请人收礼说“笑纳”；
表示歉意说“不安”；不能相陪说“少陪”；
招待不周说“怠慢”；礼貌不周说“少礼”；
晚上道别说“晚安”；仰慕已久说“久仰”；
请人相见说“有请”；好久不见说“久违”；
请求接受说“赏脸”；受到指教说“叨教”；
请人帮忙说“偏劳”；受到款待说“叨扰”；
辞谢馈赠说“心领”；因事不陪说“失陪”；
请人做事说“劳驾”；祝贺人家说“恭喜”；
回答问候说“托福”；对人有愧说“对不起”；
得人好处说“叨光”；要人不送说“留步”；
征求意见说“不吝”；谢人代劳说“难为”；
过失很重说“死罪”；记人不清说“眼拙”；
请人不计较说“恕”；说人长胖说“发福”；
与人较艺说“领教”；答谢恭维讲“好说”；
向人发问说“动问”；向人询问说“借光”；
请人批评说“指正”；领受情谊说“承情”；
耗费精神说“费神”；耗费心思说“费心”；
请人指瑕说“指教”；责己不周说“失敬”；
让人花钱说“破费”；未能迎接说“失迎”；
请人任职说“屈就”；委屈他人说“屈尊”；
受人教益说“见教”；请人赴约说“赏光”；
得到关照说“承蒙”；别人谦让说“承让”。

在很大程度上，我们能够决定别人对我们的看法。当我们与别人初次见面时，我们所留下的印象主要是由我们自己的心态和行为决定的，明白了这一点，将会促使我们给别人留下良好的印象。

别人就像竖在你面前的一面镜子，你怎样对待自己，别人就会怎样对待你。如果你想让别人赞赏你、钦佩你、敬重你，你就必须让人感到你是值得获此荣誉的。这些都是由你的口才决定的。

一、要能礼貌地寒暄

与人首次见面，一定要礼貌性的寒暄一番，如此对方能留给对方初步良好的印象。也就是说，你必须表现谦恭有礼的态度，随时说声“你好”或适时招呼“早安”、“午安”、“晚安”。

二、要经常面带微笑

一些不懂得利用微笑价值的人，实在是很不幸的。要知道，微笑在交往中是能发挥极大效果的。无论在家里，在办公室，甚至在途中遇见朋友，只要不吝惜微笑，立刻就会显示出你意想不到的良好效果来。许多专业推销人员，每天都要花二、三分钟的时间，面对镜子训练自己的微笑。

三、要记住对方的名字

不论身处何种场合，当他人将对方介绍给你时，你就必须马上记住、并能叫出对方的姓名。毕竟老是说“您”、“阁下”那一份生疏、不自然是无法博得对方好感的，唯有适时称呼对方姓名，才能显出亲切感。

四、要适时赞同对方的言论

一个人不论其年龄、地位的高低，他都是一个极为关心自己的人，假如你能适时称赞对方所说的话，一定可以赢得对方的好感。因为由于你的附和、赞同，表示出你和对方意气相投，那么，他在感觉自己被关心之后，也会转而注意你的。

五、要针对对方关注之事予以刺激

尽快发现对方关心、注意何事，这对你的交往非常有利。 不管交往对手是谁，只要你能找出适当的话题，抓住对方的注意力，就能刺激对方对自己的兴趣。

六、不要吝啬赞美对方

每个人都希望获得别人肯定，并据以确认自己的重要性。 因此，内心都非常渴望他人有赞赏。 赞美对方的行为，往往会收到意想不到的效果，因此在交往中必须擅加运用。

称赞异性，抛开容貌

称赞女人的时候，大家可能会认为先从外貌开始比较快捷。但问题是一旦你碰到相貌平平的女性怎么办？这就是说，除了容貌之外，我们并不是一无所求。众所周知，每个女人都有自己的特质，而且有着为别的女性所没有的特征，包括生活经历、家庭环境、教育层次、性情气质等。因而，每个女人所关心的内容和重点也不一样，不同的女人需要不同的称赞和夸奖。

一、称赞女同事的修养气质

对于相貌平平的女性，我们可以从她的修养上找话题，比如说她从不大笑，说话从不大声等。许多女人尽管长得漂亮，但缺乏内涵，接触一段时间后就露出了马脚。而一个拥有好的修养的女性，虽然外表不能打动我们，但是随着时间的推移，她的魅力会越来越大。这种女性的吸引力是内在的，它可以征服一个男人的心，所以，你在这方面就有了进攻之道。

下面是一些实例：

对一个从不爱说话的女孩说："你是我们这里最文静的女孩。"

对一个总爱说话的女孩说："你是我们这里最活泼可爱的女孩。"(假如你喜欢她这种类型的女孩的话)

对一位不化妆的女孩说："我从来不喜欢那些化妆化得很浓的女孩，你瞧那样多俗气！"

对一位爱化妆的女孩就有必要改变方式："会化妆就是不一样，看来你的审美情趣挺不一般。你一定学过美容吧？"

对一个唱歌唱得很好的女孩说："听你的歌简直就是一种享受。"

二、称赞女性的细腻和善解人意

女人凭借其细腻的直觉就可以了解男人的心理活动，这使她们对男人深层的、有时是难以觉察的需要做出及时准确的反应。善解人意是女人征服男人的技巧与本能，它使男人感到一种呵护与温暖。当一位女性为你端上一杯热水时，你千万别忘了拍她一下："您真善解人意！"

下面是一些实例：

对一个爱哭的女孩说："你像林黛玉一样多愁善感，肯定是一个善良温柔的女孩。"

对一个不爱哭的女孩说："你一定非常坚强。我看你办事非常有主见，从不像别的女性那样婆婆妈妈。"

对一个爱干净的女孩说："真是女人味十足。看，多讲究！将来一定是一个好的家庭主妇。"

对一个孝顺的女孩说："我的母亲总是夸奖你，我的姐姐也和你一样。"

对一位经过介绍认识的女性说："别人都说你很容易接近，我看是都想和你接近。"

三、称赞女性的工作能力和事业心

现代社会，女性参与的意识越来越强。而且，通过我们的调查发现，愈是相貌平平的女性在这方面的要求愈是强烈。很多女性尽管长相一般，但是其魅力不亚于那些漂亮的姑娘，因此我们要看准她的能力。有的女性很有事业心，她们从不愿为男人活着，你夸奖她的工作能力、审美水平、学识修养都能打动她的芳心。

下面是一些实例：

对一个会烧饭的女性说："谁和你交朋友，算谁有福气。什么都会，而且工作也是好样的。"

对一位刚刚向上司提过意见的女性说："你的意见是我们大家的意见，我很欣赏你的勇气。"

对一位从不愿意做出头鸟的女性说："我真佩服你的处世方式，沉稳得很，别看你长相这么年轻，但是心计却是大大的有。"

面对一位身穿白衣的护士说："现在你是穿着白衣的天使。其实，你下班后仍是天使。"

对一位崇拜知识的女性说："我最近发表的那篇文章还是受了你的启发才写成的。为了感谢你给我的灵感，我今天特意来请你吃饭。"

对一位学历不高的女孩说："我虽然不完全赞成'女子无才便是德'，但是我总觉得女孩有个中专学历就足够了。别看是中专学历，你的智商并不比有些靠死读书读出来的差。”

对一位学历较高的女性说:“一般来说,在大学里很难找到漂亮的女孩,这可能是由于她们在中学里比较容易被男同学打扰的缘故,能谈谈你的诀窍吗?”

四、称赞女性的内在美

美丽、可爱、魅力等有关容貌的赞美，对女性而言非常敏感。虽只是表面的称赞，对方也会觉得有一丝丝的喜悦。然而赞美本来就不简单，尤其是赞美女性更难，在她情绪不好时，你的一句：“小赵，你今天特别漂亮！”也会让她觉得“那么以前我天天都不漂亮？”

赞美是出自内心的喜欢与欣赏，并非逢迎或违心阿谀。因此真心的赞美，除了外在的称赞之外，不妨赞美她的内在美。

你如果对一个女性说：“你的眼睛像星星那样明亮，像泉水那般的清澈。”不如说：“你的举止高雅，谈吐中肯。对了，你是如何进修充实自己呢？”后面这种赞美会使对方更为喜悦。

逢人短命,遇货添钱

俗语有这样两句话:“逢人短命,遇货添钱。”假如你遇着一个人,你问他多大年龄了?他答:“今年50岁了。”你说:“看先生你的面貌,只像30岁的人,最多不过40岁罢了。”他听了一定喜欢,这就是所谓的“逢人短命”。又如走到朋友家中,看见一张桌子……问他花多少钱买的,他答道:“花了40元。”你说:“这张桌子,一般价值80元,再买得便宜,也要60元,你真是会买。”这就是所谓的“遇货添钱”的客套话。人们的习性既是这样,所以自然而然的就生出这种公理。利用这条公理,你遇人不妨多说好话,保你有赚无赔。

有很多人自己没有显赫的才能、成就,只会成天唱高调地说自己怀才不遇是因为绝不向人谄媚,轻视甚至批评别人既有的成就,而事实上,这些人多属无法出人头地之辈。

讨厌别人对自己拍马屁的人少之又少。即使有,其内心的本意也必不尽然。

曾经叱咤风云一世的拿破仑,就有过这么一段历史。

拿破仑是非常讨厌别人拍马屁的。有一次,随从之一对他说:“将军!您最讨厌别人对您拍马屁的吧!”拿破仑笑着回答:“是的,一点也不错!”

事实上,这不就是那位随从一记响亮的“马屁”吗?

赞美别人,恭维别人,就算是对人“拍马屁”好了!其实都是人际关系上至高无上的“润滑剂”,而且这种美丽的言词又是免费供应。如此“于人有利,于己无损而有利”的事,又何乐而不为呢?

赞美是一种博取好感和维系好感最有效的方法。它还是促进人继续努力卖命最强烈的兴奋剂,这是由人性本能所决定的。想使人成就人生,就必须学会这一招。

美国一位企业家这样形容卡耐基:“他是一位会握着你的手,鼓励你、赞美你的人。在我的生活经验中,还没有碰到一个能赶得上他的人,有许多人,虽然拥有职权,但他们没有嘉许人的雅量,只会讥讽别人,像这样怎么能成就更伟大的功业呢?”其实这位企业家的手里,赞美别人已成为一种异乎寻常的驱动工具。

当这位企业家就任造船厂厂长的时候，工人群众都被他调动起了巨大的热情，他的传记中这样写道："从经理到工人，他都很大方地给予嘉奖，称赞工作人员的工作技巧，使受奖的人都觉得比金钱奖赏更为可贵。"

这家造船厂承造的军舰施甲虎号在27天内完工，造船厂所有的纪录都被打破了。老板召集造舰的全体工作人员发布一篇庆功的演说辞，并且赠给每人一枚银质奖章和威尔逊总统的一封信，最后他转向负责监造人，从自己的袋子里掏出个金表，亲手交给他，作为一个小小的纪念。

把赞扬送给别人，就像把食物施给饥饿的乞丐。在许多时候，它就像维生素，是一种最有效果的食物。有的人严格有余而赏"银"不足，吝啬赞美他人，是违背人性的做法，结果往往使一些人暗中捣鬼或干脆"走人"。这些人要好好反省。

在这个社会上，会说奉承话似乎比较吃香。当一个人听到别人的奉承话时，心中总是非常高兴，脸上堆满笑容，口里连说："哪里，我没有那么好"，"你真是很会讲话！"即使事后冷静地回想，明知对方所讲的是奉承话，却还是抹不去心中的那份迷醉！

一、适度是善言

在现代交际中，人们无疑是喜欢听善言的，但恭维并不等于善言，恭维适度才是善言。如果错误地把恭维当作善言，不分对象、不分时机、不分尺度，在交际中总是千方百计、搜肠刮肚找出一大堆的好话、赞词，甚至把阿谀当作善意，那么得到的回报就常常会事与愿违。

诚然，每个人都有着渴望得到别人赞美的心理，希望得到他人的好评。适度的恭维在交际中是必不可少的。然而，我们可不能忘记，人们更渴望坦诚相见，真情以待，更希望与谦虚、诚实的人交往。这就要求我们正确地认识到：善言并不等于恭维，善言又离不开恭维。恰到好处的恭维便是善言，而善言可使新交一见如故，老友情谊常在，是交际中不可能缺少的"润滑剂"。

那么，如何准确地把握恭维，使恭维恰如其分而不失度，成为真正的善言，取得事半功倍之效果呢？

二、注意交际的对象

在人际交往中，应当注意交际对象的年龄、文化、职业、性格、爱好、特征，因人而异，把握分寸，切不可随意恭维、奉承对方，尤其是新交，更应小心谨慎。比如，你对一个为自己身材过于肥胖而发愁的姑娘说："你的身材实在是漂亮极了！"姑娘一定会认为你是在取笑她而大为不快。但如果对一个为自己身材姣好而感到自豪的姑娘来说这句话，却可以使姑娘对你的好感和信任增加。现实生活中，还有不少有识之士喜爱结交"道义相砥、过失相规"的"畏友"，他们喜欢"直言不讳"，你越指出他的不足，他越喜欢你，而你越恭维他，他却越讨厌你。同这类人交往时，恭维是需要慎之又慎的。

三、注意把握时机

交际中认真把握时机，恰到好处的善言，是十分重要的。尤其是恭维，应当切合当时的气氛、条件，有着一定"时效"的约束。当你发现对方有值得赞美、恭维的地方时，要善于及时大胆地赞美、恭维，千万不要错过时机。不适时机的恭维，无异于南辕北辙，结果只能事与愿违，起不到应起的效果，甚至还会产生副作用。同时，你还应该记住：当你的朋友发现他自己的某种不足而正要改正时，你却对他的这种不足大加赞赏，这样绝不会令你的朋友满意的。

"朋友有劝善规过之谊"的古训，也是现代交际中的一个为人准则。

四、注意恭维的尺度

恭维的尺度掌握得如何，往往直接影响着恭维的效果。恰如其分，不留痕迹，适可而止的恭维是成功者的妙诀。而使用过多华丽的词藻，过度的恭维、空洞的奉承，只能使对方感到不舒服、不自在，甚至难堪、肉麻和令人厌恶，其结果是适得其反。

假如你对一位字写得比较好的朋友说："你写的字是全世界最漂亮的！"你恭维的结果极能使双方难堪，但如果你这样说："你的字写得很漂亮！"你的朋友一定会感到很高兴，说不定他还要介绍一番他练字的经过和经验呢！

当然，恭维的程度不够，便又不称其为恭维，这样也无法达到预期的目的。

恭维还需要真诚，需要不留痕迹。

真诚的态度是交际者成功的要素。交际中一定要努力表现出恭维的真诚，表现出发自肺腑，情意真切，要知道无美可赞而勉为其难，不如避而不谈为好。

恭维是善言者出色的表现，把握恰当、得体的恭维无疑是走向善言者行列的第一步，也是现代交际中不可缺少的一步。

提出意见，顺水推舟

上司需要意见，每一位上司都不是万能的神，有些问题连他们也解决不了，所以上司需要下属向他提出好的意见。

对于那些强力相谏的人，上司头疼的不是他提的意见，而是意见的提出方式。

“主任，您刚才说的观点完全错了，我觉得事情应该这样处理……”或者“主任，您的办法我不敢苟同，我以为……”，这些方式首先否定了主任意见的全部，自然，后面的观点让上司觉得脸上挂不住，故一开始就产生了对下属好的意见的抑制思想。

如果能抓住上司意见中的某一处被你所认同的地方加以大力肯定，尔后提出相反的意见则易被接纳。因为你一开始肯定上司意见的某一处价值，就已打开了进入上司脑中意见库的大门。例如：

“主任说得对，在这方面，我们的确应当给予充分的重视，这是解决问题的前提之一，我认为，除此之外，我们还应当……”后面提了观点，尔后重点在于论证过程，说理、举例、指出不这样做的后果，让上司意识到你的观点更加可行。

结束发言时，别忘了强调你提出相反意见的出发点。

“故我想，如果真能这么做的话，排除这个问题是不费吹灰之力的，公司也能以更高的速度发展。”

听了这话，上司会意识到你的一切意见的最终目的都是为了公司的前途，也就是大家的前途。

一、提建议时，不要急于否定上司原来的想法

提建议时，多注意从正面有理有据地阐述你的见解。有民主要求，还要有民主素质，即要懂得尊重他人意见，尊重上司意见。这样，他才会承认你的才干。

对上司个人的工作提建议时需谨慎一些，要仔细研究上司的特点，研

究他喜欢用什么方式接受下属的意见。大大咧咧的上司可用玩笑建议法，严肃的上司可用书面建议法，自尊心强的上司可用个别建议法，喜赞扬的上司可用寓建议于褒奖之中法等等。

二、不要以为上级不愿听建议

“不要给上级提建议，显示自己高明并不好，他会嫉妒你的。再说，提出来也没用，即使再正确，他也不会听。”这是一些人在同上级的交往中总结出的经验。

这种说法是不对的。

一位主任多次说，他不需要别人给出主意，需要的是有人去干。一次研究工作时，一位下属提了三条建议，他当时没说什么，可在工作中却采纳了两条。由于没有采纳另一条，工作中遇到了麻烦。此后，他欢迎大家出主意，提出意见，让大家有什么话都说一说。

上级要办很多事，但人的精力总是有限的，而且，智者千虑，必有一失。这时，你提出建议，弥补或挽救工作中出现的问题，他嘴上不说，心里也会感激你。问题在于你提意见的内容，要真正显示出你的才华和意见的重要性，要真正表现出你的善意。如果你提的意见他没有接受，你也不要斤斤计较。

三、提意见时不要夹杂私怨

有这样一个经验：给被试验者一份文稿，内容是主张对盗窃罪判以重刑，认为目前的处罚太轻。对 A 组被试者说，这份建议是法官提出来的；对 B 组被试者则说，这份建议是监狱中服刑的盗窃犯提出来的。其实这两份建议的内容相同，都是实验者写的。

实验表明，B 组被试者更倾向于认为，对盗窃犯应该判以重刑。

这个实验说明，一个建议中夹杂的个人私利越少，越容易被人接受。因此，在向领导提建议时，你应该更多地从单位和工作的立场出发，显示出为整体或领导着想，而不要被领导认为：“这个人只是为了达到个人的目的，才提这个意见。”

四、提意见不要损害领导的尊严

“我不同意主任的意见，这种做法在实际中根本行不通！ 我认为应该……”

这种提意见的方法有点欠妥。

提意见时要以建议的方式提出供领导参考。 你不要涉及他的观点和方案，而是阐述自己知道的事实、自己的想法、自己的方案，并且说明“这不一定对，仅供领导参考”。

事实上，越是善意的、建设性的建议，越可能被领导接受。

批评得当，春风化雨

批评人是在管理中经常使用的一种管理方法。管理者的批评应因人而异，对不同的人采取不同的方法，对直率的人批评可以比较直接激烈；对较弱性格的人应采取柔和鼓励式的批评；对心怀不满的人要在认真听取意见的基础上点拨；对那种油头滑脑的部下过分批评并不能获得预期的效果，对于这种人要用下毛毛雨的方式来批评。批评要有诚意，批评是为了帮助下级认识和改正错误，而不是为制服员工或搞臭员工，更不是为显示老板的威风。领导批评人不可以权压人，压而不服对工作是不利的。领导批评人不可以任意发脾气，不可以背后批评人，一定要当面批评，这样才有利于对方认清错误。如果随意背后批评人，不但不利于对方真正认清错误，还会产生对立情绪。批评内容要客观，领导要亲自调查了解实际情况，要尊重事实，不要偏听偏信。批评要适度，批评的方法要得当，批评时间要及时，失掉了批评的适当时机，批评的效果就要减弱，有时会收到相反的效果。

美国著名的人际关系专家戴尔·卡耐基博士是用赞美的批评帮助他侄女约瑟芬·卡耐基的。

约瑟芬·卡耐基19岁时来到纽约，给伯父戴尔·卡耐基当秘书。那时候，她中学毕业刚三年，工作经验等于零，常常在工作中出差错。

有一次，当戴尔·卡耐基要批评她时，先对自己说：

“稍等一下，戴尔·卡耐基。你在年龄上比约瑟芬大两倍，在工作经验上多一万倍，你怎么能期望她具有你的观念、你的判断力、你的能动性……尽管这也只是普普通通的能力。再稍等一下，戴尔，你在19岁时是怎么干的？记得你犯下的错误，办的傻事吗？”思考过一番之后，戴尔公正地得出结论，约瑟芬的平均工作成绩比他在19岁时的平均成绩要好。因此，戴尔想让约瑟芬注意错误时，常常先这样说：“你出了个错误，约瑟芬，不过老天知道，比起我曾经犯过的错误来说，你要轻得多。人不是生来就聪明的，这只能从经验中产生，而你比我在这个年龄时好多了。我对自己所做的傻事、蠢事很感内疚，因而并不想批评你或别人。不过，如果你这样做，你觉得是否更明智些?"

身为管理者，一定要掌握批评的艺术，当面指责下级的错误，往往会招来对方顽强的抵抗情绪，而巧妙地暗示对方注意自己的错误，则会受到爱戴。

一、尽量使批评达到春风化雨的效果

一般人认为，挨批评肯定是苦的，是一件丢面子的事。因为"苦"，受批评者往往要产生抵触情绪，使批评的效果大打折扣，即批评的负效应。有些人能够很恰当地把握批评的方法、尺度，使批评达到春风化雨、甜口良药也治病的效果。

美国南北战争时期，某属下向林肯总统打听敌人的兵力数量，林肯不假思索便回答："120万至160万之间。"下属又问其依据何在，林肯说："人多于我们三四倍。我军40万，敌人不就是120万至160万吗?"为了对军官夸大敌情，开脱责任提出批评，林肯巧妙地开了个玩笑，借调侃之语嘲笑了谎报军情的军官。这种批评显然比直言不讳的指斥要好多了。

其实，许多时候批评的效果往往并不在于言语的尖刻而在于形式的巧妙，正如一片药加上一层糖衣，不但可以减轻吃药者的痛苦，而且使人很愿意接受。批评也一样，如果我们能在必要的时候给其加上一层"外衣"，也同样可以达到"甜口良药也治病"的目的。

身为父母，应该怎样责备孩子?

毋庸置疑，每一对父母对孩子都有很高的期望，在很早便已替孩子的未来描好自己心里所想的轮廓。实际上，这往往变成父母的一厢情愿，孩子完全无意照他们的想法行事。面对这种情况，大多数的父母常忍不住责怪小孩：

"你为什么不听我的话?"

"你现在不听话，将来没出息可别怨我!"

这些话能不能算是责备呢?诚如以上所强调，所谓责备乃是为了改变现况，使将来变得更好。若以这个观点来看上面两句话，显然只是生气的语言罢了。事实上，责备若单纯地只是一种生气的行为，人们就不需为它大伤脑筋了。在责备他人时，我们至少得考虑到三件事：

①如何使对方能率直接受?

②如何让对方激起更高的意愿?

③怎样才不致伤及对方的自尊?

在责备他人之前若能先顾虑到上列几项，便不致使用过于严厉的话语，像翻旧账般的施予对方无情的抨击，即使对方是个孩子。

当责备的对象是小孩时，事前必须了解到一项事实，那就是应让小孩在挨骂时“明白自己为什么挨骂”。当他们已经有了这种自觉后，身为父母者尚不知节制地逼他们俯首认罪，或者当众羞辱，自然不可能出现好的后果。

此时，有两点必须让小孩知道：

①做哪些事时父母会有哪些想法？

②做坏事时父母绝不会稍加宽容！

将这些事情交待清楚之后，下次责备孩子时，就能让他从错误中学习，知道收敛、改变自己的行为。所以，责备绝非仅把想说的话说出口，如何让对方接受更为重要。就像在工作场所指点部属一样，务必告诉对方缺点何在，使他愿意改进，这才是责备的目的。

二、直接批评别人往往很难取得预期效果

罗斯福于1908年步出白宫的时候，他让塔虎脱当上总统，然后到非洲去猎狮子。等他回来的时候，却大发雷霆。他斥责塔虎脱的保守主义，有意为自己弄到第二任的提名，于是组成了雄麋党，结果把共和党弄垮了。接着的大选结果，塔虎脱和共和党仅得到两州的选票——维蒙州和犹他州。这是共和党的空前惨败。

要怪谁呢？罗斯福或塔虎脱？很难说，但可以肯定的是，所有罗斯福的批评都无法使塔虎脱承认自己错了。结果只使塔虎脱竭力为自己辩护，他眼中带泪反复地说：“我看不出我怎样做，才能跟我以前所做的有所不同。”

再拿“茶壶盖油田”舞弊案来说吧。报界对此案抨击了好多年，结果把整个国家弄得一蹶不振。在这一代人的记忆里，美国的政治界还没有发生过这一类的事情。那桩丑闻的实情是这样的：

哈定总统的内政部长亚勃·佛尔受权主掌政府在艾尔克山丘和茶壶盖地区油田的出租事宜，那些油田是保留给海军未来使用的。佛尔部长有没有让别人公开投标？没有。他干脆把那份利益颇丰的合同交给他的朋友艾德华·杜韩尼。而杜韩尼怎么做呢？他给了佛尔部长十万美金“贷款”。此后，佛尔部长命令美国海军进入该区，骗走了那些对手，免得周围的油井汲走了艾尔克山丘的原油。那些对手在枪头刀尖之下被赶后，冲进了法院，揭

发了十万美元茶壶盖油田舞弊案。结果闹得沸沸扬扬，毁了哈定总统的执政，激起全国的公愤，而且使佛尔落入铁窗。

佛尔被斥骂得狗血淋头。还没有一个公务员被斥责得如此凄惨。但他一点也没有反悔！好多年之后，胡佛在一次公开演讲中，暗示哈定总统之死是由于一个朋友出卖他，令他焦心和忧虑过度。而当佛尔太太听到这段活时，从椅子里跳起来，泪流满面，双手紧握拳头，尖声叫道："什么！哈定被佛尔出卖了？绝没有！我先生从来没有出卖过任何人，整屋子的黄金都无法使我先生起歹念。他才应该是被出卖带上刑场，钉上十字架的人。"

在这里，人性表现出来了，做错事的人只会责怪别人，而不会责怪自己，我们都是如此。 因此当你我明天很想批评别人的时候，我们要明白，批评就像家鸽，它们总会回来的。 我们要明白，我们准备纠正和指责的人，可能会为自己辩护，反过来谴责我们；或者，像文雅的塔虎脱那样，他会说："我看不出我怎样做，才能跟我以前所做的有所不同。"

三、通过讨论和诱导指责别人

北卡罗莱纳州王山市的凯塞琳·亚尔佛瑞德是一家纺纱工厂的工业工程督导。她的职责的一部分是设计及保持各种激励员工的办法和标准，以使作业员能够生产出更多的纱线，而她们也能赚到更多的钱。

在他们只生产两三种不同纱线的时候，他们所用的办法还很不错。但是不久前他们扩大产品项目和生产能力，以便生产十二种以上不同种类的纱线，原来的办法便不能以作业员的工作量而给予她们合理的报酬，因此也就不能激励她们增加生产量。

凯塞琳已经设计出一个新的办法，使他们能够根据每一个作业员在任何一段时间里所生产出来的纱线的等级，给予她们适当的报酬。

设计出这套新办法之后，凯塞琳参加了一个会议，她决心要向厂里的高级职员证明自己的办法是正确的。她详细地说明他们过去用的办法是错误的，并指出他们不能给予作业员公平待遇的地方，以及她为他们所准备的解决办法。

但是，凯塞琳完全失败了。她太忙于为自己的新办法辩护，而没有留下余地，让他们能够不失面子地承认老办法上的错误，于是她的建议也就胎死腹中。

经过一系列培训之后，凯塞琳就深深地了解了自己所犯的错误。她请求召开另一次会议，在这一次会议中，她请他们说出问题到底出在什么地方。他们讨论每一要点，并请他们说出最好的解决办法。

在适当的时候，凯塞琳以低调的建议引导他们按照自己的意思把办法提出来。等到会议终止的时候，实际上也就等于是凯塞琳把自己的办法提出来，而他们也热烈地接受这个办法。

凯塞琳说："我现在深信，如果你率直地指出某一个人的不对，不但得不到好的效果，而且还会造成很大的损害。你指责别人只是剥夺了别人的自尊，并且使自己成为一个不受欢迎的人。"

四、先引起对方的兴趣

查理是个自尊心很强的男孩子，每次老师布置论文他都很认真地去写，成绩也相当出色。但有一次老师发现查理的论文内容不好，没有写他真正理解了的东西。怎么办呢？如果直截了当地说出来，会使查理非常难堪。于是老师心生一计，他把查理找来，绝口不提论文的事，而是问查理对什么最有兴趣？查理说最喜欢狗。

老师说："很凑巧，我也是个狗迷。"接着，他们从各个角度谈起了狗，竟然谈了一个半小时。到最后，查理说："我应该换个主题来写那篇论文，现在我差不多已经有了个新的构想，就是刚才我们谈到的关于'宠物'的问题，我想这次我一定能把它写好。"果然，查理的这篇论文从"宠物热"这一角度入手，分析了现代家庭问题，写得相当出色。

查理的老师没有简单地告诉查理需要重写论文，而采取了鼓励暗示的方法，从对方身上引出话题，让他自发地畅谈，最终达到其"自我否定、自我改善"的结果。这种指导方式既不致使对方不愉快，还会激起他新的兴趣，充满自信地改正缺点和错误，这是批评人的一个良好模式。

五、换个方法说

一位美国父亲的记述让我们佩服他说服儿子的技巧：

我太太拿电话账单给我看：

"瞧瞧，儿子在我们去欧洲的时候，打了多少个长途电话，"她指着其中一项，"单单这一天，这一通，就打了1小时40分钟。"

"什么？这还得了！"我立刻准备上楼去说他。可是，才站起来，又坐下了，我想自己在气头上，还是不说的好。而且儿子这么大了，我要说，也得有点技巧。

我把话忍到第二天，中午吃饭的时候，我对儿子笑着说：“你马上回学校了，查一查资料，找一家长途费率最低的电话公司。”然后，又来个急转弯，“咳，其实你上博士班，恐怕也没有时间打，我是多操心了。”

“是啊，是啊，”他不好意思地说，“你是不是看到了我上个月的电话账单？那阵子因为要回台湾，一大堆事急着联络，所以打多了。”

吃完饭，我很得意，觉得自己把要说的“省钱、少打电话、别误了功课”这些话全换个方法说了，却没一点不愉快。

六、撩起对方的急切欲望比责骂更有效

卡尔斯很为他的儿子担心。那个孩子体重不足，不好好吃饭。卡尔斯采取的是一般人的方式：斥责和唠叨。

孩子会理会父母的这些请求吗？显然是不能的，就像你对沙滩上的那些沙子一样地不理会。

任何具有常识的人都不会期望一个三岁的小孩对三十岁的父亲的观点有什么反应，但这正是那位父亲所期望的。他最后才看出了这点，于是他对自己说：“这个孩子要的是什么？我怎样才能把我所要的变成他所要的？”

当卡尔斯开始往这方面想时，事情就容易了。他的孩子有一辆三轮脚踏车，他喜欢在家门口的人行道上骑来骑去。他家附近住着一个比他大的孩子，常把他拉下来，将脚踏车抢去骑。

当然，这个小男孩就哭叫着跑回去告诉母亲，母亲就会立刻出来，把那个大孩子拉下来，把自己的小孩再抱上脚踏车。这种事情几乎每天都在发生。

这个孩子要的是什么？他的自尊、他的愤怒、他渴望成为重要人物的感觉，所有他最强烈的情感驱使他采取报复，把那个大孩子的鼻子打扁。而当卡尔斯告诉儿子说，有一天他可以把那个较大的孩子打得落花流水，如果他肯吃母亲让他吃的食物的话。他父亲想，向他保证这一点，他就不再有偏食的毛病了。于是，那个小孩愿意吃菠菜、泡菜、咸鲭鱼及其他东西，以便快点长大，把那个时常羞辱他的小霸王痛揍一顿。

解决了这个问题之后，卡尔斯又碰到另一个难题：孩子有尿床的坏习惯。

小孩跟他的祖母同睡。每天早上，他的祖母醒来，就会摸摸床单，说：“你瞧，江尼，你昨天晚上又干了好事。”

他会说：“没有，没有，是你干的。”

责问他，打他，羞他，一再地说母亲不要他尿床，这一切都无法使床铺保持干燥。因此，做父母的就问："我们怎样才能使这个孩子停止尿床？"

首先要知道他想要的是什么？第一，他想跟爸爸一样穿着睡衣，而不要像祖母一样穿着睡袍。祖母受够了夜间的骚扰，因此，如果他不尿床的话，很乐意为他买一件睡衣。第二，他想要有一张自己的床。祖母也不反对。

母亲带他到百货公司，对店员小姐眨眨眼，说："这位小先生要买点东西。"

店员小姐使用能使孩子觉得自己重要的语气说："年轻人，我能拿些什么东西给你看看呢？"

他站在那儿，说："我要为自己买一张床。"

当店员小姐把一张他母亲希望他买的床给他看了之后，他对店员小姐眨眨眼，于是这个小男孩就在被劝说下，买下了它。

床在第二天送来了。那天晚上卡尔斯回到家时，小男孩跑到门口叫起来："爸爸！到楼上来，看看我为我自己买的床。"

卡尔斯看看那张床，说："你不会把这张床尿湿，对不对？"

"对，对！我不会把这张床尿湿。"小男孩遵守了他的诺言，因为事关他的自尊心。这是他的床，他自己买回来的。而他现在穿着睡衣，像个小大人，他希望举动像个大人。他办到了。

七、以幽默的方式提醒对方

一天，有一个青年因为对另外两位青年的恋爱不满，便跑来向陶行知告状，他说："陶先生，您应该管一管，他们太不像话了，简直是把恋爱当饭吃！"

"是吗？"陶行知好像发现新大陆似的，眼睛里闪耀着惊奇的光，"他们真的是把恋爱当饭吃吗？"

"谁还对您说假话，他们就是这样的么，您应该批评批评他们。"

"批评？不，我认为应该赞扬他们。"陶行知若有所思地说，头在不停地点呀点。

"陶先生，请您不要说笑话，他们这样发展下去，对集体的影响是很大的。"

"为什么？"

"因为他们把恋爱当饭吃，如果不管，就会影响别人也把恋爱当饭吃。"

"那很好，我完全赞同。"陶行知一本正经地说，并拍拍他的肩膀，"假如今后你谈恋爱，我也希望你和他们一样。"

“陶先生又在讲笑话了。”

“不，这绝不是笑话，把恋爱当饭吃，这是人生最正确的恋爱观！”陶行知的态度变得很严肃，并开始把他的理由叙述出来。他说：“人每天吃饭不过三顿，每顿按十分钟，加个倍，一共也不过一个钟头。假如青年们真能把恋爱当饭吃，每天只花一个钟头谈恋爱，除了这一个钟头，其余的时间就可以专心工作，专心学习，就可以发生力量，发生热，发生光。一句话，就可以使一天的工作和学习得到更大的成效，这岂不是很好吗？我想应该是很好的。我担心你们的，并不是你们把恋爱当饭吃，恰恰相反，我就怕你们不把恋爱当饭吃，而是把它当成工作和学习，当成生活的全部啊！”

八、用类比的方法指出下属的错误

张震将军某日视察某部，召集将、校军官十余人座谈。某部领导发言时，将军突然插话问：“一个战士的津贴是多少？”

在座将、校军官皆沉默，竟无一人能答。

张震将军没有直接批评他们，而是把话锋一转，说道：“有个军阀叫张宗昌，人称‘三不知将军’，一不知道自己有多少兵，二不知道自己有多少支枪，三不知道自己有多少个小老婆。”在座将校听了都面红耳赤。

一次，张震将军视察某部红一连。连长、指导员汇报道：“连队四年达标，年年先进。”

张震将军问连长：“你们达的什么标？”

连长支吾。

又问指导员、教导员也答不上来。

再问团长、政委，结果也一样。

张震将军生气地说：“达的什么标都不知道，还达什么标？有个旧戏，叫《法门寺》，太后在上面一喊，下边的人不管听懂还是没有听懂，也跟着‘嗯’地答应一声，然后一声声传下去，一声声往下‘嗯’。我们可不能搞‘法门寺’作风。”

张震将军通过类比的方法，对军队中的错误作风进行了尖锐的批评，既给官兵留了一定的面子，又把错误的性质点拨得入木三分，达到了很好的批评效果。

九、用提问的办法进行批评

1989年底,在纽约哥伦比亚大学物理楼,李政道博士为120多名中国留学生做学术报告,可是坐在后排的学生有的不认真听讲,互相讲话,李政道非常生气,声色俱厉地说:

"请各位听着,你们有这个机会再不听的话,你将是没有前途的。你要自己尊重自己。你们考上中国-美国联合招考的物理学研究生算得了什么?你们考第一名又算得了什么?难道中国青年就是这样吗?你们谁学了东西?请举手。你们对得起自己吗?你们必须努力。200年来中国人是受压迫的,炎黄子孙是要抬头的。你们是精华,你们必须尊重自己,你们是要负责的。"李政道对留学生的批评,连用了五个诘问,以引发大家的思考,使大家思之得之。

用提问的办法进行批评,适用于善于思考、性格内向、各方面比较成熟的人,这些人一般都有一定的思考接受能力,对自己的过失多数情况下可以自我醒悟,把批评信息传给他们,他们就会加以注意并随之在思考中认识到自己的错误。

谈判寒暄，铺路架桥

寒暄又叫打招呼，是人与人建立语言交流的方法之一。 它能使不相识的人相互认识，使不熟悉的人相互熟悉，使单调的气氛活跃起来。 为双方进一步攀谈架设桥梁，沟通情感。

刚与对手见面时，必定要说几句客套话，虽是客套，可也非常重要，值得注意。 数分钟的寒暄，有助于气氛的融洽，有助于商谈正题气氛的营造。 如果刚见面就开门见山，单枪直入，很容易让人觉得突兀，态度不免就会强硬，不利于商谈的展开。

在寒暄阶段，对人都要尊称“您”，无论男女，无论年纪大小，都不要直呼“你”，此外还有一些文言词语如“贵公司、贵处、敝公司……”都应注意恰当使用。 但不要不懂装懂，称呼驴唇不对马嘴，贻笑大方。见到对方应客气而适度地问候：“您好！”“您早！”“打扰您了！”但也不可过分地客气，使人听后毛骨悚然，浑身不自在。 态度要真诚大方、不要满脸假笑，假惺惺的让人不堪忍受。

第一次见面，应该注意几点：

①不能太过于豪放，不拘小节

毕竟初次见面，人生地疏，如果偏偏表现得像老友重逢，实在让人受不了。 亲疏之别是不能忽视的。 小李是一名推销人员，初到某地，见到自己商品推销的客户，热情异常，与其称兄道弟，还大拍对方的肩膀，并要与客户下馆子，其结果必然是惹得客户心里讨厌，最后溜之乎也。

②见面后要简洁地自我介绍

如：“我是××公司的，是和您昨天约好的。”不要废话太多，啰啰唆唆，不给对方插言的机会。 口若悬河、滔滔不绝，定会令对方生厌。女职员在拜访客户时也要庄重大方，不要扭捏作态，让人难受。

③拜访时未见到对方要预约下次见面的时间

第一次拜访如果碰巧未遇上对方，应该立刻要求对方秘书给个回话，约好下一次商谈的时间和地点，或请对方适时给你打电话预约下次时间，不要“空手而回”。

应该注意的是，有些业务人员因为不是第一次拜访某人而大意起来，举止、行为、礼节也不那么讲究了，语言也粗俗起来，这是非常不应该的。“大意失荆州”，很可能你的商谈就会失败；并且会谈的次数越多，双方的底牌也越来越清楚，谈判的难度也会加大。

邓小平和英国女王及丈夫爱丁堡公爵会谈前的寒暄也是富有启发意义的。

邓小平迎上前去，对女王说：“见到你很高兴，请接受一位中国老人对你的欢迎与敬意。”

接着，邓小平说：“这几天北京的天气很好，这也是对贵宾的欢迎。当然，北京的天气比较干燥，要是能‘借’一点伦敦的雾，就更好了。我小时候就听说伦敦有雾。在巴黎时，听说登上巴黎铁塔，就可以望见伦敦的雾。我曾经登上过两次，可是很遗憾，天气都不好，没能看到伦敦的雾。”

爱丁堡公爵说：“伦敦的雾是工业革命时的产物，现在没有了。”

邓小平风趣地说：“那么，‘借’你们的雾就更困难了。”

爱丁堡公爵说：“可以借点雨给你们，雨比雾好，你们可以借点阳光给我们。”

这种寒暄，双方都说得十分高雅而得体。

邓小平同志的话说明英国贵宾到来不仅占人和（中英友好），而且占天时（天气很好），也点明了小平在法国的经历，还表明了他对雾都伦敦的认识和了解。

爱丁堡公爵的答话流露出对英国环境治理成效显著的自豪感。至于借雨、借阳光、多少隐含着双方互通有无的意向。

可见，谈判前的寒暄对谈判能起到意想不到的作用。

觥筹之间，客套有数

谈起喝酒，几乎所有的人都有过切身体会，“酒文化”也是一个既古老而又新鲜的话题。现代人在交际过程中，已经越来越多地发现了酒的作用。的确，酒作为一种交际媒介，迎宾送客，聚朋会友，彼此沟通，传递友情，发挥了独到的作用，所以，探索一下酒桌上的“奥妙”，有助于你求人交际的成功。

一、众欢同乐，切勿私语

大多数酒宴宾客都较多，所以应尽量多谈论一些大部分人能够参与的话题，得到多数人的认同。因为个人的兴趣爱好、知识面不同，所以话题尽量不要太偏，避免唯我独尊，天南海北，神侃无边，出现跑题现象，而忽略了众人。

特别是尽量不要与人贴耳小声私语，给别人一种神秘感，往往会产生“就你俩好”的嫉妒心理，影响喝酒的效果。

二、瞄准宾主，把握大局

大多数酒宴都有一个主题，也就是喝酒的目的。赴宴时首先应环视一下各位的神态表情，分清主次，不要单纯地为了喝酒而喝酒，而失去交友的好机会，更不要让某些哗众取宠的酒徒搅乱了东道主的意思。

三、语言得当，诙谐幽默

酒桌上可以显示出一个人的才华、常识、修养和交际风度，有时一句诙谐幽默的话语，会给客人留下很深的印象，使人无形中对你产生好感。所以，应该知道什么时候该说什么话，语言得当，诙谐幽默很关键。

四、劝酒适度，切莫强求

在酒桌上往往会遇到劝酒的现象，有的人总喜欢把酒场当战场，想方设法劝别人多喝几杯，认为不喝到量就是不实在。

“以酒论英雄”，对酒量大的人还可以，酒量小的就犯难了，有时过分的劝酒，会将原有的朋友感情完全破坏。

五、敬酒有序，主次分明

敬酒也是一门学问。一般情况下敬酒应以年龄大小、职位高低、宾主身份为序，敬酒前一定要充分考虑好敬酒的顺序，分明主次。即使与不熟悉的人在一起喝酒时，也要先打听一下身份或是留意别人如何称呼，这一点心中要有数，避免出现尴尬或伤感情的局面。敬酒时一定要把握好敬酒的顺序。有求于席上某位客人时，对他自然要倍加恭敬，但是要注意，如果在场有更高身份或年长的人，则不应只对能帮你忙的人毕恭毕敬，也要先给尊者长者敬酒，不然会使大家都很难为情。

六、察言观色，了解人心

要想在酒桌上得到大家的赞赏，就必须学会察言观色。因为与人交际，就要了解人心，左右逢源，才能演好酒桌上的角色。

七、锋芒渐射，稳坐泰山

酒席宴上要看清场合，正确估价自己的实力，不要太冲动，尽量保留一些酒力和说话的分寸，既不让别人小看自己又不要过分地表露自我，选择适当的机会，逐渐放射自己的锋芒，才能稳坐泰山，不致给别人产生“就这点能力”的想法，使大家不敢低估你的实力。

第六章

对象修炼

——看准对象下菜碟

知己知彼，百战不殆

孔子带着他的几名学生出外讲学、游览，一路上十分辛苦。这一天，孔子一行人来到一个村庄，他们在一片树荫下休息，正准备吃点干粮、喝点水，不料，孔子的马挣脱了缰绳，跑到庄稼地里去吃了人家的麦苗。一个农夫上前抓住马嚼子，将马扣下了。

子贡是孔子最得意的学生之一，一贯能言善辩。他凭着不凡的口才，自告奋勇地上前去企图说服那个农夫，争取和解。可是，他说话文绉绉，满口之乎者也，天上地下，将大道理讲了一串又一串，尽管费尽口舌，可农夫就是听不进去。

有一位刚刚跟随孔子不久的新学生，论学识、才干远不如子贡。当他看到子贡与农夫僵持不下的情景时，便对孔子说："老师，请让我去试试看。"

于是他走到农夫面前，笑着对农夫说："你并不是在遥远的东海种田，我们也不是在遥远的西海耕地，我们彼此靠得很近，相隔不远，我的马怎么可能不吃你的庄稼呢？再说了，说不定哪天你的牛也会吃掉我的庄稼哩，你说是不是？我们该彼此谅解才是。"

农夫听了这番话，觉得很在理，责怪的意思也消释了，于是将马还给了孔子。旁边几个农夫也互相议论说："像这样说话才算有口才，哪像刚才那个人，说话不中听。"

看起来，说话必须看对象、看场合，否则，你再能言善辩，别人不买你的账也是白搭。

《兵法》云：知己知彼、百战不殆。在实际生活中，我们同人交往说话、办事也是一样。单单认识自己的能力、性格、好恶，很难同别人进行良好的沟通。

在交际中遇到不同的人要说不同的话，以便适合对方的心理，从而赢得对方的好感。只有赢得对方的好感，才有可能获得所想获得的东西。这也是成大事的一大技巧。

跟人说话，先要明白对方的个性。对方喜欢婉转，应该说含蓄的话；对方喜欢率直，应该说急切的话；对方崇尚学问，就说高深的话；对方喜谈琐事，就说浅显的话。说话方式能与对方个性相符，自然能一拍即合。

智者懂得“该文即文，该俗即俗”。根据对象的不同而采取不同的言语方式，所以不会制造对立，产生麻烦；而愚者却往往把这种灵活性说成是见风使舵、两面三刀、曲意奉承，他说话不分对象，心里想什么，就直接道出来。常常是，说者无意，听者有心，不知不觉中就得罪了许多人，给自己无形中制造了很多不必要的麻烦，甚至造成无可挽回的后果。

想要摆脱这种尴尬的场面，就要学会与不同对象谈话的技巧。

唐高宗李治要立武则天为皇后，遭到了长孙无忌、褚遂良等一大批元老大臣的反对。一天，李治又要召见他们商量此事，褚遂良说：“今日召见我们，必定是为皇后废立之事，皇帝决心既然已经定下，要是反对，必有死罪，我既然受先帝的顾托，辅佐陛下，不拼死一争，还有什么面目见先帝于地下！”

李世同长孙无忌、褚遂良一样，也是顾命大臣，但他看出，此次入宫，凶多吉少，便借口有病躲开了。而褚遂良由于当面争辩，当场便遭到武则天的斥骂。

过了两天，李世单独谒见皇帝。李治问：“我要立武则天为皇后，褚遂良坚持认为不行，他是顾命大臣，若是这样极力反对，此事也只好作罢了。”

李世明白，反对皇帝自然是不行的，而公开表示赞成，又怕别的大臣议论，便说了一句滑头的话：“这是陛下家中的事，何必再问外人呢？”

这句回答真是巧妙，既顺从了皇帝的意思，又让其他大臣无懈可击。李治因此而下定了决心，武则天终于当上皇后。以后长孙无忌、褚遂良等人都遭到了迫害，只有李世一直官运亨通。

对方的性格，是我们与其办事的最佳突破口。在与人交往时，如果不了解对方，甚至连对方的姓名都没弄清，就不能信口开河，乱谈一通，那样很容易弄得对方不高兴。

一个读书人经过三科，又参加候选，得了一个山东某县县令的职位。他第一次去拜见上司，不知该说什么话。沉默了一会儿，忽然问道：“大人尊姓？”这位上司很吃惊，勉强说了姓某。他低头想了很久，说：“大人的姓，百家姓中所没有。”上司更加惊异，说：“我是旗人，贵县不知道吗？”他又站起来，说：“大人在哪一旗？”上司说：“正红旗。”他又说：“正黄旗最好，大人怎么不在正黄旗呢？”上司勃然大怒，问：“贵县是哪一省的人？”他说：“广西。”上司说：“广东最好，你为什么不在广东？”那人吃了一惊，这才发现上司满脸怒气，赶快走了出去。第二天，上司令他回去作教书先生。

试想连上司的姓氏都没弄清楚，而胡乱发问，岂不是自找苦吃。

有时候，可能对你打交道的人不甚了解，但是智者往往能通过语言、工作环境、屋中摆放的物品来了解对方的性格，从而打开突破口，投其所好，切入话题，可收到意想不到的效果。

一向精明的杨先生非常生气，因为他最喜爱的一件新外套被洗衣店的人熨了一个焦痕。他决定找洗衣店的人赔偿。但麻烦的是那家洗衣店在接活时就声明，洗染时衣物受到损害概不负责。与洗衣店的职员做了几次无结果的交涉后，杨先生决定面见洗衣店的老板。

进了办公室，看到高高在上的老板面无表情地坐在那儿，杨先生心里就没了好气。

"先生，我刚买的衣服被您手下不负责任的员工熨坏了，我来是请示赔偿的，它值1500元。"杨先生大声地说道。

老板看都没看他一眼，冷淡地说："接货单子上已经写着'损坏概不负责'的协定，所以我们没有赔偿的责任。"

出师不利，冷静下来的杨先生开始寻找突破口。他突然看到老板背后的墙上挂着一支网球拍，心中便有了主意。

"先生，您喜欢打网球啊？"杨先生轻声地问道。

"是的，这是我唯一的也是最喜爱的运动了。你喜欢吗？"老板一听网球的事，立刻来了兴趣。

"我也很喜欢，只是打得不好。"杨先生故作高兴且一副虚心求教的样子。

洗衣店的老板一听，更高兴了，如碰到知音一样的与他大谈起网球技法与心得来。谈到得意时，老板甚至站起身做了几个动作。而杨先生则在这大加称赞老板的动作优美。

激情过后。老板又坐了下来。

"哎哟，差点忘了！你那衣服的事……"

"没关系，跟您上了一堂网球课。我已经够了！"

"这怎么行！"一个年轻人跑了进来，"小王，你给这位先生开张支票吧……"

智者认为见什么人说什么话，不是为了讨好对方，而是尊重对方，为了与之更好地交流。以对方喜欢的方式与他交流，会让对方有一种被人接受，被人承认的感觉，更重要的是能达到自己的目的，而愚者则不管对方喜恶，信口开河，甚至胡乱拉扯，会使对方产生不快，甚至厌烦，很难使双方意见达成一致。在交往中能辨别风向，才能掌好舵，也才能实现自己的目标。

三六九等，金睛看准

社会上的人有民族、地域、年龄、性别、经历、文化程度、生活习惯、性格特征、职业职务、心理状态和所处环境、兴趣爱好等等各种差异，而且每个人都有两种属性，一是群体的社会性，二是个体的独立性。人与人的各种差异和两种属性在交往中有其和谐的一面，也有其排斥的一面。这样的两重性，再加上人际交流中的语言环境的不同和变化，这就要求我们说话不仅要看场合，还要看对象。语言学家吕叔湘先生说得好："此时此地对此人说此事，这样的说法最好；对另外的人，就应该用另一种说法。"

见什么人说什么话，是不是"看碟下菜"、"曲意逢迎"、"逢场作戏"呢？可以说"是"，也可以说"不是"；可以庸俗化，歪曲为虚情假意，也可以实事求是，把它理解为人际交流的科学态度。我们主张说话一定要看场合和对象是为了遵循交际规律，进行有效的交流，根本不同于虚伪和圆滑。"看碟下菜"，"逢场作戏"，虽然也有见什么人说什么话的灵活应变性，但它的出发点不是为了把表现自我与适应他人统一起来，不是为了直接交流，沟通心灵，而是为了依附讨好对方，或是蒙蔽诱骗对方。这种人性的扭曲和虚伪的丑态与谈话一定要看对象有本质的区别。我们应当也能够划清这两者的界限，在真诚待人、平等互利的基础上来看对象说话，以科学的态度来掌握人际交流的艺术。

说话要看对象的道理，是众人皆知的。但许多人往往不够重视，往往看得不够深入细致。所以在这里强调：看对象要看对方的基本情况，要看对方的心理态度及其变化，还要看与交际双方有关的人物关系。

第一点，要看对方的基本情况，就是要看对方的年龄、性别、文化程度、身份、职务等。

孩子吃苹果时突然问："爸爸，我的苹果怎么变成褐色了？"如果爸爸解释说："因为你把苹果皮啃掉后，苹果肉与空气接触，苹果发生氧化，从而改变了果肉的分子结构……"那么幼小的孩子听不懂这些话，这就是说话不看对象。有位教师教小学生写"美"字，他说："王家大姐的头上戴了两朵大红花，你们说美不美？”大人听了这话会觉得可笑，但小学生们听了却感到生动形象，新鲜有趣。这不仅会使他们很快掌握“美”字的形体结构，或许还会使他们终生难忘呢！这就是说话看对象的妙处。

“女人如果没有了男人就恐慌了。”老师在黑板上写了这么一句话，让男女同学分别在这句话当中标出逗号。男同学标点：“女人如果没有了男人，就恐慌了。”而女同学标点：“女人如果没有了，男人就恐慌了。”这是性别的心理差异所造成的对语言的感应有所不同。

再如“老”字，对男人讲“你显得老了”，一般没多大关系；若对女性讲，十有八九会得罪人的。刘心武的小说《立体交叉桥》中就有这么一段：

有一回蔡伯都来找侯锐，遇上侯莹。这位虽有点名气但不懂人情世故的剧作家，当着侯家父母发出了这样的感叹：“小莹看上去有30岁了，真快呀，记得我头一回来你们家的时候，她才这么高，像朵花似的……”这话令作父母的非常不悦。

冬天大西北的电影院里，常有年轻的女观众入场后不肯摘帽子，影响后面观众的视线。为此，放映员多次打出字幕：“影片放映时请勿戴帽子。”但许多人不予理睬。后来电影院出了绝招，打出字幕通告：“本影院为了照顾年老体衰的女观众，允许她们照常戴帽，不必摘下。”结果，所有戴帽子的年轻女观众全都摘下了帽子，因为她们谁都不要成为衰老之人。

说话看对象，还要看对方的文化程度。人口普查员填写人口登记表，问一位没有文化的老太太：“你有配偶吗？”老太太很可能听不懂，还会以为你是问她“买藕了没有？”容易闹笑话。

据说，一位数学家在食堂的窗口买馒头，竟说：“请卖给我一又二分之一个馒头。”炊事员给他拿了一个。他说：“还有二分之一。”“你要两个？”“不是，我要一又二分之一。”炊事员急了：“你到底要几个，这不是成心捣乱吗？”数学家当然不是成心捣乱，但如此迂腐地说话，也确实让人感到厌烦。

一位大学毕业生分到一家工厂工作，起初不错。但没过一个月，他发现车间主任对他越来越冷淡了。他怎么也弄不清其中的原委。后经一位好心师傅的点拨，他才恍然大悟：原来他在学校待惯了，讲话爱用些术语。什么“最优化方案”、“程序化”、“控制论”、“结构定向”等等。而车间主任只上过中专，最烦别人在他面前咬文嚼字，卖弄学识。

所以，这位大学生的说话，无形之中触到了领导的“自卑感”。当然，这又涉及到心态学问题，其实这些因素都是相互关联的。

1954年周恩来总理出席日内瓦国际会议，为了向外国人宣传中国人并不好战，决定为外国记者举行电影招待会，放映越剧艺术片《梁山伯与祝英台》。为此，工作人员准备了一份长达16页的说明书。周恩来看了批评说："这是不看对象，对牛弹琴。"工作人员不服，说："给洋人看这部电影，才是对牛弹琴呢！"周恩来说："这就要看你怎么弹法，你要用十几页的说明书去弹，那是乱弹。我换个弹法，只要你在请柬上写一句话：请你欣赏一部彩色歌剧电影，中国的《罗密欧与朱丽叶》。"果然一句话奏效，赢得了外国人的赞赏。

说话看对象还要看对方的身份职务。身份是指一个人的社会地位、社会角色、辈分和职务。身份职务不同并不妨碍人际交流。下级对上级、晚辈对长辈、学生对老师，普通人对于有名气有地位的人，以及男士对女士等等，不必要也不应当表现得屈从、奉迎、低三下四，但在言谈举止上有必要也应当表现得更加尊重一些，不要过于随便。如学生与老师之间发生矛盾，该怎么办？应该像同学之间发生矛盾一样自由平等地交流、沟通。

一位大学生曾说：在大学毕业论文答辩的时候，我碰到一件不好处理的事，就是在处理实验数据的问题上，我采用了教科书上讲的经典方法。在此之前，我们系的老师经过实验推翻了这种方法，建立了一套与教科书上不同的新方法。而我的毕业论文没有采用新方法，但新方法的创造者正是我的毕业论文答辩的老师。当时他很不满意，拍桌子站起来质问我："你能找出哪个学校哪个系比我们更有权威性吗？你为什么要因循守旧，不用新方法？"面对这种质问，我没法回答，非常难堪。

语言学家陈建民老师对这位大学生是这样回答的：在论文答辩中，处于主导地位的是教师。老师在这个问题上为了显示自己的权威性说出来的话是欠妥的。这位老师建立了一套新方法，学生对它尚未充分认识之前，不提不用它无可厚非，何况他的新方法未见经传。教师的不冷静的态度表明他缺乏修养，有失风度。作为学生在这种情况下说话，仍应对教师有礼貌，表示尊重，照顾他的身份，不要因为对方不理解就发火，应当心平气和，对老师说些委婉的话，加以解释。如说："老师，我不是不想采用您的新方法，而是对您的新方法学习不够，理解不深。对于没有弄清楚的问题，我不能随便采用，为了实事求是嘛。还请您谅解，好吗？"这样，不卑不亢，硬话软说，切合双方的身份和相互关系，做到了说话看对象。

一般来说，如果不是十分严肃隆重的场合，身份较高的人对身份较低的人说话越随和风趣越好，而身份较低的人对身份较高的人说话就不宜过于随便，尤其是当众讲话更需要恰如其分地把握好自己与听众的身份差别。

在一次研究语言学的会议上，学会负责人首先作报告，他说："先让我这个老猴耍一耍，然后你们中猴小猴耍。我这个老猴肯定耍不过你们中小猴，不过总要带个头吧！"这位报告人是个老资格的语言学家。到会的中青年同志既对他熟悉，也有较高的文化水平理解他的说法是以自嘲的方式来个"庄谐杂出、四座皆春"。倘若有个年轻人上台说："我这个小猴先来耍一耍，然后你们中猴、老猴耍。"这会成何体统呢？这就不是幽默风趣，而是糟蹋人了，只会引起与会者的一致反感。

假如你是个性格开朗、喜欢逗乐的小伙子，平时，你走到哪里，哪里就会一片欢声笑语。但你第一次到女朋友家里去，最好是少说话，注意分寸。如果你第一次见到女友的父母就无所不谈，笑话连篇，人家就会觉得你轻浮、不稳重，你的优点反倒变成了缺点。婚后与岳父母相互熟悉，成为一家人了，你就可以露出"庐山真面目"了。

看身份不仅是指身份较低的人对身份较高的人应多几分敬重之情，而且还包括各种各样的身份职务，这是为了说话得体。比如你请朋友到一家饭店吃饭，在点菜时问服务员："你们这儿的红烧鲤鱼好不好？"服务员的身份职务分明只能说好，这样提问就不恰当。你可以问："今天有什么海鲜？"或是问，"你们这儿什么鱼最好？"这样问话便于服务员为你当参谋。

说话看对象尤其要注意看对方的心理状态。不同的人在不同的情况下会有不同的心态，而且有时候未必会从外部表现上明显地表露出来，那么作为表达者应当洞察对方的心理，以便进行有效交流。比如售货员在接待一位胖胖的女顾客的时候，可能会说："这种大花型、带横条的衣服适合瘦人穿。你这么胖，再穿上这种衣服，那难看死了！"这位售货员的意图不错。但说话不看对象，尤其是不注意胖顾客怕人说胖的心态，实在不应该。这位胖顾客受了气，肯定不愿在这里选购服装了。

有一次，中国政法大学的几个即将毕业的研究生到司法部去联系工作安置。接待他们的一位60来岁的局长解释说，个别的可以考虑吸收，几个人都来不好安排，因为部机关的许多部门编制有限，没有名额安排。听了这番话，一位女研究生大发感慨，说什么有些老家伙早该离退休了，就是赖着不走，阻碍青年人走上工作岗位……这么一说，那位局长的脸色变得难看了。事后，他们听说，这位局长整天为即将离休的事情犯愁呢。这样说话怎么会不把事办砸呢？其实，如果注意观察，局长的心态是不难看出来的。

几个青年工人去看望一位退休多年的老师傅,见面后随意交谈。

“您老身子骨真硬朗,今年高寿?”

“七十九,快八十了。”

“好呵,人生七十古来稀,厂里数您最长寿吧?”

“哪里,老宋头是冠军,他活了八十五。可是年纪不饶人,他前不久去世了。”

“唷,这回该轮到您了!”

老师傅一听这话,脸色陡变。轮到老师傅什么呢?是当长寿冠军?还是该死了?几个人来看望,本来是为老师傅传送温暖,但说话不注意对方特定的心理状态,结果一句话不得体,把温暖变成了透心凉。这个问题在开玩笑的时候要特别注意。

人际交流中经常会有“说者无意,听者有心”的情况。说话不注意洞察对方的心理状态,往往会发生意外的问题。《红楼梦》中第83回写到大观园中一个婆子教训自己的外孙女:

“你这不成人的小蹄子!你是个什么东西,来这园子里头混搅!”这话恰好被林黛玉听到,她却误认为婆子是在骂她,于是大叫一声道:“这里住不得了!”直气得“两眼反插上去”。婆子的话本来是不让外孙女到大观园中来,外孙女也是这样理解的,但林黛玉怎么会误认为这是撵她走呢?显然,这是由林黛玉那种寄人篱下的特定处境和心态造成的。所以对同样一句话,不同的人听来感受完全不同。

吕叔湘先生说得好:“语言的确是一种奇妙的、神通广大的工具,可又是一种不保险的工具。听话的人的了解和说话的人的意思不完全相符,甚至完全不相符的情形是常常会发生的。”所以,吕先生又说:“语言的地面是坎坷不平的,‘过往行人,小心在意’。说话的人和写文章的人,要处处为听者和读者着想,竭力把话说清楚,不要等人家反复推敲。”

这番话告诫我们:说话一定要看对象,看对方的心态,而且还要看人物关系。

所谓看人物关系,不仅是指交流双方的关系有什么特点,而且要考虑双方与第三者、第四者的关系。因为两个人之间交流的信息有可能在另外的场合再传播给第三者、第四者。我们何必由于说话欠考虑而得罪他人,招惹麻烦呢?

某个女中学生早恋,老师找她谈过后,她有所改变。但临近期末,她又有些不放心,怕老师在操行评语中提及早恋之事。一次闲谈中,她突然问:“老师,你觉得我近来怎么样,会不会在评语中给我来上一笔?”老师本来可以直言，但看到还有两个女生在场，不便明说，可也不能不说两句，让这个女生放心。于是老师随机答道："你自己觉得怎样就是怎样，难道你和她们不是一样的吗？你为什么要把自己特殊看待呢？"如此含蓄委婉，那位女生也就心领神会了。

读过《红楼梦》的人会发现，大观园里各个人物的言谈话语，那真是什么人说什么话，见什么人说什么话。抛开人际间的封建关系不谈，许多人物说话都能针对不同的心理状态和人际关系而掌握分寸、区别对待，这倒是很值得揣摩体会的。如第56回写到总管贾府内务的王熙凤因病休养，王夫人只好让探春和李纨料理家事，让薛宝钗协助。探春提出了加强管理节约开支的主张，大家都赞成。但平儿该怎样说话呢？她作为王熙凤的心腹，不能不维护主子的威望，但也不能不赞扬探春的能干；既要附和说好，又要考虑到实行新规定的困难和矛盾。倘若不多一层考虑，怎么能说明自家主子为何没想到这个好主意呢？所以平儿说："这件事须得姑娘说出来，我们奶奶虽有此心，未必好出口。此刻姑娘们在园里住着，不能多弄些玩艺儿陪衬，反叫人去监管修理，图省钱。这话断不好出口。"平儿确实有心计，有口才，所以宝钗称赞她："远愁近虑，不卑不亢。"

综上所述，说话看对象主要注意三点：一是说话的深浅要与对方的接受能力相适应；二是说话要看对方的性格和心理特点；三是要注意复杂多变的人际关系。

不拘小节，有礼有节

人的性格脾气是各种各样的。有的人注意细节，做什么事都有个讲究，言行、礼仪、服饰、交往等都有个规范。有的人则不拘小节，许多方面大大咧咧、随随便便。讲究细节的自有其理由，不拘小节的人也有自己的道理。假如你是前者，在邻居和同事中又有些不拘小节的人，他们常常要和您往来，如果你不想伤害彼此的感情，又想减少一些麻烦，那么，你该如何对待呢？

一、事先提醒

有些人的不拘小节，是在家养成了不好的习惯，到别人家以为也和自己家一样，无所顾忌。对这样的人，可事先提醒，要让他知道此处不是彼处。

江某家在农村，他爱抽烟，平时又不讲究，烟灰随手弹、烟蒂到处扔。他到镇里的妹妹家做客时，妹夫知道他有这种习惯，他一到就立即递上烟灰缸，提醒他把烟灰烟蒂放在缸内。一开始，江某不习惯，时不时又弹在地上。妹夫一发现，再次提醒。几次后，他也就改掉了。

事先提醒，可避免尴尬，减少麻烦。提醒时，态度尽可能和蔼些，不要命令式，有时可用动作示意，不一定要用语言。

有些行为事先无法提醒，有些场合，又不适宜用言语表达。对此，不妨采用动作示范的方法，用自己或自家人的行为做个样子给他看看，表示自己赞成什么、厌恶什么。

小航的邻居阿荣，常向小航家借些筷子、碗盏、针线或螺丝刀什么的，有的还，有的拖好长时间才还，有的索性不还。小航知道阿荣不是故意想赖，而是认为无所谓。一次，小航家来了客人，就故意叫孩子去借几双筷子。一用完，马上叫孩子送去，并教孩子说："妈妈说借了别人的东西一定要当时归还。"一次，小航又向阿荣借了一支圆珠笔，用后当即自己送去，对阿荣说："我这个人记性差，不知道有没有东西借了没还的，特别是小的，很容易忘记的。”此话一讲，阿荣显得有点尴尬，马上想起自己借的一些小东西，当即找了一样要小航带去。

行为示范，实际上就是以身作则，如果针对性强，一般效果是不错的。

二、委婉劝说

有些不拘小节的人辈分高、资格老，或者担任一定的领导职务。遇到这种人，可用委婉劝说的方法，让他明白你不大赞赏他的行为习惯或态度、作风。

小吴对面住着同单位的老金，他是厂里的工会主席，技术上也有一手，待人热情诚恳，但就是生活上比较马虎，不讲仪态。夏天，常光着身子，穿条短裤走这家串那户。小吴是技术科的，中专毕业，作为一个有知识的女性，她很不习惯老金的这种仪态。一个双休日，老金邀小吴的丈夫去另一个同事家下棋。小吴对丈夫说：“衬衫穿上，到别人家去总得有个样子，拖鞋脱了，换双凉鞋。”这一讲，使老金马上有所觉察，他说：“等一下，我也去穿件衬衫、换双鞋。”小吴见时机已到，顺水推舟道：“金师傅，您这个人很热情、很随和，可我觉得在穿着上太不讲究了，有时让人受不了。”待老金穿好衣衫返回，小吴赞扬道：“这一身多神气啊！金师傅，其实，您是很会穿的。”说得金师傅舒服极了。以后，他渐渐改变了原先不讲仪态的习惯。

三、直言相告

不拘小节的人，言语承受力一般都比较强，因此，有时讲他几句也没关系。在适当的时候，你可以直言相告，让他清楚：你不赞赏他的这种行为，并希望以后不要再发生类似的事。

马某平时较随便，对自己的东西也不大看重。一次，他借了同事小张的一本专业书，几天后，他还给了小张。小张一看，封面弄得皱巴巴，再一翻，里面批注和涂涂画画也不少。小张心里很不是滋味，他直言道：“小马，怎么在我的书上涂涂画画，还写了什么批注，你该知道，这是我的书，只有我才有权力在上面写，以后得注意点。”

直言相告，当然不适宜于所有的人，同时，也要注意场合，在有他人的情况下，更要慎重，以照顾对方的面子。

四、巧妙拒绝

有些人习惯成癖，你暗示、提醒，或者直言相告，对他都不起作用，他依旧我行我素，而且还常常打扰你、影响你。这样，你只有设法躲避，或故意冷淡，或巧妙拒绝。可根据对方的时间来躲避，如对方通常在晚上七点左右串门，那你就在这个时间前一些外出一下，以免被他缠住。假如你无法躲避，对那些无话找话、无话坐半天的常客，可不泡茶、不递烟，以示故意冷淡，或者一个劲地打哈欠、打瞌睡给他看。如果对方还不肯走，那只好直接谢客。当然，谢客一定要有理由，譬如说自己身体有点不适，想睡觉了，或者要外出办点事，是不是以后选个时候再聊，等等。拒绝是难堪的，但只要方法巧妙、措词恰当，也不一定会伤害彼此感情。

不拘小节的人对别人也往往不计较，但你不能跟着他不计较，以免他更加随便、更加放纵。

阿王平时很不讲究，有时会顺手捧起别人的茶杯就喝。一次，你外出回来，口渴了，阿王立即递过他自己喝过的茶让你喝。这时，你一方面要表示感谢，一方面又要拒绝，说："我自己泡，喝别人喝过的茶，我总好像有点不习惯。"假如阿王这样说："我又没病，你怕什么？"你可以说："我知道你没病，但我的心里总有点别扭，谢谢啦！"这样，阿王以后完全有可能不再喝你的茶了。假如你一时没主意，喝了他喝过的茶，那么，他以后就会更随便。

芳心破译，轻松搞定

常言说得好，女人的心，海底的针。确实，女人的心变化多，让人捉摸不透，使大多数男性追求者无从下手、坐失良机、半途而废，无功而返、功亏一篑。以下我们就来分析女性的心理特点及规律，让男人们去增强破译女人芳心的能力。

一、直抒胸臆

对于理智型的女性，与其论道，不如直抒爱意。追求理智型的女性，须先以强烈的爱情魔力吸引她，采用直爽的方式进攻，或是直抒胸臆。用感情战胜理智，是追求理智型女性的最好途径。因为，一般来说，理智型女人以其充满智慧的气质给人一种望而生畏之感，许多男人往往敬而远之。理智型女性接收爱的机会较少，而她们在被爱的时候，更能感觉到爱情的存在。

二、体贴入微

对内向型的女子，如果要追求的话，可示以关怀、体贴，能让其在心情不好时耐心倾诉，并制造供她宣泄感情的机会。因为，内向型女孩子平时不爱表达感情，很容易因小事在内心产生压抑感，以致容易产生感情的猛烈爆发。假如你能使她的内心得到平衡与协调，你就会慢慢地成为她的倾诉对象和恋人。

三、巧留余地

如果追求自尊心强的女人，要在被拒绝时巧留余地，给她以自尊心上的满足，然后趁其内心态度变化时，抓住时机婉转表达心意，往往会收到奇效。这是因为自尊心强的女人往往对自己的容貌很有信心，当有追求者时，她们时常会给以冷若冰霜的回报。也正因为如此，她们特别注意自己留给他人的印象。她们在拒绝追求者后，通常会有一番反省认识，原先超乎理性之上的感情逐渐降温、冷却，一种担忧在她们心中油然而生。她们会想，万一事实证明自己太绝情，就会被对方认为自己心肠太狠和缺乏教养。这正是她们很在意、很不想接受的，这种担忧会使她们权衡得失，从而产生对追求者重新评价的意愿。而此时，也是追求者表白的大好机会，千万不可坐失良机。

四、以静制动

有时候，女人对你表面上显得毫不在意，但实际上内心充满矛盾，因为一再拒绝，会使追求者敬而远之而可能使自己饱尝独守空闺的滋味。而你追得太紧，女性的“防卫本能”会对你加以拒绝，这也是女性的一种逞强好胜、不肯认输、好奇等心理在作祟。只要你能抓住女性的这种心理，掌握好追求的节奏，一定能猎取芳心，得到幸福甜蜜的爱情。

五、单刀直入

大多数女性喜欢直率的表达，虽然她们会对初次约会就直率的表达有点不好意思，但她们却会觉得这样的男性充满魅力，而对单刀直入的表达难以拒绝。相反，她们讨厌那种说话拐弯抹角、吞吞吐吐、欲言又止、过分含蓄的男性。因此，男性在邀请女性时，口气要直率，如果对方不喜欢，她也许通过暗示，或找其他理由来加以拒绝，如果对方默默不语，你就可以判断她是不会拒绝你的邀请了。同时，你还要让她感到是“因为实在找不出理由拒绝才赴约的”，这样做，可以使她得到安慰，她不是一个随便的女孩，只是因为你苦苦的请求，她才去赴约的。

六、旁敲侧击

女人有一种心理防卫本能，经常用语言掩饰自己本意，不喜欢别人一语道破天机。如果男人自作聪明，直截了当地说破女人的心事，往往会引起反感。因此，在追求女性的时候，千万要掌握说话的艺术，要察言观色，说话委婉，掌握分寸要准。

七、潇洒从容

女人有自我心理防卫的天赋本能，对男人心存戒备。她们对下面两类男人都不喜欢，一种是在女人面前呆若木鸡，少言寡语者；另一种是在女人面前夸夸其谈，巧舌如簧，举止夸张者。这两种人都是不自然的。因而，男人应该保持潇洒从容、真诚自然的本色，才能消除女人的戒备心理，赢得女人的芳心。

八、果断自强

女人都希望通过婚姻找到一个避风港。她们喜欢刚毅、果敢、热情、爽朗、勇于负责的男子汉，而对畏首畏尾、优柔寡断、迟疑不决的男人心存鄙弃。因此，男人应该在女人面前充分展现男子汉的优秀品质。

九、先入角色

说话者的情绪能感染听众。懂得了这个心理，就懂得了打动女人芳心的方法之一，是通过技巧高超的谈话。和女性交谈时要时刻渗透着你个人对事件的感觉，加强叙述中的主观色彩，藉此提高她对你所说事情的关心程度。因此，男人在与女人谈话时要先入角色，占据主动，在主观意识上掺杂自己的情感好恶，热情地营造谈话气氛。切记不要压抑内心的感情，熄灭热情之火。

十、心诚则灵

女性喜欢真诚的体贴和殷勤，对于举止过分殷勤的男人反而会有一种“居心不良”、“别有企图”的感觉。因此，打开女人芳心的好办法就是善良真诚的殷勤。

十一、一语双关

有这么一个趣闻。一个青年陪伴未婚妻和未婚妻的母亲在湖上划船。那未婚妻的母亲一时“触景生情”，有意试探，便问小伙子：“如果我和女儿不小心一起落到水里，你打算先救谁呢？”这是一个两难选择的问题，回答先救哪一个都不妥当。那青年稍加思索回答：“我先救……未来的妈妈。”母女俩一听，脸上露出了满意的笑容。“未来的妈妈”模棱两可，一语双关。如此妙用模糊语言自然能使人皆大欢喜。

女人的心态千姿百态，错综复杂。其实，世间并没有一把解开女性之谜的万能钥匙。上面所描述的只是女性一些基本的心理特性。作为恋爱时期的男人，应多懂一点女人的心理，根据具体情况具体分析，因时而宜，因人而宜，运用高超的技巧，抓住女人的芳心，摘到诱人的爱情之花。

投其所好，自得其妙

世界上最好的事物，都会让人感到倾心和仰慕。山的崇高、水的清澈、花的娇艳、月的皎洁，使人们心驰神往。能诗能文的人，总要挥笔赞美它们、歌颂它们，留下千古传诵的名篇。即使是普通人，在山巅、水畔，在花前、月下，也会发出感叹："这山真雄伟啊！今晚的月光多好啊！"别人身上可赞美的事物，比自然界多上千倍万倍。对历史起了推动作用的名人，有一流创造力的科学家、艺术家；有叱咤风云的军事天才、政治领袖；有勤勤恳恳为社会服务的人们……诸如此类，都值得一赞。即使没有特别技艺和才能的人，他们性格上也有或多或少的优点。这个人豪爽，十分和蔼；那个人细心，大方，都得赞美。总之，凡是值得一赞的事，我们都不妨去赞美。

耶鲁大学著名教授莱昂经历过这样一件事：

有一年夏天，天气非常闷热，他走进拥挤的餐馆去吃午饭。在服务员递菜单时，他说："今天那些在炉子旁烧菜的小伙子一定够受的了。"那位服务员吃惊地说："上这儿来的人不是抱怨食物不好，就是指责服务差劲。十多年来，你是第一个对我们表示赞扬的人。"这位教授后来说："人们所需要的，是一点作为人应享有的关怀。"

不要怕赞美别人而降低自己的身价。相反，应当通过赞美，表示你对人的真诚。记住这一句话："给活着的人献上一朵玫瑰，要比给死人献上一个大花圈价值大得多。"生活中没有赞美是不可想象的。百老汇一位喜剧演员有一次做了个梦，自己在一个座无虚席的剧院，给成千上万的观众表演，然而，没有一丝掌声。他后来说："假若一个星期能赚上十万美元，这种生活也如同下地狱一般。"

赞美并不是一件容易的事。有些人平时对一切都显出不屑一顾的样子，好像人世间根本不存在他赞美的事物。这种人缺乏真情实感，缺乏谦逊的品德。即使口中说出赞美之词，也像是一种虚伪的客套，甚至使人听成是在讽刺。

赞美是不能够勉强的，它是理智与情感融合而达到巅峰的一种表露方式。勉强的赞美，不仅自己心里有不协调之感，而且还会把这种情感传达给听者。社会上有一些人，有时用一些好听的话去奉承别人、谄媚别人，暂时收到一些效果，但那毕竟是有不可告人的目的的。一旦得逞，他的甜言蜜语也就化为灰烬了。我所指的赞美，首先是被赞美的事物本身的确有值得歌颂之处。此外，它也的确能加深赞美者与被赞美者之间健康的友谊。

当你赞美别人的时候，好像用一支火把照亮了别人的生活，使他的生活更加光彩；同时，这支火把也会照亮你的心田，使你在这种真诚的赞美中感到愉快和满足，并推动你对所赞美事物的向往，引导自己向这方面前进。当你向朋友说“我最佩服你遇事能够坚决果断，我能像你这样就好了”的时候，同时也会被朋友的美德所吸引，竭力使自己也能够坚强果断起来。妻子或丈夫要能有心向对方说些赞美的话，那就等于取得了最可靠的婚姻保险。

真诚的赞美还可以使一个人经常发现别人的优点。这样，就能使自己对人生抱着乐观、欣赏的态度，于人于己也都抱有足够的信心。经常赞美别人的人，胸襟多半是开阔的，心境多半是快乐的，与人关系多半是和谐的，而他个人的生活也多半是富有生命力的。

赞美还能有助于被赞美者加深对自己美德的发扬。你赞美一个人的勇敢，就能使他加倍勇敢；你赞美一个人的勤劳，就能使他永不怠懈。多少人从热烈的掌声中更加奋发；反之，多少人在责怪、怨骂声中消沉下去。

此外，赞美可以消除人与人之间彼此的怨恨。

某地有一家历史悠久的药店，店主巴洛具有丰富的经营经验。正当他的事业蒸蒸日上时，离他不远的地方又新开了一家小店。巴洛对这位新来的对手十分不满，到处向人指责小店卖次药，毫无配方经验。小店主听了很气愤，想到法院去起诉。后来，一位律师劝他，不妨试试表示善意的方法。第二次，顾客们又向小店主述说巴洛的攻击时，小店主说：“一定是误会了，巴洛是本地最好的药店主。他在任何时候都乐意给急诊病人配药。他这种对病人的关心给我们大家树立了榜样。我们这地方正处在发展之中，有足够的余地可供我们做生意，我是以巴洛作为榜样的。”当巴洛听到这些话后，急不可耐地找到自己的年轻对手，还向他介绍自己的经验和劝告。就这样，怨恨解决了。

批评上司，绝不直言

批评，就像一把利剑，可以救人，也可以杀人。当你不得不拿起这把剑去救你的上司的时候，十有八九你加薪无望、升职无望。但如果你能巧妙地提出，大家心里就会皆大欢喜。

一、暗示批评法

对上级进行批评必须得当，才会使上级坦然接受；若上级不打算接受你的意见，则可含糊带过，不能伤他的尊严。这样可避免双方产生矛盾以及正面的冲突。

春秋战国时，吴国君决定进攻楚国，众人苦谏不成，后有人进见吴王，闭口不谈政事，讲了一个“螳螂捕蝉，黄雀在后”的故事，吴王听后，立即醒悟，撤销了原来的决定。此人一句未提攻打楚国非明智之举，但吴王已得到了暗示，了解了他的意图。

二、用玩笑形式含沙射影地对领导进行批评

对别人进行说服、劝导，宜采用正面说理法，态度要严肃认真；但从他人可接纳的角度去考虑，对固执己见的人，则不容易接受正面直言劝导。如果与他争辩，容易弄得面红耳赤，不欢而散。

某公司的待遇很差，职工有苦说不出。公司领导一直都不肯改善职员的待遇，是因为他认为下级职员都是庸常之辈，对公司不够尽忠尽责，而且多数人身兼两职。有人拿其他同性质的公司作对比时，该领导说，他们公司的职员都是一心为职，而我的下属团队是杂牌大军。

一天，该领导的一位高级职员针对公司近来迟到人数不断增加的现象，对领导说：“初级职员简直没法到公司办事。”领导问：“此话怎讲？”这位高级职员说：“坐人力车吧，觉得车费太贵；坐电车吧，又苦于挤不上去；而且每月所出的电车费，成了他们的负担，让他们如何能解决这个问题？”高级职员叹

了口气，一副毫无办法的样子。

领导接着说："以步当车，一文不费，而且可以借此运动身体，不是好的办法吗?"

高级职员摇了摇头："不行，鞋袜走破了，他们买不起新的。我倒有一个办法，希望领导出一个布告，提倡赤足运动，号召大家赤脚走路上班，这个问题不就解决了吗？谁让他们不善于想办法？谁让他们不去想发财的门路，却要当一个小小的职员！他们坐不起电车、人力车，也不能鞋袜整齐地到公司上班，都是自讨苦吃!"他一面说，一面笑，说得公司领导也不好意思起来，只好同意改善一下部属的待遇。

在这里，该公司高级职员批评领导的方法就是"嬉笑怒骂"。他用责备下属的语气，把他们的苦衷表露得淋漓尽致，用反面的方式表达正面意思：公司待遇太低。在语气上是嬉笑，实质上是怒骂，是批评。由于比较委婉，不会伤及对方面子，对方容易听进去，一旦觉悟到自己的过失，就容易接受劝告，改变行为。

但是这种责备的程度要适可而止，不能太露骨，不能太刺激对方，因为对方若感到刺激过分，往往会反感或气愤，这样，批评劝导就不会收到预想的成效。

三、用自责方式提出批评

被批评者对训斥和指责自己已经司空见惯，不以为然，如果是下级对上级、晚辈对长辈的批评，在尊重他们的同时，语气还要婉转一点，或欲擒故纵，或迂回包抄，或以退为进，都能取得比较好的效果。

《后汉书》中记载了一位擅长讲话的媳妇巧妙批评婆婆的故事：

丈夫乐羊子外出求学，七年不归，家里日子艰辛，已久未尝过荤腥。乐羊子的母亲犯了馋，见别人家的鸡进到她家院子，就偷偷地宰了来吃。

对婆婆的这种不洁行为，乐羊子妻十分难过，她不但不动筷子同婆婆一起吃这偷来的鸡，而且直掉眼泪。

婆婆问她为什么？她回答说："自伤居贫，使食有它肉。"意思是说，怪我自家穷，没有能力把婆婆侍奉好，因而使饭桌上有了别人家里的肉。

在封建社会里，儿媳对婆婆是不能直截了当地批评的，乐羊子妻用了委婉批评的办法诱发婆婆的廉耻之心，结果使婆婆惭愧得无地自容，端着煮好的鸡到失主家认错赔礼。

四、用委婉的口气批评上司

韩昭侯平时说话不大注意，往往在无意间将一些重大的机密泄露了出去，使得大臣们周密的计划不能实施。大家对此很伤脑筋，却又不好直言相告。

一位叫堂谿公的聪明人，自告奋勇到韩昭侯那里去，对韩昭侯说："假如这里有一只玉做的酒器，价值千金，它的中间是空的，没有底，它能盛水吗?"韩昭侯说："不能盛水。"堂谿公又说："有一只瓦罐子，很不值钱，但它不漏，你看，它能盛酒吗?"韩昭侯说："可以。"

于是，堂谿公因势利导，接着说："这就是了。一个瓦罐子，虽然值不了几文钱，非常卑贱，但因为它不漏，却可以用来装酒；而一个玉做的酒器，尽管它十分贵重，但由于它空而无底，因此连水都不能装，更不用说人们会将可口的饮料倒进里面去了。人也是一样，作为一个地位至尊、举止至重的国君，如果经常泄露臣下商讨的有关国家的机密的话，那么他就好像一件没有底的玉器，即使是再有才干的人，如果他的机密总是被泄露出去了，那他的计划就无法实施，因此就不能施展他的才干和谋略了。"

一番话说得韩昭侯恍然大悟，他连连点头说道："你的话真对，你的话真对。"

从此以后，凡是要采取重要措施，大臣们在一起密谋策划的计划、方案，韩昭侯都小心对待，慎之又慎，连晚上睡觉都是独自一人，因为他担心自己在熟睡中说梦话时把计划和策略泄露给别人听见，以至于误了国家大事。

堂谿公开导韩昭侯的故事告诉我们，有智慧的人很善于说话，能从日常生活中的小事引出治国安邦的大道理，委婉地批评当权者。

拒绝上司，智慧为上

领导委托你做某事时，你要善加考虑，这件事自己是否能胜任？ 是否不违背自己的良心？ 然后再作决定。

如果只是为了一时的情面，即使是无法做到的事也接受下来，这种人的心似乎太软。 纵使是很照顾自己的领导委托你办事，但自觉实在是做不到，你就应该很明确地表明态度，说：“对不起！ 我不能接受。”这才是真正有勇气的人。 否则，你就会误大事。

如果你认为这是领导拜托你的事不便拒绝，或因拒绝了领导会不悦而接受下来，那么，此后你的处境就会很艰难。 因畏惧领导报复而勉强答应，答应后又感到懊悔时，就太迟了。

领导所说的话有违道理，你可以断然地驳斥，这才是保护自己之道。假使领导欲强迫你接受无理的难题，这种领导便不可靠，你更不能接受。

尽管部下是隶属于领导，但部下也有他独立的人格，不能什么事不分善恶是非都服从。 倘若你的领导以往曾帮过你很多忙，而今他要委托你做无理或不恰当的事，你更应该毅然地拒绝，这对领导来说是好的，对自己也是负责的。

此外，限于能力，无论如何努力都做不到的事，也应拒绝。 但是这有一个前提，即是否真的做不到，应该衡量一下，切不可因怀有恐惧心理而不敢接受。 经过多方考虑，提出各种方案后，是否再加上勇气来突破它？都需要考虑清楚。 考虑后，认定实在无法做到，方可拒绝。

当然，拒绝更要讲究方法，采用什么办法才能让上司接受，也是很有学问的。

一、触类相喻，委婉说“不”

当领导提出一件让你难以做到的事时，如果你直言答复做不到时，可能会让领导有损颜面，这时，你不妨说出一件与此类似的事情，让领导自觉问题的难度而自动放弃这个要求。

甘罗的爷爷是秦朝的宰相。有一天,甘罗看见爷爷在后花园走来走去,不停地唉声叹气。

“爷爷,您碰到什么难事了?”甘罗问。

“唉,孩子呀,大王不知听了谁的调唆,硬要吃公鸡下的蛋,命令满朝文武想法去找,要是三天内找不到,大家都得受罚。”

“秦王太不讲理了。”甘罗气呼呼地说。他眼睛一眨,想了个主意,说:“不过,爷爷您别急,我有办法,明天我替你上朝好了。”

第二天早上,甘罗真的替爷爷上朝了。他不慌不忙地走进宫殿,向秦王施礼。

秦王很不高兴,说:“小娃娃到这里捣什么乱!你爷爷呢?”

甘罗说:“大王,我爷爷今天来不了啦。他正在家生孩子呢,托我替他上朝来了。”

秦王听了哈哈大笑:“你这孩子,怎么胡言乱语!男人家哪能生孩子?”

甘罗说:“既然大王知道男人不能生孩子,那公鸡怎么能下蛋呢?”

甘罗的爷爷作为秦朝的宰相，遇到了皇帝的不可能做到的请求，却又找不到合适的办法拒绝。甘罗作为一个孩童，能如此得体地拒绝秦王，并让秦王不得不放弃自己的无理请求，实在是大出人们的预料。也正因为如此，秦王才有“孺子之智，大于其身”的叹服。以后，秦王又封甘罗为上卿。现在我们俗传甘罗十二岁为丞相，童年便取高位，不能不说正是甘罗的那次智慧的拒绝，才使秦王越来越看重他的。

二、佯装尽力,不了了之

当领导提出某种要求而属下又无法满足时，设法造成属下已尽全力的错觉，让领导自动放弃其要求，这也是一种好方法。

比如，当领导提出不能满足的要求后，可采取下列步骤先答复：“您的意见我懂了，请放心，我保证全力以赴去做。”过几天，再汇报：“这几天因急事出差，等下星期回来，我再立即报告他。”又过几天，再告诉领导：“您的要求我已转告了，他答应在公司会议上认真地讨论。”尽管事情最后不了了之，但你也会给领导留下好印象，因为你已造成“尽力而做”的假象，领导也就不会再怪罪你了。

通常情况下，人们对自己提出的要求，总是念念不忘。但如果长时间得不到回音，就会认为对方不重视自己的问题，反感、不满由此而生。相反，即使不能满足领导的要求，只要能做出些样子，对方就不会抱怨，甚至会对你心存感激，主动撤回让你为难的要求。

三、利用群体掩饰自己说“不”

例如，你被领导要求做某一件事时，其实很想拒绝，可是又说不出来，这时，你不妨拜托其他两位同事和你一起到领导那里去，这并非所谓的三人战术，而是依靠群体替你作掩护来说“不”。

首先，商量好谁是赞成的那一方，谁是反对的那一方，然后在领导面前争论。等到争论一会儿后，你再出面含蓄地说“原来如此，那可能太牵强了。”而靠向反对的那一方。这样一来，你可以不必直接向领导说“不”，就能表明自己的态度。这种方法会给人“你们是经过激烈讨论后，绞尽脑汁才下结论的”的印象，而包括领导在内的全体人士都不会有哪一方受到伤害的感觉，领导因此会很自然地自动放弃对你的命令。

求神看佛，说话看人

有句俗话叫做“人上一百，形形色色”。人各有其情，各有其性。言辞表达的内容和方式要因人而异，符合接受对象的脾气性格，才有可能产生“同声相应，同气相求”的效果。我们在与别人交流时，也要注意因人而异，讲究“求神看佛，说话看人”。

性格外向的人易于“喜形于色”，性格内向的人多半“沉默寡言”。同性格外向的人谈话，你可以侃侃而谈；同性格内向的人谈话，则应注意循循善诱。

两千多年前，孔子就注意针对学生的不同性格来回答他的问题。有一次，孔子的学生仲由问：“听到了，就可以去干吗?”孔子回答说：“不能。”另一个学生冉求也问同样的问题：“听到了，就可以去干吗?”孔子的回答是：“那当然，去干吧!”公西华听了，对于孔子的回答感到有些疑惑，就问孔子说：“这两个人问题相同，而你的回答却相反。我有点儿糊涂，想来请教。”孔子答：“求也退，故进之；由也兼人，故退之。”孔子的意思是，冉求平时做事好退缩，所以我就给他壮胆；仲由好胜，胆大勇为，所以我要劝阻他，做事要三思而行。

可见，孔子诲人不是千篇一律，而是因人而异，因材施教，特别注意学生的性格特征，因此能够使学生听进自己的话。

“会说话”的人最重要的一点就是要“烧香看佛，说话看人”，左右逢源，见什么人说什么话。

《红楼梦》里林黛玉抛父进京城，小心翼翼初登荣国府的时候，王熙凤的几段话就展现了她“会说话”的超凡才能。先是人未到话先到：“我来迟了，不曾迎接远客!”尚未出场，就给人以热情似火的感觉。随后拉过黛玉的手，上下细细打量了一回，仍送至贾母身边坐下，笑着说：“天下竟有这样标致的人物，我今儿算见了！况且这通身的气派，竟不像老祖宗的外孙女儿，竟是个嫡亲的孙女儿，怨不得老祖宗天天口头心头一时不忘。只可怜我这妹妹这样命苦，怎么姑妈偏就去世了!”一席话，既让老祖宗悲中含喜，心里舒坦，又叫林妹妹情动于衷，感激涕零。而当贾母半嗔半怪说不该再让她伤心时，王熙凤话头一转，又说：“正是呢！我一见了妹妹，一心都在她身上了，又是喜欢，又是伤心，竟忘了老祖宗。该打，该打!”至此，她把初次见到林妹妹应有的悲喜爱怜的情绪，抒发表演得淋漓尽致。

听话对象的不同体现在多个方面，包括民族、地域、性别、年龄、职业、文化、修养、阅历、性格等诸多方面。同样一句话，有的人能够听得懂，也有人干脆听不懂。有的人可能只听明白了本意，也有人可能听出了弦外之音；同样一个意思，有人领会为褒，也有人可能领会为贬。所以，我们说，只有语言的接受对象——听话人才能检验说话者的表达效果。因此，对说话者来说，要想达到某种表达效果，就必须区分接受对象。

如果见到一个5岁以下的孩子,要和他讨论糖果;

如果见到一个10岁左右的孩子,要和他讨论游戏;

如果见到一个18岁左右的学生,要和他讨论高考;

如果见到一个18岁左右的社会青年,要和他讨论时下什么是最流行的;

如果见到一个20岁以上的男青年,要和他探讨恋爱的技巧;

如果见到一个20岁左右的漂亮女青年,去和她讨论哪部电影最经典,哪里的小吃最出名;

如果见到一个24岁以上的独身女青年,现在有了男朋友的,害怕男朋友是不可以托付终身的那种人;而没有男朋友的,为了找一个好的男朋友绞尽脑汁,所以要巧妙地避开“男人”这个敏感话题,谈谈她的事业,化妆品;

如果见到一个初为人妇的女子,要和她探讨厨艺,她丈夫的事业等;

如果见到一个初为人母的女子,要和她讨论育婴经验,奶粉调制等;

如果见到一个孩子在18岁左右的母亲,就和她谈谈孩子的未来;

如果见到一个50岁左右的中年妇女,就和她谈谈她老公的身体情况;

如果见到一个儿孙满堂的老奶奶,就和她谈谈她的幸福晚年。

这就是说话的技巧——对什么人说什么话。这不是圆滑，而是一种做人的艺术。那么怎么才能够做到见到什么人说什么话呢?

1. 对于一个人要多从他的言行举止等方面观察他的性格。要想征服一个人，必须先了解一个人，只有了解了他，才能够说出他爱听的话。其实了解一个人有很多途径，可以先通过熟知他的人，先了解一下他的性格特征，或者通过自己的观察，来了解他。总之，只有先仔细地了解一个人，才能够做到“见到什么人说什么话”。

2. 置身一个环境，必先搞清人和人的关系，搞清身边每个人的所好所忌，搞清喜欢听什么厌恶什么，高兴听什么就说什么，讨嫌的话绝对不说。

3. 拓宽自己的知识面，这样才能够和各种人都有话可说，才能够说出对方爱听的话。

和人谈话时，能够面对不同的人说不同的话，是很重要的。一个人要想使自己说出的话引起对方的重视或取得对方的认可，必须把握好说话对象的分寸。只有根据不同的说话对象，说出他们爱听的话，才能够真正地打动人心。

第七章

目的修炼

——有的放矢不放空

树高千丈，不能没根

在一次培训班上，老师向大家提出一个问题：“小说《西游记》唐僧师徒四人中，你们认为谁本领小，最不重要？”

有人说，儿时看电视就知道，唐僧最不重要。孙悟空能72变，火眼金睛，降妖除魔；猪八戒也能上天入海，打斗妖怪；沙僧虽然能力稍弱，但吃苦耐劳，除了担行李，战妖斗魔时也能当助手；唐僧不仅没有武艺，而且一路要别人照顾，还经常上妖怪的当，只能给他们添麻烦。

“这样理解就全错了。”老师说，“师徒四人中，最为重要的就是唐僧，因为只有他最明白此行的目的是什么。因此，在孙悟空赌气回了花果山，猪八戒开小差去了高老庄，沙僧每见师兄出走就犹豫的情况下，唯唐僧毅然决然、冒着风险奋勇向前，不达目的誓不休。可以说，没有唐僧的大志向和坚定的信仰，他们绝不可能取回真经，而孙悟空等人也不可能功德圆满地成佛。”

唐僧与三徒弟的关系，实际上就是目的与技巧的关系，有唐僧宏伟远大的目标，加上三徒弟的技能，最终实现取回真经的理想。反之，没有唐僧的引领，悟空等三徒弟再有能耐，也只能归于精怪之列，成不了大事。

你是否尝试过坐在听众中间问自己何时说话才能谈到主题上？是否听过始终围绕着听众绕圈子的演讲？也许他们的主题非常夺目，甚至讲演者本身也是魅力非凡，然而由于缺乏一个确定的明确目标，讲演者无法引导听众渐入佳境。

站在听众面前的讲演者就是他们的领军人物，带领听众从一个论点探讨到另一个论点。

如果脑海里有一个明确的目的，你就能够成为领袖，并获得由领导权而生的权威性。只要有目标的指引，没有人会感觉到迷惑不解，除非你一定要保留一些惊奇到最后结束时解开，即便是那个时候，你最好也应该确保听众能够理解你的观点。

讲演的目标指的是你希望在听众脑海里留下的内容以及听完讲话后他们会采取的行动。大部分演讲者把演讲目标和主题搞混了。例如，当问到说话者向对方演示的目标是什么时，我们听到的总是类似回答“我将要谈论新的方案”或“新的招聘方针”等等诸如此类。换句话说，他们告诉我的是演示的内容而非目标。

讲话者希望听众听到招聘方针的演示之后采取什么行动呢？他希望的不仅是提供信息；同时也希望听众能够招聘到适合该工作的最佳人才。

事实上，每一次谈话都需要三个要素：标题，主题和目标。例如：

标题：安全带和长寿。

主题：汽车安全。

目标：促使更多人们驾乘时系上安全带。

你可以问自己几个问题来确定目标：我希望让听众记住什么？我希望他们做些什么，有什么感觉或了解什么知识？

对如何使听众有所感受地清晰了解将影响到你的讲话风格、你对事例和故事的选择以及形成论点的过程，各个要素均受到你的整体目标的影响。

明确目标，对症下药

大部分的讲话都符合下列6种类型。每一类型都会要求讲者采用不同的语调，讲述不同的故事，引用不同的事例，甚至遣词用句也会有所区别。当然，讲话的目标不一定拘泥于一个，但应该有一个你和听众都完全知道的统管一切的整体目标。讲话的6个主要目标是：

一、告知

美国国家航空和宇宙宇航局向我们展示彗星撞击木星的照片并解释其影响时，他们并不希望我们采取任何行动（例如撤出地球之类）。他们的目的仅仅只是通告这一信息。一般人可能没有机会发布类似重大消息，然而你可能需要向员工宣布同事的升迁或退休，或是让员工了解公司最近新采取的保险政策，也或者是宣布必须达到的具体销售目标。数以百万计的交谈都是围绕将要发布的某项消息展开的，对方可以从了解这些消息中受益。这类讲话通常相当简短精要，点到即止，着重于现状和事实。发布的信息也不会太复杂；听众只需倾听就能了解全部内容。有些提供情报的主题可能类似这样：公司历史，产品和服务，或是一项打包设计方案的介绍。

大部分商业演说都可归入此种类型。如果就如何成为更有效的演说者发表一个小时的讲话，我会主要将时间用于传递信息；但若是和6-8个录像工作者一起召开两天的学术研讨会，那我们的目标恐怕就不得不确定为“指导”型了。

二、指导

再次假设一下你要就公司的新保险政策发表演说。这次你不仅要宣布新政策的颁布，同时还要让员工详细了解该政策的具体运作方式：如何填写表格，如何上交，返还时需要等待多久，等等。那么现在你的目的就演变为指导、教授、下达具体方向或指令。这类演示一般长于通告型演讲，不过也并非所有情况下都是如此。演讲中必须充分论述主题的方方面面，从而令听众完全领会到你的意图并熟悉一项新的技能。这类演说的主题可以是这样：成为优秀经理的10个步骤，裁员危机时的对策，如何使用字行程表。

只要你向听众提供了倾听、理解、训练或应用的机会，那么这就是指导型演说。指导和通告常常会联合起来生效。

三、娱乐

除非你是一位专业的舞台喜剧演员，否则人们不可能单纯为了取悦观众而演说。对大部分商业演说者而言，这种事情简直可以说十分稀罕，同时也是一项很艰巨的任务。然而，你必定也渴望能够通过某种轻松有趣的方式来传达你的主题和信息。如果站在工厂里发表减轻工作压力的演说，你可以有意识地使用风趣幽默的语言，并给发言起上一个滑稽的标题，例如“胳肢可使得寿命延长”。类似主题本身就可引发出许多可笑的故事和例子。即使对于比较严肃的主题如安全问题，也可通过稚趣的动画增添笑意。这类演说最基本的特征就是生动活泼的语言和真挚热忱的情感。

四、鼓舞/激励

鼓舞和激励人的方法有很多种。有些人会谈论过去他们本人如何战胜艰难困苦的过程来激发别人的斗志，例如杰拉尔德·考夫曾经孤独地在监狱里熬过了7年的时光；兰斯·阿姆斯壮克服了癌症的巨大痛苦终于捧上了德国之旅的冠军。他们和别人分享自己的故事，从而让大家知道，无论生命中发生了什么悲剧，人都有可能成功超越。

激励型讲话不一定全都以个人困苦为基点。苏珊·安东尼激励了一代又一代人站起来为争取妇女投票权而呼吁。马丁·路德·金则为我们描绘了一幅无比光明的未来的图画，激励了无数人竞相投入人权运动。这些演说家们渴望的是激发出听众内心深处最强大的力量。

五、刺激

也许你不仅希望鼓舞和激励人，更希望刺激他们采取行动。激发型演讲大量运用各种观点、建议和论据，从而使得听众信服你的建议并进而采取确实行动。筹款演说就是一个绝佳的例子：你的目的正是让人们掏腰包捐款。其他例子比如：投票赞成21条款！救救鲸鱼！遵守新安全条令！

希望人们遵照你的观点从事，你必须告诉他们要采取的行动并施加压力。你可能不得不指出是否采取行动的不同后果。为了保证演说的有效性，你本人应该坚定支持该行动方案的正确性。

六、说服

死刑应当废除！多元文化对公司是有利的！性教育应该尽早开始！这些主题的目标全部都是为了说服听众。这类讲话通过综合运用逻辑、证据和情感来说服听众愿意接受你的提议。说服型讲话就某个有争议的问题提供解决方案，并使用大量逻辑、论据和情感，从而争取听众的认同。

明确了大致目标之后，你需要制定一个更具针对性的目标。比如，给说服力研讨班讲课时，我的总体目标是根据演示时间的长短发布信息或提供指导。具体目标则是为人们提供演说工具和技巧，帮助他们成为更风趣和出色的沟通大师。目标制定得越具体，你的讲话就能越有说服力。

认清目的，去繁从简

一位大型加拿大电话公司的销售人员最近正准备做一次演示。他接到指示后，3个月以来连续跟踪了一位新来的电话销售员的培训，现在要向公司管理层出具评估意见。当别人询问他的演示目的时，他回答是向管理层通告培训方案的进展。但在谈话过程中，他逐渐认识到他的真实意图是希望管理层为该项目签订长期合同。他真正的目的是刺激行动而非仅仅是通告。当他的目的发生变化时，整场演示也随之而改变。

演说者的任务很少会只限于传递信息。当然必须承认，通告信息是工作的重心；演说是及时将信息传达给人群的有效手段。但有时作为演说者你必须说服听众，必须通过这种方式提供新信息，并使得听众赞成你的观点。这才是深藏于目的之后的目标，也是演说者孜孜追求的最终结果。

在商业演示和技术演示中，你能察觉出通告和说服两个目标在其中同时生效，议题、事实和统计数字都界定于统一清晰的目标之下。作为一种说服工具，演说和演示每天都在发生。但仅仅目标清晰还是不够的，你同时还必须有好口才来引人注目。

曾经亲耳听到一位校长和学生家长谈论酒后驾驶的问题，按理来说这种本质上十分严肃的主题应该是很容易引起家长的重视。但他似乎从未向他们清晰阐述自己的意图：他讲述的事实和说的话杂乱无章；引用的故事主次不分。直到谈话结束，可怜的家长仍然是一头雾水，不知道他希望表达的主题。

实际上，他的目的十分明确。他希望自己的听众能够写信给立法机构，支持采取更加严厉的法律。但由于他总想把这一要求留待最后的时间，整席谈话中，他一直围绕着相关公民能够发挥的影响和作用喋喋不休，结果令他的听众感觉受到愚弄。

他犯下的错误就是将通告信息等同于说服工作。显然他错了。传达信息是激发人们行动的先导步骤，然而要获得听众的反馈，却需要论据的支持和组织以及就获益方面的沟通。

突出重围，抓住重点

就一场演讲来说，最重要的有三件事：是谁在发表这场演讲，他怎么进行这场演讲，以及他说些什么。因此演讲者最宝贵的财产就是他个人的特色。

凡属于你所感到有兴趣的都可以做题材。不过要注意，在简短的时间中，不要说得太空泛，你选取了一个题目以后，在题目的正反面发挥就够了。

一篇演讲，等于一段有目的的航程，必须有航行的路线图表，这就是题材排列的重要性。关于排列方法的原则有：

A. 说明题目的原委(或意义)
B. 利益的陈述
C. 弊害的提醒
D. 实行的方法

演讲的成或败，全赖于自己的决定，其最重要的是毅力。在演讲的练习中，常常会感到一种进步，或是停止，甚至一种退步。这种心理现象总不可能避免的。明确主题，确定题目，这是演讲内容准确的重要环节，它往往决定演讲的成败。

一、选择论题

即选择演讲要阐述的主要问题是“讲什么”的问题。选好论题须遵循需要性原则和适合性原则。

二、明确主题

主题是演讲者在演讲中所要表达的中心思想或基本观点。它体现演讲者阐述问题的总体性看法，是整个演讲的“灵魂”和“统帅”。要求演讲的主题必须旗帜鲜明，肯定什么、否定什么，赞颂什么或贬斥什么要清楚明白，不可似是而非。同时，一篇演讲只能有一个中心，若贪多求全会使主题分散，形成多中心。并要求主题具有普遍而深刻的教育意义，应挖掘出事物的本质，把握事物的个性。

三、确定题目

这是演讲者给全篇演讲树起一面旗帜，它不仅与演讲的形式有关，更重要的是与演讲的内容、风格、情调有直接关系。内容决定了题目，而题目则鲜明地显露出内容的特点。一个新颖、生动、恰当而富有吸引力的题目，不仅能在演讲前给人急欲一听的强烈欲望，而且在演讲结束之后，同其内容一样给人留下永久记忆。

当你有了演讲题材后，要把话题集中在一起，一篇清晰易懂的演讲必须先具备单一且明确的主题，演讲者必须了解自己所说的内容，一篇洋洋洒洒、主题枝干繁多的讲稿无法使听众抓住你所要阐述的中心思想，事实上，可能连你自己也不知道中心思想是什么。切不可贪多，缺少一根贯穿整个演讲的主线，势必造成演讲的头绪纷繁，结构松散，话说得不少，听众却不知道到底在讲什么，达不到演讲的目的。

许多演讲者会怀疑自己的选择是否能引起听众的兴趣。只有一个方法保证会教他们感兴趣。那就是点燃自己对题目的狂热，就不怕不能把握听众的兴趣了。历来雄辩的最大吸引力，尽皆出于一个人深切的信念和感觉。真诚建在信仰之上，而信仰则出于一心对自己所要说事情的温馨感情，出于脑子对于要说事物的冷静思考。

要对自己目前以为很好的题目，设法多知道一点。你对某件事了解越多，你对它便会越热诚，越热衷。不要抑制自己真诚的情感，也不要在自己真实感人的热情上加上闭气阀。当你走上台要对听众演讲时，应是充满自信的神态，而不是像个要登上绞架的人。轻快跳跃的脚步也许大部分是装出来的，可是却为你制造了奇迹，并会令听众觉得你有自己非常热切想要谈论的事情。

当讲话目的富于概括性时，通常主题会难以选择。此时你应该区别对待讲话的目标和主题，从而集中精力在讲话的重点上。如果不得不就“如何在21世纪的公司实现领导”发表演说，此时若你把它当作演说的目的对待，那么你肯定会感到惊慌失措。类似主题其实只是一个泛泛的议题而已；你的目的却是通过丰富的案例、趣闻轶事和翔实的数据，就“领导”的某一点甚至是具体某个公司的管理发表意见。因此要关注那些关键的树而非整片森林。在这一演说中，你的目标既可能是告知听众在公司内部获取领导力的必需技能，也或者是说服人们为进入 21 世纪准备转换领导角色、实行领导力的变革。在这一主题上进行拓展的可能性是无限多样的，因此你必须制定非常明确和具体的目标。

你的发言越是重点突出、越具体，你就越有可能引起观众的共鸣。用现实生活中某位领导为例，听众可以从中获取普遍意义上的管理层的信息，一叶落而知天下秋，而你则继续绘声绘色地演说。宽泛的主题同样也能出彩——如果你能限制演说目标和焦点的范围的话，你的听众会听到一场印象深刻的演说。

利用反馈，提升效率

所谓反馈，原本是物理学中的一个概念，是指把放大器的输出电路中的一部分能量送回输入电路中，以增强或减弱输入讯号的效应。心理学借用这一概念，以说明学习者对自己学习结果的了解，而这种对结果的了解又起到了强化作用，促进了学习者更加努力学习，从而提高学习效率。这一心理现象称做“反馈效应”。

养成向听到你的演说的人们询问你的目的是否明确的习惯。在下一场演说或主持会议之前，用一个句子概括你的演说目标。演说结束之后，询问参会人员是否了解你的目的。他们应该能够很轻松地告诉你答案。看看他们回答的和你写下来的句子之间联系的紧密程度。如果相差太远，你应该在内容支撑上更下功夫，同时贴近演说的目标。反之若是缺乏来自于听众的反馈，你就只能自己揣测目标是否清晰了——这样你就永远无法确定真正的答案。

重点分明的，承担责任的，鼓舞人心的——这是否就是令你陶醉的演说者的形象呢？你确实可以成为这类演说家，而第一步则是牢牢记住演说目标。确定目标确实相当容易，而且它会使得随之而来的所有步骤包括组织和选择支撑材料更为轻松。当你带着一个强硬目标和人沟通时，人们会把你当成一位目光远大的领袖，从而大大增强你的说服力。

目标清晰最大的好处之一就是帮你分配准备工作的时间。一位内分泌学家准备向其他医生做演示，为此正在进行相关准备工作。他的大量准备时间都花在了收集技术信息上，他认为这些资料将会在演示中使用到。不过，后来他意识到自己的准确目的是说服这些医生以更积极的态度对待糖尿病，而且他也不像起初以为的那样需要那么多技术资料。如果他一开始就明确了演示的目的，那么他也用不着浪费那么多准备时间了。

欲要求人，先利己器

说同样的话，为什么有的人能得到认可，有的人却只能面对否定？ 办同样的事，为什么有的人能一帆风顺，而有的人屡次碰壁？ 是因为他们长相出众、招人喜欢？ 是因为他们有过硬的关系？ 其实，关键并不在这些，关键是因为他们明白了自己所处的立场和说话技巧。

一、大大方方说

有一位专门为女模特儿摄影的朋友，以神通广大，能使模特儿自愿脱下衣衫拍照而闻名。无论名气多大的女明星，只要他亲自出马，她们就如同中了法术一般，同意拍照。或许大家认为，此人必定具有一个极尽说服力的三寸不烂之舌。我们暂时不管他的摄影技术如何，就其风度、相貌与谈吐而言，还不致于令女性倾倒。当朋友向他请教秘诀时，他的回答让人颇感意外。

面对乍到摄影室的模特儿，这位朋友开门见山地对她说："今天我想麻烦您跟我合作，我希望拍一幅照片。"这位摄影师并非胆大厚颜型的人物，但是为了解除姑娘的紧张以及一连串的疑问，他首先给自己假定几个问题，然后制定最佳的应付办法。诸如她是否愿意接受我的请求呢？我怎样才能说服对方呢？等等。这样见面时，他便能够将目的一吐为快。的确，当你把造成紧张不安的话题说出来后，你便会感到如释重负，摆脱窘境以后，你才能够以轻松自然的语气交谈。

这种意识并不表现为明显的对话，而是作为一种恐惧、担心、紧张不安的心情表现出来。

这种负面的意识传递给对方，往往会使对方产生怀疑，以至于将心理封闭起来，使进一步的沟通变得困难。

另外，常见的导致求人失败的话语大致有下列几种：

①急于求成催促对方的话。

②猜疑对方身份、权力的话。

③推诿责任的话。

④让人情绪低落的话。

⑤责备对方的话。

⑥唯利是图的话，充满铜臭的话。

设想一下，如果你面对的登门请托者老是说这类生硬的、令人丧气的话，对他产生怀疑是自然的，甚至还会产生反感，与他继续交谈的兴趣都会消失，更不要说帮你的忙了。

二、不该这么说

求人不同于聊天，必须循序渐进，不可草率了事，所以，说话方式必须有所注意：

交浅言深，不分亲疏。这样会让人感到你的华而不实。

喋喋不休，或经常抢白，不给对方开口的机会。

吹嘘学识，轻视他人。“尊重别人就是尊重自己”，“人敬我一尺，我敬人一丈”，都是通用的定理。

说话太快或说话战战兢兢，嗫嗫嚅嚅，说话声音太小，听不清楚。这些都是不可取的说话方式，因为这样是表现你的自卑。

话题飞来飞去，东拉西扯不得要领。这样让人难以了解你所要说的究竟是什么。

一副看穿别人的眼神及说话方式的样子，去挑别人不懂的术语或专业用语。这是很容易引起对方的强烈反感的。

在关键问题上搪塞，打马虎眼，说不出重点。说明说明，贵在“明”，如果所求不“明”，谁会答应你呢。

模棱两可，使人燃不起热忱，求人商谈，要目标明确，引起对方的共鸣，模棱两可，会让人失去兴趣。

三、多听对方说

别搅了别人的兴致，点头示意比贸然插嘴可爱得多。

求人谈话，包括了“听”与“说”两部分，因此，这两方面都不可疏忽。一般人，往往都只注意自己所说的话，而很少注意去思考对方所说的话。

平常，一般人讲话也都会犯这个毛病：在讲话中，脑中只充满着“接下去该说什么话？”而往往不注意对方所说的话，如果对方所讲的话中另有含意，那你根本不可能会理解。

会说话的人，在别人说话时，都很注意听着，然后适时提出自己的意见。相反的，有的人在别人讲话时，总是随时将自己的身体抬高，一副跃跃欲试的样子，一有机会，马上插嘴，这种人所讲出的话，往往文不对题。因此，在谈话中应该注意去听对方说话。最理想的谈话形式是听七分，说三分。

注意听对方的话，并不只听他所讲出的话，还要去注意对方的身体、动作所表达的意思，还有眼光、表情，连服装、打扮都应该注意。如果你能这样全心全意去聆听对方讲话，对方一定很高兴，而且会有一种踏实感，因为他觉得他说的话已受到你的重视了。

再者，如果你认真地听对方所讲的话，也可以适时地发现问题，提出疑问。例如："为什么会这样呢？"或者是"嗯！我也有同感。"如果你没有用心听，那你只能含含糊糊地说"哦，这样啊！"前者的要领就是将对方所说的话，再一次由你的口中表示出来。简单地说，就是和对方同调，也可以说是借着言词来承认对方的价值，会令对方觉得你是个善解人意的人。

四、别老让他说

对口若悬河的对手，必须抓住机会打断他的内在逻辑，迫使他住口。

在日常生活中，对有些人遇人上门求他办事，便产生一种优越感，侃侃而谈，越扯越远。或者，对方故意说些不着边际的话，以此来消耗见面的时间，最终拒绝、搪塞。这样的人我们最难说服他。如用一般手法，会中对方的计。但一味的沉默，也等于承认对方占了上风。所以应采取措施，将对方拉入自己的正题上来。

对付这类棘手的人物，要先干扰他的决策。最好的办法是很频繁地说："有点道理"，"是这样的吗"之类的话来打岔，或是故意注意别的东西，或是故意注视旁边。这些动作会打断他的思考逻辑，结果纰漏百出，从而获得插话的机会。

这种心理技巧在西方议会争论时常被使用。官员们在议会所说的话，都是事先准备好的，议员不是很容易能破坏他们的逻辑思路的。老经验的议员会赞成官员所说的一切，并审时度势，抓住机会采取手段打断他的一连串话题，使其原则崩溃，说出真心话。对付滔滔不绝、口若悬河的人，用此方法尤其神效。

五、你来替他说

为逃避责任的人找个借口，会使对方接受你的礼物。

实际上，嗜酒者从不主动要求喝酒，却以“只有你一人，我陪你喝”，或者“我奉陪到底”，“舍命陪君子”这类话为借口来达到心愿。表面上既不积极，也不干脆。

这似乎是中国人特有的心理，即做事情总找理由推卸责任。即使他知道自己的责任，也会一味推卸，利用人们的这种心理，先替对方准备好借口，对方就不会推辞。比如，送礼给人时，先要说：“你对我太照顾了，不知如何感激，这是我的一点小意思，请您接受。”由于有了借口，所以对方无犯罪意识，会欣然接受礼物。

六、方便时再说

需要对方听你说话时，你应使对方有听你说话的心理准备，这是求人谈话最重要的一点。例如在打电话时要使对方有心理准备，最有效的方法就是先问对方：“现在是否能请你听我说话？”

像这样先问对方方便与否，会使对方产生一种你很诚实的印象，同时这样的开场白，也是令对方有听你说话的心理准备。之后，对方可能会告诉你说“我只有五分钟”，但你开始说话以后，即使你把时间再拖长些，对方也不会有所不悦的。

此外，或许他这时没有听你说话的时间，但如果你先问他何时方便，他也会回答你一个确定的时间。

七、丧气话少说

有些求人者喜欢把自己贬得很低，比如说：“像我这样的人，不过是可怜的小老百姓罢了！”或者说：“你也看到了，我就是这么没用！”虽然你的出发点是为了谦虚，但如果你不希望别人觉得你是个阴沉的人，那么最好不要用这种对自己不利的语气谈论自己。

当然，偶尔这么说说倒无所谓，但久而久之就会成为习惯性的说法。这点你只要观察喜欢说这一类话的人，即可发现他们经常在用。至于对方会有什么样的反应呢？或许一开始并没有特别在意，但如果每次见面所听的都是这种腔调，就会逐渐觉得和这种人见面没什么意思。更有甚者，还会令自己产生一种想法：这不是谦虚，而是真的没用；这一点即是心理学所谓的“累积暗示效果”所发生的作用。如果你经常对孩子说“你真没用”，或“你真笨”等，即使孩子十分正常，久而久之也会觉得自己真是个没用的人。就像这样，经常听到的话就会认为是对的，这是人类天性的特性之一。

因此，贬低自己的说法，不仅对自己毫无益处，反而还会弄巧成拙，使别人以为你真是如你自己所说的那么一个人。试想，别人今天帮了你，或多或少是想到你明天会对他有用，可你却一再声明自己没用，其后果可想而知。

八、拣好听的说

求人时应对所求的人给予恰到好处、实事求是的称赞，但也不能漫无边际、肉麻地吹捧。求人时说点对方乐意听的话，尤其是顺便说与所求的事有关的方面称赞对方一下，也不失为一种求人巧开口的办法。

有一个大学讲师想请某文化名人为自己的一本即将出版的书写书名。得知来访者的意思后，这位一贯以幽默著称的名人笑着说"是题字啊，可以。不过，现在讲究经济效益，请我题字是不是该付点钱啊？便宜一点儿吧，三百块一个字，怎么样？"

这虽然是开玩笑，但年轻的讲师也听出了这位名人似乎对常有人打他的手迹的主意稍有些抱怨之意。于是，他说，"先生，您这话可是只说对了一半哟。要得到您的墨宝，理当付钱。可是，您的字何止值三百块钱一个字呢？比方说，我想要一件值三千块的衣服，这家商店买不着，还可以到别的商店去买呀，可您的墨宝只能出自您的手下，天底下也别无他处可寻呐，那么，在我看来，您的哪个字都真正的是无价之宝啊，我付多少报酬也不够呢。"

几句话说得这位早已听惯了恭维之辞的知名人士竟也觉得"别有一番滋味儿"，遂"欣然命笔"。

九、混熟了再说

一般说来，向特别要好和熟悉的人求助，可以随便一点，可以直截了当。但有时求助于关系一般的人、生人或社会地位很高的人时，则常常需要一个"导入"的过程。

当然，这个导入过程可长可短，得视情况而定。有的人因偶然机会遇见了名人，想与之合影，就说："可以和您照相吗？"虽然这句话本身不是粗鲁的语言，甚至还可以说是微询口气的礼貌用语，但是只有这一句恐怕不妥。因为许多名人并不见得在一点儿也不了解你的情况下就愿意跟你并肩合影，即使是在某一特定的场合（如在某一会议上）他勉强和你对着镜头“笑一笑”了，但他也许还会稍有些不乐意呢，所以应避免这种唐突的请求。

有位作家讲过下面一件事：

“我在香山参加一个学术讨论会，著名语言学家张志公先生也出席了会议。我久慕张先生的大名，很想与他合影或是我为他个人拍张照片。会议闭幕那天晚上，我才找个机会在他的房间里拜访了张先生。我先是很诚恳地做了自我介绍，并谈了自己问的问题。就这样，张先生饶有兴致地和我攀谈起来了。临别时，我试探性地提出为他拍一张照片。没想到他不仅满口答应，而且还挺认真地准备了一下：把沙发挪了挪，把拐棍也撇到了沙发后边，挺直了身子坐着，我成功地为他拍了两张照片。”

十、探问口气说

即使是我方的要求，也要讲成向对方询问意见。

例如，与其说：“我在十点的时候去拜访您！”不如说：“我十点钟去拜访您，好吗？”或“明天十点您有空吗？我能不能在那个时间去拜访您？”

这些话原意都一点儿也没变，所变的只是口气温和了许多。但给人的感觉就不大一样了。从命令转为请求，从要求变为了询问，语言的妙处真是无穷。

十一、趁热打铁说

求人时，察颜观色，有时确可“先知先觉”。如果对方有下面的各种表情、行动，则表示对方快要上钩，或者渐渐对你的话产生了兴趣。

①对方的脸颊微微向上升。这是对方刚刚开始感兴趣的迹象，对于比较感兴趣的话题，人们都渴望听得一清二楚的。

②肩部保持平衡。对方坐时，两肩不平，是一种疲劳的表示，肩部平衡，表明他的精神很好，对你的话题不是厌烦。

③口角向上扬，嘴时常半闭半开。很显然，嘴角向下，是一种轻视或者以为不屑的表情；嘴巴紧闭，表明他对你的话题实在不想参与；而嘴角上扬时，表明他的兴趣被你调动起来了；而半开嘴巴时，你要明白，他将会同你一起讨论某个话题了。

④眼睛眯起变细。这是对方思考的一种表现，此时他不但在仔细听你讲话，而且大脑中也不停地在进行反应。

⑤对方眨眼次数减少，睁大眼睛。频频眨眼表明了他的不耐烦，而眨眼

次数减少，表明他已经被你的话题所吸引，大概没多余的时间眨眼了吧。至于突然睁大眼睛，是他已经明白了你的意思。

⑥随着说话人的指示移动目光。表明他已经深深投入到必须紧紧抓住你的每一言行的地步。

⑦身体略向前倾。此即为“倾听”的写照，一个人专注听别人说话时，身体便会略向前倾，以图听得仔细明白。

⑧频繁同说话人配合。这时，对方已经积极地参与起来，岂能是无兴趣？当他频频回答：“嗯”，或者是表示赞成地点头，他的态度也就可以看出来了。

当对方有了上述的表情时，事情便大有可为。这是绝好的时机，应当加紧下功夫，趁热打铁，更加吸引对方的兴趣，此时，成功已不远矣。

十二、巧接话茬说

以忙碌为理由拒绝要求的对象，最好对他说：“我就是因为你忙碌才要拜托你啊！”

有位朋友任职某杂志社编辑，他以擅于邀约忙碌的名人为其杂志写稿而闻名。他并没有特殊的求人技巧，但是对于对方所说的“我现在很忙，恐怕帮不上忙……”他却有一套很管用的说辞应付。

“我当然知道你很忙，可是正因为你是个忙人，我才会要求你为敝杂志写稿。对于无事可做的人，我可不敢期待他们会有好作品出现。”使用这种方法真是万无一失，每次都能达成预计的目的。

一般来说，当对方拒绝的理由非常清楚的时候，要打动他，是非常困难的事。尤其对方的理由是我们事先就知道，而不得不承认者，我们就更不敢启齿拜托了。

这种人心理守备都相当坚固，如果我们拜托道：“请尽量设法好吗？”这个说辞反而会使彼此的紧张感增强，也就更无法说服了。要使这种难攻的对象不得不答应，最好的办法就是像前述那位编辑一样，直接将对方拒绝的理由，转变成夸奖对方的材料，成功的可能性必然大为增多。

换句话说，就是巧妙地使用对方拒绝的理由，逼对方不得不答应，对方在表面上虽然会显露不愿接受的表情，可是事实上已乐意接受这个请求了。

第八章

快慢修炼

——节奏快慢该有度

有快有慢，凸显个性

在与人交往时，要想说话让人家爱听，喜欢听，就要注意控制好自己说话的节奏。

有一次下班途中，一位青年遇到一群刚看完电视球赛的学生，就问："这场比赛谁赢了？"

有一个学生兴奋地说："中国队大败日本队获得冠军。"

这位青年迷惑了：到底是中国队打败了日本队获得了冠军呢，还是日本队打败中国队获得了冠军呢？

他又问了另一位学生，才知道是中国队胜了。

这位学生说的话之所以让人家不明白，就是因为他没有掌握好说话的节奏。说话的节奏其实就是说话的快慢。书面语是借助标点把句子断开，以便使内容更加具体、准确。我们在说话时就要借助节奏，来帮助我们表达感情。

生活中，有的人说话很快，一大堆话一口气就能说完，别人形容像是打机关枪。而另外一种人则恰恰相反，说话慢条斯理，半天也挤不出一句话来。这两种极端的情况就是没掌握好说话的节奏。

说话要有节奏，该快的时候快，该慢的时候慢，该起的时候起，这样有起伏、有快慢、有轻重，才形成了口语的乐感和悦耳动听，否则话语不感人，不动人。口语中有规律性的变化，叫节奏。有了这个变化语言才生动，否则显得呆板。有位意大利的音乐家，他上台不是唱歌，而是把数字有节奏地、有变化地从1数到100，结果倾倒了所有的听众，甚至有的感动得流下了眼泪，可见节奏在生活中是多么重要。

节奏主要体现为快慢和停顿。说话没有节奏变化就会像催眠曲一样使人昏昏欲睡，反之，如果能够掌握好说话的节奏，就会使人愿意听，喜欢听。

某大学举办写作知识讲座，主讲老师在谈到细节描写时，提出了这样一个问题："请问同学们，男生和女生回到宿舍时，摸钥匙开门的动作有什么不一样呢？"然后就闭口不言，停顿下来，让同学们自己去揣摩。

台下的大学生们活跃起来了，有的私下议论，有的举手回答，有的干脆掏掏口袋，模拟一下自己回宿舍时找钥匙的动作。

等同学们讨论过一阵子，老师才说："据我观察，大多数的女生才上楼梯时，手就在书包里摸索，走到宿舍门口，凭感觉捏住一大串钥匙中的某一把钥匙，往锁孔里一塞，正好门开了。而大多数的男生呢？他们匆匆忙忙地跑到宿舍门口，'砰'的一脚或一掌，门打不开，于是想起找钥匙。摸了书包摸裤袋，摸了裤袋又摸衣袋，好不容易摸到了钥匙串，把钥匙往锁孔里一塞，打不开。原来钥匙又摸错了。"

主讲老师的描述引起了会场中一片会心的笑声。等到同学们的笑声过后，老师趁势总结道："把男女生回宿舍摸钥匙开门的动作描述出来，就是细节描写，而细节描写的生动又来源于对生活的细致观察。"

这位写作老师巧妙地利用停顿，让听众探索悬念的答案，然后利用解答悬念抛出讲学要点，取得了很好的教学效果，这就是利用说话节奏的效果。

那么我们应该怎样才能掌握好说话的节奏呢？ 其实也没有什么神秘的地方，只要掌握好什么时候应该减速什么时候应该加速就可以了。

第一，说话时应该减速的地方有：需要特别强调的事情；极为严肃的事情；勉强控制的感情；使人感到疑惑的事情；数据、人名、地名等等。

第二，说话时应该加速的地方有：任何人都知道的事情；不太重要的事情；精彩的故事进入高潮时；无法控制的感情等等。

说话的节奏和说话的语气一样，都会影响到听众。 说话的节奏不同，给人的感觉也不同，说话的节奏快了，会给人一种急促的感觉，说话的节奏慢，会给人一种平缓的感觉。 所以，在说话时，要注意恰当地运用说话的节奏，把自己的感觉表达出来。

遇到急事,慢慢地说

遇到急事怎么办？不少人心急火燎，像热锅上的蚂蚁，手足无措。从他们说话的形态来看，不是噼里啪啦地开机关枪就是结结巴巴、语无伦次，更有甚者，话都不能说出来。究其原因，主要是我们在遇到突然的变故时不能沉下心来，导致语言上的传递障碍。其实，克服这种情况的良方就是：稳住，沉着，慢慢地说。

空荡荡的电梯里只有两个人：一个是双鬓染雪的老者，另一个是身强力壮的歹徒。此刻，歹徒手中那寒光闪闪的匕首正逼在老者的胸前："识相点，快把钱拿出来！"

这时，假如是你，将会怎样对付呢？是乖乖地交出钱财，还是在封闭的电梯里无望地高喊向人求救，或者在体力悬殊的情况下与歹徒拼死搏斗？第一种办法或许能保全性命，但无疑助长了歹徒的嚣张气焰。后两种办法很可能使歹徒在极度惊恐中改变犯罪目的：从抢劫钱财变为行凶杀人，后果将不堪设想。那么，有没有什么更好的办法，既能保障自身的安全，又能制止对方的犯罪行为呢？

看了看胸前的匕首，又看了看眼前这个凶相毕露的年轻人，老者慢慢地说："你缺钱花，不要采取这样的方式，直接跟我说就行。你能把刀子收起来同我说话吗？"

此时，双方的神经都高度紧张，谁能稳住情绪、沉着应战，谁就有可能是赢家。面对危险，老者不惊不乱、镇定自若。"你缺钱花"，一开口，就表现出对对方生活景况的理解；"不要采取这样的方式"，直白式的评价，表明一个历经沧桑的老人对持刀抢劫这种行为的不齿；"直接跟我说就行"，传达给歹徒这样一个信息：解决问题可以有多种途径，不必非采取这种极端的方式不可，使歹徒对自己行为的必要性产生怀疑。"你能把刀子收起来同我说话吗？"在前面理解、表白的前提下，老者试图创造一种能够平等交流的氛围，以松弛对方的神经，减少"一触即发"的危险因素。

歹徒仍旧紧张地举着匕首，闷声闷气地说："你别罗嗦，快拿钱！"

歹徒虽然没有放下匕首，但也没有实施更为凶残的行为，说明老者的这番话初步起到了稳住歹徒的作用。

老者微笑着慢慢地打开随身带的小包，说："我这里有一万元钱，你如果坚持要拿去，我也没话说。但你用刀逼着我拿钱就算抢劫，这样会坑了你一辈子。"

老者"微笑着"，表明自己并没有被对方的嚣张气焰所吓倒；"我这里有一万元钱，你如果坚持要拿去，我也没话说。"语言上采取"退"势，进一步稳住歹徒；"但你用刀逼着我拿钱就算抢劫，这样会坑了你一辈子"，老者话锋一转，果断地拿起法律这个强大的武器，对头脑懵懂、一心劫财的歹徒晓以利害："借"或"拿"与"用刀逼着我拿钱"性质截然不同，后者属于性质恶劣的犯罪行为，坚持这样做，等待你的将是法律的严惩。

歹徒举着匕首的手微微颤抖起来，匕首也举得越来越低了。

作为一个法盲，这个歹徒在实施抢劫时或许根本没有想到其行为的严重后果，而老者语气平和、绵里藏针的话语从心理上对他产生了巨大的冲击力。这时他不能不想：我用匕首逼着这个手无寸铁的老人交出一万元钱是轻而易举的事，但为此我付出的代价将会是十分惨重的……想到这里，他担心、害怕起来，所以"手微微颤抖起来，匕首也举得越来越低了"。

"不如这样，我给你留张名片，你需要钱到我家里去取。"老者说着掏出一张名片递了过去。

看到歹徒的心理防线已经开始松动，老者乘胜追击。"递名片"的言语和动作在眼下这样危急的关头可称棋高一着。它既印证了老者"你缺钱花，直接跟我说就行"的诚意，表明了老者对这个年轻人的信任，又亮明身份，再加上从一开始老者就采取的沉稳、平和、理解、宽容的态度，一定会再次深深震撼歹徒的心灵。

歹徒接过名片一看，吓得脸色剧白，匕首"当啷"一声掉在地上，泪水从眼眶中溢出。

歹徒万万没有想到，第一次抢劫就遇上了这么一个有名望的人物！名片上赫然写着：某职工医院院长、省人大代表……他想想这位救死扶伤的老院长温厚善良的面庞和言辞恳切的话语，再看看自己竟会用这样穷凶极恶的手段对付这位宽厚的老人，不禁悔恨交加、无地自容。至此，歹徒的心理防线彻底崩溃，院长"解危"的目标顺利实现。

此时，电梯停了。院长见有人过来，悄悄捡起匕首放进自己的包里。随后说："小伙子，你有什么难事，对我说，我一定会尽力帮助你的。"

这几句话表达了院长对这个年轻人的关切之情。年轻人抢劫的目的并没有达到，但院长从他"持刀抢劫—手臂颤抖—匕首落地—泪水涟涟"的一系列表现中，看出这个年轻人并非不可救药之人，他的内心深处一定还保留着一份淳朴和善良。因此，院长决定通过自己的言语和行动把这个年轻人从歧路上拯救回来。

年轻人一个劲儿地哭泣，半天挤出一句话："院长，我对不起您。"

年轻人看到，自己犯了这么大的错，院长仍然没把自己当成坏人，终于怀着极端痛悔的心情向孙院长道歉了。

院长轻轻地拍了拍年轻人的肩说："什么也不要说了。谁都有做错事的时候。有错不怕，改了就好。"说着，院长从包里拿出一沓钱硬塞在年轻人的手里。

"谁都有做错事的时候"，话虽平淡，震撼力却极强，因为它充分体现了孙院长对这个一时糊涂犯下大错的年轻人的理解和宽容。"有错不怕，改了就好"，这话从刚刚经历了一场生死考验的老人口里说出，好似九鼎之言，重重地锤在年轻人心上，为他指明了一条正路。

年轻人泪水夺眶而出："您的话我记住了。我以后再也不干这种缺德事了！"

院长发自肺腑的一番话和慈行善举，深深地打动了年轻人。年轻人真正认识到了自己行为的卑劣和老者人格的高尚；同时他也看到了世界上还是真真切切地存在着真善美的，并且也明白了自己应该为这个存在着真善美的世界做些什么。他对老者发的誓，也许就是他人生道路上的一个重大转折点。至此院长"救人"的义举也有了结果。

在这场惊心动魄的较量中，语言成为老者最有力、最有效的武器。院长运用语言这一武器，成功地把体力上的较量慢慢地转化为心理上、人格上的较量。他在选择语言时采取了"稳住对方—暂时退让—晓以利害—动之以情"四步方略，环环紧扣，步步为营，终于赢得了这场殊死较量的最后胜利，也为我们身处危险境地如何运用语言技巧智辩突围、转危为安，提供了一个成功的范例。

表达观点,清楚地说

说话是一门艺术，不同的人说同一话题，表达效果会大相径庭。那么，与人谈话怎样才能既将意思表达清楚又给人以深刻印象呢?

一、简明扼要,一语中的

山不在高，有仙则名；水不在深，有龙则灵。说话亦如此，话不在多，简要则明；语不在华，中的则灵。听话人一般厌恶空话、大话，而对简明扼要的话较受欢迎。

二、因事明理,话丑理端

一些事理如果用一般道理说，虽然能说清楚，但不能给人留下深刻印象。如果能用一些民间俗语说，也许就能让人永志难忘。

有一次在肉市场上,一买肉者问猪蹄多少钱一斤,卖肉者说了价钱,这个顾客嫌贵。他的理由是,猪蹄净是骨头没有肉,希望能降一些价。卖肉者见顾客执意要降价,也做了些让步。收了钱以后,他很风趣地对顾客说:“今后你如果要买猪蹄,千万别嫌猪蹄骨头多。俗话说:‘有钱不买猪的脚,狗吃的多,人吃的少。’”

三、旧语新用,增加内涵

一些取得较好表达效果的语言格式，已被人们广泛接受。如果我们用旧瓶装新酒，便能借助旧格式而使新内容产生新鲜感，从而给人留下深刻印象。

中国古代对妇女有“三从四德”之说,“三从”是:在家从父,出嫁从夫,夫死从子;“四德”是:妇言、妇德、妇容、妇功。相传胡适由于多少有些惧内,便在朋友面前宣传他对夫人的新“三从四得”。“三从”是:太太出门要跟从,太太命令要服从,太太说错了要盲从。“四得”是:太太化妆要等得,太太生日要记得，太太打骂要忍得，太太花钱要舍得。

当然，这不过是笑话，胡适也未必惧内。但由于他借用了人们熟知的语言格式，使这种奇谈怪论产生了特殊的表达效果，给人留下深刻印象。

四、牵强比附，增大反差

按说，语言表达应当合情合理，不能牵强附会。可是在生活中，把一些不能放在一起比较的内容，用仅有的一点儿相似点结合起来，故意增大相比附内容的反差，却能让人觉得妙趣横生。

赵本山曾在一个小品中扮演了一个车把式，在晚上回家的路上，被一个陷入泥坑的汽车挡住了回家的路。由于汽车司机对他不礼貌，他便说你神气什么，不就是跟我同行吗。汽车司机说，我怎么能和你是同行。他说，咱们不都是车老板儿吗？后来，汽车司机想用他的驴把车拉上来，让他把方向。汽车司机说，你知道怎样转向吗？他说，这有什么，不和我赶驴车一样吗？他边说边做手势说，喔、喔，就是朝右；里、里就是朝左；驾，就是前进；捎，就是倒档；吁，就是刹车。赵本山把赶驴车的一套术语和开汽车搅和在一起，虽然是牵强比附，倒也让人觉得别有一番趣味。

五、真知灼见，不同凡响

上面我们所说的都是一些技巧性的东西。实际上，仅靠技巧不一定能给人留下深刻印象。要想给人以深刻印象，最重要的还是你的语言有比较深刻的思想，有超人的见解。有了不同凡响的真知灼见，才能真正给人留下深刻印象。

五、巧比妙说，生动形象

有人说话之所以能给人留下深刻印象，就是因为他们善于运用比喻。比喻的特点是生动形象，自然能给人留下深刻印象。

曾有外国女子问辜鸿铭，为什么可以一夫多妻，却不能一妻多夫。辜鸿铭说："见过一个茶壶配几个茶杯，哪里见过一个茶杯配几个茶壶。"这话虽然是强词夺理，却也显得振振有词。有学生问芝诺说："老师，你的学问那么渊博，为什么还那样谦虚？"芝诺回答说："知识就好像一个圆，已知的在圆内，未知的在圆外，知道得越多，这个圆越大，圆越大，未知的就越多。"这些话就是因为说话人巧比妙说，才取得了良好的表达效果。

遇到小事，幽默地说

我们在个人生活中，总是不断地、交替地扮演着主人和客人的角色，因此我们有可能要去应付不合理的要求、令人不快的行为，或者闹得不像话的场面。

有人想平息餐桌上的争论，他提了一个十分意外的问题：

“诸位，刚才是一道什么菜？大概是鸡！”“是的。”一位客人回答。“一定是公鸡！”这人一本正经地说，“原来是鸡在作祟，难怪大家要斗起来。”说完他举起酒杯：“来点灭火剂吧，诸位！”一场餐桌上的征战顷刻间平息了。

有时候为了化解困境，没有任何合适的方式，只有依靠幽默的力量。

当百货公司大拍卖，购货的人又推又挤的时候，每个人的脾气都犹如枪弹上膛，一触即发。有一位女士愤愤地对结账小姐说：“幸好我没打算在你们这儿找‘礼貌’，在这儿根本找不到。”结账小姐沉默了一会儿，说：“你可不可以让我看看你的样品？”那位女士愣了片刻，笑了。

作家欧希金也曾以幽默摆脱了一个困境。

他在他的《夫人》一书中，写到了美容产品大王卢宾丝坦女士。后来在一次他自己举行的家宴中，一位客人不断地批评他，说他不应该写这种女人，因为她的祖先烧死了圣女贞德。其他客人都觉得很窘，几度想改变话题，但是都没有成功。谈话越来越令人受不了，最后欧希金自己说：“好吧，那件事总得有个人来做，现在你差不多也要把我烧死。”这句话马上使他从窘境中脱身出来，随后他又加上一句妙语：“作家都是他的人物的奴隶，真是罪该万死！”

每一个有经验的官员都知道，要使身边的下属能够和自己齐心合作，就有必要将自己的形象人性化。

有一位年轻人新近当上了董事长。上任第一天，他召集公司职员开会。他自我介绍说：“我是杰利，是你们的董事长。”然后打趣道：“我生来就是个领导人物，因为我是公司前董事长的儿子。”参加会议的人都笑了，他自己也笑了起来。他以幽默来证明他能以公正的态度来看待自己的地位，并对之具有充满人情味的理解。实际上他委婉地表示了：正因为如此，我更要跟你们一起好好地干，让你们改变对我的看法。

有时我们确实需要以有趣并有效的方式来表达人情味，给人们提供某种关怀、情感和温暖。

据说有位大法官，他寓所隔壁有个音乐迷，常常把电唱机的音量放大到使人难以忍受的程度。这位法官无法休息，便拿着一把斧子，来到邻居门口。他说："我来修修你的电唱机。"音乐迷吓了一跳，急忙表示抱歉。法官说："该抱歉的是我，你可别到法庭去告我，瞧我把凶器都带来了。"说完两人像朋友一样笑开了。

这位法官并不是想把邻居的电唱机砸坏。他是恰当地表达了对邻居的不满（请注意：是对音响而不是对人），他的行为似乎是对音乐迷说："我们是朋友，我希望和你好好相处，至于唱机是唱机，可以修理一下。"当然，所谓"修理"只是把唱机的声音开低些罢了。

某大公司的董事长和财税局长有矛盾，双方很难心平气和地坐在一起，可是又必需把他们都请来，参加一个重要的会议。他们不得不来了，但是双方都视而不见，犹如两个瞎子。这时会议主持人抓住他们的矛盾，进行了一瞬间的趣味思考。他向人们介绍这位董事长时，说："下一位演讲的先生不用我介绍，但是他的确需要一个好的税务律师。"听众爆发出一阵大笑。董事长和财税局长也都笑了。

这就是"趣味思考法"——不要正面揭示或回答问题，而是用愉悦的、迂回的方式揭示或回答问题。

著名足球教练罗克尼，也是个善于进行趣味思考的人。有一次球赛，罗克尼的诺特丹足球队在上半场输给威斯康星队 7 分。可是他在休息室中一直与队员们开玩笑，直到要上场进行下半场比赛时，他才大喊："听着！"队员们惊惶失措地望着他，以为他要把每一个人都大骂一通。但是罗克尼接下去说："好吧。小姐们，走吧。"没有责备，没有放马后炮，也没有指手划脚强调下半场如何踢球。罗克尼的乐观、豁达，克服了队员们心理上的障碍，帮助他们忘掉艰难的处境。他的队在下半场创造了奇迹，踢出了一连串漂亮的、近乎幽默的球。后来罗克尼对采访他的人说："不是我赢了。而是我的趣味思考法赢了。因为我知道我们精神上赢了，那么球也赢了。"

幽默作家班奇利，在一篇文章中谦虚地谈到他花了 15 年时间才发现自己没有写作的才能。结果一位读者来信对他说："你现在改行还来得及。"班奇利回信说："亲爱的，来不及了。我已无法放弃写作了，因为我太有名了。"这封信后来被刊登在报纸上，人们为之笑了很长时间。事实是班奇利的幽默作品闻名遐迩，但他没有指责那位缺乏幽默感的读者。他以令人愉悦的、迂回的方式回答了问题,既保护了读者可爱的自尊心,也保护了自己的荣誉。

如果你对自己幽默的手法没有足够的自信，不妨学学孩子式的幽默。即使在50岁以后，我们也经常为孩子们由天真而产生的幽默所感动。他们是真正以坦诚待人，不会隐瞒任何事实。当他们毫不掩饰地道出心里想的或事实真相时，人们一下子就喜欢上他们，跟他们在一起会感到跟任何人在一起都无法感到的轻松、愉快。

有一次,李卡克在家里请几位朋友吃饭。朋友来了,他妻子要他的小女儿向客人说几句欢迎的话。她不愿意,说:“我不知道要说些什么话。”这时一位来做客的朋友建议:“你听到妈妈说什么,你就说什么好了。”他女儿点点头,说:“老天！我为什么要花钱请客？我们的钱都流到哪儿去了?”李卡克的朋友们大笑起来,连他妻子也不好意思地笑了。

这就是孩子式的幽默。他女儿把母亲的想法以极纯真的方式说了出来，使大人们也不得不认真地检讨一下自己的想法，同时也减轻了我们对金钱方面的忧虑。李卡克从中得到了一点东西：孩子式的幽默能使我们显得格外真诚。

为了取得理想的效果，幽默时要特别注意以下两点：

一、幽默必须真实而自然

我们经常看到和听到一些政治家们的幽默言行。他们大多把幽默的力量运用得十分自如，真实而自然。没有耸人听闻，也不哗众取宠，更不是做戏。这是因为，他们都知道太精于说妙语和笑话，对个人的形象并无帮助。

但是有的政治家就不那么高明了，他们摇头摆尾、手势又多又复杂。有的人智力平平，却非要附庸风雅，企图以成串的笑料和廉价的笑来博得听众的欢心。他们硬要把自己塞进别人的肚子里，不顾别人是不是有这个胃口。

结果也许是真的引起了笑，但很可能是笑他形象的滑稽和为人的浅薄。

芝加哥有个人,他一心想得到某俱乐部主席的位置。他在一次对俱乐部成员的演说中,表现过了头,在不到两小时的演说过程中,他至少说了50则笑话,并配以丰富的表情和确实引人发笑的手势,听众们被逗得哈哈大笑。末了,在他讲完最后一则笑话时,有人大叫“再来一个!”

这位老兄也真的再来了一个，再次把人逗得疯狂大笑。但是他没有当上俱乐部主席，他的票数是候选人中的倒数第二。

当他闷闷不乐地走出俱乐部时，他问那位喊“再来一个”的听众：“你说我比他们差吗？”

“不，一点也不差。”那人说，“你比他们有趣多了，你可以去当喜剧演员。”

二、敢笑自己的人才有权利开别人的玩笑

海利·福斯第说：“笑的金科玉律是：不论你想笑别人怎样，先笑你自己。”

笑自己的观念、遭遇、缺点乃至失误。有时候还要笑笑自己的狼狈处境。每一个迈进政界的人得有随时挨人“打”的心理准备，如果缺乏笑自己的反馈功能，那么他最好还是干自己的老本行去。

有人对一位公司董事长颇反感，他在一次公司职员聚会上，突然问董事长：“先生，你刚才那么得意，是不是因为当了公司董事长？”

这位董事长立刻回答说：“是的，我得意是因为我当了董事长。这样我就可以实现从前的梦想，亲一亲董事长夫人的芳容。”

董事长敏捷地接过对方取笑自己的目标，让它对准自己，于是他获得了一片笑声。连那位发难的人也忍不住笑了。

许多著名人物，特别是演员，都以取笑自己来达到双方完满的沟通。他们利用一般认为并不好看的外貌特征来开自己的玩笑。如玛莎蕾伊的“大嘴巴”。还有一位发胖的女演员，拿自己的体态开玩笑说：“我不敢穿上白色泳衣去海边游泳。我一去，飞过上空的美国空军一定会大为紧张，以为他们发现了古巴。”

人们没有理由不喜欢这样的人。如果今后他们拿我们开玩笑时，我们只能同他们一起哈哈大笑，而没有半点怨言。

面试陷阱，三思而言

面试极像一次相亲。应聘者希望找到一个能够了解自己优点的老板，用人单位则希望能找到优秀的合作伙伴。当陌生的双方相见后，都想在短短一席话中努力表现出自己的优点、说出聪明话或立即呈现出很棒的反应，以便给对方留下良好的印象。面试官为了不至于“选错郎”，也许会在面试中设置各种语言陷阱，以探测你的智慧、性格、应变能力及心理承受能力。求职者只有识破这些语言陷阱，才能小心巧妙地绕开它，不致于一头栽进去。

一、用“激将法”遮蔽的语言陷阱

这是面试官用来淘汰大部分应聘者的惯用手法。采用这种手法的面试官，往往在提问之前就会用怀疑、尖锐、咄咄逼人的眼神逼视对方，先令对方心理防线步步溃退，然后冷不防用一个明显不友好的发问激怒对方。

“你经历太单纯，而我们需要的是社会经验丰富的人”，“你性格过于内向，这恐怕不适合我们的职业”，“我们需要名牌院校的毕业生，你并非毕业于名牌院校”，“你的专业怎么与所申请的职位不对口？”面对这种咄咄逼人的发问，作为应聘者，首先要做到的是无论如何不要被激怒，如果你被激怒了，那么你就已经输掉了。那么，面对这样的发问，如何接招儿呢？

如果对方说：“你经历太单纯，而我们需要的是社会经验丰富的人。”你可以微笑着回答：“我确信如我有缘加盟贵公司，我将会很快成为社会经验丰富的人，我希望自己有这样一段经历。”

如果对方说：“你的性格过于内向，这恐怕不适合我们的职业。”你可以微笑着回答：“据说内向的人往往具有专心致志、锲而不舍的品质，另外我善于倾听，因为我感到应把发言机会多多地留给别人。”

如果对方说：“我们需要名牌院校的毕业生，你并非毕业于名牌院校。”你可以幽默地说：“听说比尔·盖茨也未毕业于哈佛大学。”

如果对方说：“你的专业怎么与所申请的职位不对口？”你可以巧妙地回

答:“据说,21世纪最抢手的就是复合型人才,而外行的灵感也许会超过内行,因为他们没有思维定势,没有条条框框。”

如果对方说:“你原单位这么好,你却要走,是不是在原单位混不下去只好挪个窝儿?”应聘者若结结巴巴,无言以对,抑或怒形于色,据理力争,脸红脖粗,那就掉进了对方所设的圈套。应聘者碰到此种情况,要头脑冷静,明白对方在“做戏”,不必与他较劲。

二、挑战式的语言陷阱

这类提问的特点是从求职者最薄弱的地方入手。

对于应届毕业生，面试官会设问：“你的相关工作经验比较欠缺，你怎么看？”对于女大学生，面试官也许会设问：“女性常常会对自己的能力缺乏自信，你怎么看？”

如果回答：“不见得吧”、“我看未必”或“完全不是这么回事”，那么也许你已经掉进陷阱了，因为对方希望听到的是你对这个问题的看法，而不是简单、生硬的反驳。

对于这样的问题，你可以用“这样的说法未必全对”、“这样的看法值得探讨”、“这样的说法有一定的道理，但我恐怕不能完全接受”为开场白，然后婉转地表达自己的不同意见。面试官有时还会哪壶不开偏提哪壶，提出让求职者尴尬的问题，如：“你的学习成绩并不很优秀，这是怎么回事？”“从简历看，大学期间你没有担任学生干部的经历，这会不会影响你的工作能力”等等。

碰到这样的问题，有的求职者常常会不由自主地摆出防御姿态，甚至狠狠反击对方。这样做，只会误入过分自信的陷阱，招致“狂妄自大”的评价。而最好的回答方式应该是，既不要掩饰回避，也不要太直截了当，可用明谈缺点实论优点的方式巧妙地绕过去。

比如说，当对方提出你的学习成绩不很优秀时，你可以坦然地承认这点，然后以分析原因的方式带出你另外的优点。如，在校期间学习成绩之所以不很优秀，是因为我担任社团负责人，投入到社团活动上的精力太多。虽然我花在社团的心血也带给我不少的收获，但是学习成绩不是最优秀，这一点一直让我耿耿于怀。当意识到这一点后，我一直在设法纠正自己的偏差。

在面试中屡战屡胜的Michael就有过一次这样的面试经历。Michael的学习成绩不算顶尖,面试咨询公司时,这便成了考官发起攻击的要害:“你的成绩好像不太出众哦,你怎么证明自己的学习能力呢?”Michael不慌不忙:

“除了学习,我还有其他活动,不是只有成绩才能反映人的学习能力的。其实我的专业课都相当不错,如果你有疑问,可以当场测试我的专业知识。”Michael巧妙地绕开了令人尴尬的问题,将考官的注意力引导到他最拿手的专业知识上。

三、诱导式的语言陷阱

这类问题的特点是，面试官往往设定一个特定的背景条件，诱导对方做出错误的回答，因为也许任何一种回答都不能让对方满意。这时候，你的回答就需要用模糊语言来表示。如：“依你现在的水平，恐怕能找到比我们企业更好的公司吧？”如果你的答案是“YES”，那么说明你这个人也许脚踏两只船，“身在曹营心在汉”；如果你回答“NO”，又会说明你对自己缺少自信或者你的能力有问题。

对这类问题可以先用“不可一概而论”作为开头，然后回答：“或许我能找到比贵公司更好的企业，但别的企业或许在人才培养方面不如贵公司重视，机会也不如贵公司多；或许我能找到更好的企业，但我想，珍惜已有的最为重要。”这样的回答，其实你是把一个“模糊”的答案抛还给了面试官。

还有一种诱导式的语言陷阱是，对方的提问似乎是一道单项选择题，如果你选了，就会掉进陷阱。比如说，对方问：“你认为金钱、名誉和事业哪个重要？”

对刚毕业的大学生来说，这三者当然都很重要。可是对方的提问却在误导你，让你认为“这三者是相互矛盾的，只能选其一”。这时候切不可中了对方的圈套，必须冷静分析，可以首先明确指出这个前提条件是不存在的，再解释三者对我们的重要性及其统一性。

你可以这样组织语言，“我认为这三者之间并不矛盾。作为一名受过高等教育的大学生，追求事业的成功当然是自己人生的主旋律。而社会对我们事业的肯定方式，有时表现为金钱，有时表现为名誉，有时二者均有。因此，我认为，我们应该在追求事业的过程中去获取金钱和名誉，三者对我们都很重要。”

与此相类似的还有一种误导式陷阱。面试官早有答案，却故意说出相反答案。若你一味讨好，顺着面试官的错误答案往上爬，面试的结论一定是：此人无主见，缺乏创新精神。自然被列为淘汰之列。还有一种测试式的语言陷阱。这类问题的特点是虚构一种情况，然后让求职者回答。比如：“今天参加面试的有近10位候选人，如何证明你是最优秀的？”这类问题往往是考察求职者随机应变的能力。无论你给自己列举多少优点，别人总有你没有的优点，因此正面回答这样的问题毫无意义。你可以从正面绕开，从侧面回答这个问题。

你可以回答："对于这一点，可能要因具体情况而论，比如贵公司现在所需要的是行政管理方面的人才，虽然前来应聘的都是这方面的对口人才，但我深信我在大学期间当学生干部和主持社团工作的经历已经为我打下了扎实的基础，这也是我自认为比较突出的一点。"这样的回答可以说比较圆滑，很难让对方抓住把柄，再度反击。

有时，面试官还会提出这样的问题："你对琐碎的工作是喜欢还是讨厌，为什么？"这是个两难问题，若回答喜欢，似乎有悖现在知识青年的实际心理；若说讨厌，似乎每份工作都有琐碎之处。因此，按普遍心理，人们是不愿做琐碎工作的（除非特殊岗位，如家庭钟点工），即考官明知故问，我们可以推测出其醉翁之意不在酒，而在工作态度。

我们可以这样表述自己的态度，"琐碎的事情在绝大多数工作岗位上都是不可避免的，如果我的工作中有琐碎事情需要做，我会认真、耐心、细致地把它做好。"这句话既委婉地表达了大多数人的普遍心理——不喜欢琐碎工作，又强调了自己对琐碎事情的敬业精神——认真、耐心、细致。既真实可信，又符合对方的用人心理。

四、"引君入瓮"式的语言陷阱

比如，你前去应聘的职位是一家公司的财务经理，面试官也许会突然问你："你作为财务经理，如果我（总经理）要求你一年之内逃税 100 万元，那你会怎么做？"如果你当场抓耳挠腮地思考逃税计谋，或文思泉涌立即列出一大堆逃税方案，那么你就上了圈套，掉进了陷阱。因为抛出这个问题的面试官，正是以此来测试你的商业判断能力和商业道德。要记住，遵纪守法是员工行为的最基本要求。

比如，你要从一家公司跳槽去另一家公司。面试官问你："你们的老板是不是很难相处啊，要不然，你为什么跳槽？"也许他的猜测正是你要跳槽的原因，即使这样，你也切记不要被这种同情的语气所迷惑，更不要顺着杆子往上爬。如果你愤怒地抨击你的老板或者义愤填膺地控诉你所在的公司，那么你一定完了，因为这样不但暴露了你的不宽容，还暴露了你的狭隘。面试中，面试官也许会设计出各种各样不同的语言陷阱，但是只要看准了，兵来将挡、水来土掩就是了。

以退为进，欲擒故纵

以退为进法，就是用貌似与本意相悖的言论，即欲前进，先后退，从而最终取得更大进展的方法。

人们一般都有这样的常识，要用拳头击打对方，如果先收回胳膊再击出去，力量一定会更大。

“上海牌”电视机及生产厂家——上海广播器材厂，在国内是享有盛名的。如果要提高知名度，树立形象，可以大做广告，因为该厂的“资本”可谓雄厚。

然而，该厂不倚功自诩，而是别开生面地举行了“揭短会”，主动邀请对该厂有意见的客户来“挑刺找骨头”。

乍一看，仿佛是“家丑外扬”失了面子，但实际上，这样反而增强了用户的信任感，实在是棋高一着技高一筹。

该厂的做法，就是运用了以退为进法，“揭丑”是退，“赢得赞誉”是进。

某山区支部书记带领群众修路时，放炮炸石砸断了一家农户的梨树，这棵梨树是这家农户的财源，主人揪住支书要他赔。

支书说秋后一定赔偿，但主人不肯，主人的兄弟一拥而上，把支书好一顿打。村里的党员和群众都火了，要求狠狠整治打人者。第二天开村民会，闹事的也觉得理屈，准备挨整。

不料，支书竟先做检讨：“老少爷们，我还年轻，得大家帮扶。哪个活我安排错了，哪句话我说得不对，大家担待，我作检讨。”被打的事竟一字不提。

后来闹事的人找到支书，当面认了错：“你是为全村，我是为自家，我错了！今天你咋说，我咋干，听你的。”

支书很懂得交谈之道。为开辟富裕之路，他忍受了个人委屈。但是，他的忍让和退缩，不是懦弱，而是一种坚强；同时也是一种方法，一种有效的以退为进的方法。

我们在处理复杂人际关系时，难免会碰到一些性格倔强或一时冲动的人，在别的方法难以奏效时，可以试试以退为进的说话方法。

以退为进的交谈方式，是一种有效的交谈策略。它表面是退缩，实质是进攻，退是为了更好的进。就像拉弓箭一样先把弓弦向后拉，目的是为了把箭向前射出去。

运用这种方法，要注意：

①要知情。知己知彼，方能百战不殆。

②要有度。退要适度，进要有力，有如拉弓，用力过度则弓弦易断，用力不够则不能把箭射远。

③要顺应。只有顺应对方的思路，耐心细致地做工作，才能做到“四两拨千斤”的效果。

明朝冯梦龙《智囊》中曾记述：左牙将张颖和右牙将徐温密谋杀掉节度使杨提，徐温怕举事失败，难脱干系，于是向张颖提议：“要是掺和着同时用咱们俩分别掌握的军队，必定行动不统一，不如单独用我的右牙军行动。”然而张颖又对右牙军不放心。这时，徐温赶紧说：“那么单独用您的左牙军吧！”张颖表示同意。后来，事情败露，徐温称未参与此事，一追查逆党，参与者都是张颖统率的左牙军。因此，别人也以为徐温确实不知此事。

徐温这也是用以退为进的方法，他抓住张颖不放心右牙军的心理，适时以反话作为自己的观点，迷惑住了张颖。

1925年，贺龙任湖南澧州镇守使，他的部下在津市没收了一批英国商人偷运的军火和鸦片。为此，英国驻华大使馆的官员由省政府官员陪同，找贺龙交涉。

英国官员傲慢地说：“敝国商人在贵地津市经商，财物被你部下的人抢劫一空，请您处置。”

贺龙不紧不慢地说：“那就请你写一张丢失货物的清单吧。”

英国官员以为贺龙真要追还被没收的走私商品，就一件件写了起来。此时，走来一个军人报告贺龙，英国人的货里有不少枪支、弹药和鸦片。

贺龙一听，就对英国官员说：“请你把枪支、弹药和鸦片都写上吧！”

英国官员照办了，还签了名。贺龙接过清单，脸一沉，说：“我正在追查私运这批军火，倒卖毒品的罪犯，想不到你倒自己找上门来了！你们违反了中国的法令，我要向国际法庭控告你们！”

英国官员张口结舌，狼狈不堪。

贺龙这里就巧妙地运用了欲擒故纵法，达到预期目的。

东汉末年，有个郡守得了不进饮食的重病，专程请名医华佗来治病。华佗给郡守切脉后，既没有开药方，又没有针灸，自个儿不声不响走了。

郡守以为招待不周，连忙送去财礼，请吃酒席。华佗见财礼就收，见酒席就吃，但就是不开药方。

一晃十多天过去了，郡守让儿子去问华佗，而华佗却带着钱财走了，还留下一封信：“无耻郡守，枉活人间。”气得郡守怒不可遏，连声呼叫：“抓住他，杀了他！”

兵马分头追了两个时辰，没有抓住华佗，郡守又急又怒，气喘吁吁，大声咳嗽，口中吐出一大滩黑血，吐过之后，郡守觉得好多了。

次日，华佗回来，将财礼退还主人，并告诉他：“你的病根已经除掉了。”

华佗利用人的应激心理，先激他生气，而后吐出淤血，达到了治病的目的。

明朝时，四川有个人叫杨升庵，中过状元。皇帝因他讽刺自己，要把他充军异地。

杨升庵想：充军还是离家乡近一点好。他就求皇帝说：“皇上要把我充军，我也没啥说的。不过，我有个要求。”

“什么要求？”

“宁去口外三千里，不去云南碧鸡关。”

“为哪样？”

“皇上不知，碧鸡关，蚊子有四两，跳蚤有半斤！切莫充军到碧鸡关呀！”

皇帝心想：哼，你怕到碧鸡关，我偏要叫你去！于是下令：杨升庵即刻充军云南！

杨升庵利用对方的逆反心理，巧用欲擒故纵法，达到了目的。

美国第三十任总统柯立芝的女秘书，打字时常将标点搞错。为了说服她，柯立芝运用了欲擒故纵法。

柯立芝友善地说：“你今天穿这套衣服很合适，看起来真漂亮！”

因为柯立芝平时很少赞美人，女秘书不好意思地羞红了脸，低着头。然后，柯立芝又说：“你别这么紧张，我只是希望你高兴一下。对了，以后你打字的时候，多注意一下句号和逗号。”

女秘书欣然接受了意见。

公关人员的工作就是与人打交道的工作，可以从多种途径汲取有用的经验，多方面提高自己的说话水平。

下达指令，清晰明了

领导与员工之间的大多数沟通是建立在口头基础上的。要想把每一条命令、每一项建议都写下来是不切实际的，也是不可取的。但问题在于很多时候以口头方式发出的简单指示、请求或意见，被听者彻底地误解了。

不论领导多么准确地表达，多么精心地措辞，员工还是会在一些时候误解领导的本意。而文字可以表达诸多不同的意思。员工的教育背景、生长地域、智力与培训等等因素，都可能对他们的理解产生一定的影响。这就是为什么得到口头反馈十分重要。不要太信任从员工那里得到的简短的“是”或点头这类回答。他是否完全理解了指示？指示的内容是什么？如果员工在领悟指示时“不够准确”，尔后会出现什么问题？你会十分震惊地发现，有多少次信息是被“曲解”了。

领导对这种不良的结果感到非常失望，而员工却认为自己在忠实地遵循领导的指示行事，也因此而十分不愉快。

如何减少这种误解呢？对领导来说，首先要认识到同基层员工和高层管理者对话时必须谨慎小心。要具体而准确，任何不经过周密思考的陈述都可能导致不良的结果。

一、仔细考虑批示的内容

领导必须认识到，他们所说的每一件事都有着更高的“重要性”，这仅仅是因为对基层员工来说，他们代表着权威。一句看似无关紧要的陈述与它所达到的结果是完全不相称的，管理层级或职衔越高，这个人所说的话就越重要。任何大公司的总裁都不会轻易发表评论。

领导不仅要思考他们自己打算说什么，还要考虑别人会如何获得和理解信息，甚至还要想到接受者可能做出的反应。当领导与基层员工对话时，可以使用下面这份心理检查表进行检查：

①我想要说什么？

②这一信息应该告诉给谁？多少人将会受其影响？

③在传达信息时，我拥有可靠的事实吗？

④如何最好地表述信息使听者能够理解？

⑤他们会在第一时间就获得信息吗？信息需要重复吗？

⑥听者可能做出什么样的反应？他们会有不同意见吗？

⑦需要对信息进行“包装”吗？

⑧在下达指示时，是否还需要当场示范？为了进行这种示范需要做些什么工作？由谁来进行示范？

⑨接受指示的人需要时间进行练习吗？要多长时间？

当利用这一心理检查表时，领导在向员工传达指示之前，必须先要慎重“构思”他们的口头信息与指示。这是他们分内的职责。

二、注意谈话方式和态度

谈话的方式与内容同等重要。用粗声粗气或不愉快的语气传递信息时，听者所接收到的反应几乎总是情绪性的。由此领导可以预料到听者也会以同样的方式作出反应。当你以这种方式讲话时，听者必定对你想传达给他的信息感到不快。

语调与行为举止是重要的沟通工具。指令必须传达得准确果断。对指令的执行必须毫无疑问。在传达指示时，员工应该得到一个全面的解释，要坦率，要允许提问，要聆听不同意见，不要以自己的资格而自以为是。对了解自己工作的有经验的员工给予表扬。认真思考来自员工那里的任何有意义的修改意见，以获得更理想的结果。

指示传达到员工那里并被员工所理解是问题的一个方面，员工有足够的热情对待它们又是另一个方面。尤其在实行一套新程序或新系统时更是如此。领导必须认识到人们不愿意变化。他们喜欢熟悉的东西，变化是令人不舒服的。

这就是为什么领导要在传达指示时表现出积极的态度。永远不要在传达指示时感到歉意，试图对目前的状况进行改进是管理层的事。永远不要责备管理层进行的这些变革，因为这无济于事，员工把领导也视为管理团体中的一部分。领导必须采取的态度是把变革看成是必须的，因为变革的目的是为了更好，而且它一定会更有成效。

对于变革将如何影响到他们自己以及他们工作的各个方面，员工有权从管理层获得解释。应该尽可能使这些解释完整全面。

在传达口头指示时，领导还必须事先预料到下属可能做出的反应。他们会提出什么反对意见？如何回答这些反对意见？如何把无聊的抱怨与合理的关心区分开来？是否某个人比别人的抱怨更多？如何让这个人在会议中处于“中立状态”？

对领导来说，试图向员工灌输团队精神也很重要。在对新职员做总结时使用“我们”而不是“你”的称谓。向员工征求如何实现目标的建议。职业领导可以通过亲身去做一些没有人愿意干的工作来表明自己对变革的积极态度。

三、选择好谈话地点

在传递口头信息时应该考虑的一项重要因素是，到底应该在什么地方传递信息？领导办公室是传递信息的最安全场所。这里是领导权威的最强象征。对于下面这些信息来说，领导者选择办公室作为交谈地点是十分恰当的：新的指示、程序的变化、需要解决的问题以及对员工进行的批评。

还有很多的情况下，领导到员工的办公桌前或办公室里交谈更为恰当。比如，员工可能拥有进行讨论的数据和资料，领导不希望打断员工的工作。如果你希望表扬员工或对他表现出特殊的认可，到下属的办公室里或办公桌前驻足交谈也是一个好办法。

领导可能希望相互之间的交流显得更随意。在大厅或饭厅里碰到员工，向他发出你的信息或指令，就好像一切均在不经意的时候发生的。

当需要向很多员工传达指示或指令时，就需要使用会议室了。在工作区域之外举行会议意味着会议不希望受到干扰。

大智无声，能拖则拖

谈判中回答问题，不是一件容易的事。因为，谈判者不但要根据对方的提问来回答，并且还要把问题尽可能地讲清楚，使提问者得到答复。

而且，他对自己回答的每句话都负有责任，因为对方可能把他的回答理所当然地认为是一种承诺。这就给回答问题的人带来一定的精神负担与压力。因此，一个人谈判的水平的高低很大程度上取决于他答复问题的水平。

掌握谈判的答复技巧应注意以下的要领：

一、不要彻底回答所提问题

答话者要将问话者的范围缩小，或者对回答的前提加以修饰和说明。

比如，对方对某种产品的价格表示出关心，发问者直接询问这种产品的价格。如果彻底回答对方，把价钱一说了之，那么在进一步的谈判过程中，回答的一方可能就比较被动了。

倘若这样回答：

“我相信产品的价格会令你们满意的，请先让我把这种产品的几种性能作一个说明好吗？我相信你们会对这种产品感兴趣的……”

这样回答，就明显地避免了一下子把对方的注意力吸引到价格问题的焦点上来了。

二、不要确切回答对方的提问

回答问题，要给自己留有一定的余地。在回答时，不要过早地暴露你的实力。

通常可用先说明一件类似的情况，再拉回正题。或者，利用反问把重点转移。

例如：

"是的，我猜想你会这样问，我可以给你满意的答复。不过，在我回答之前，请先允许我提一个问题。"

若是对方还不满意，可以这样回答：

"也许，你的想法很对，不过，你的理由是什么？"

"那么，你希望我怎么解释呢？"等等。

三、减少问话追问的兴致和机会

问话者如果发现了答话者的漏洞，往往会刨根问底地追问下去。所以，回答问题时要特别注意不让对方抓住某一点继续发问。

为了这样做，借口问题无法回答也是一种回避问题的方法。例如：

"这是一个无法回答的问题。"

"这个问题只好留待今后解决。"

"现在讨论这个问题为时尚早，是不会有什么结果的。"

四、让自己获得充分的思考时间

回答问题前必须谨慎从事，对问题要进行认真的思考，要做到这一点就需要充分的思考时间。

一般情况下，谈判者对问题答复得好坏和思考时间成正比。正因为如此，有些提问者会不断地催问，迫使你在问题没有进行充分思考的情况下仓促作答。

这种情况下，作为答复者更要沉着，你不必顾忌谈判对手的催问，而是转告对方你必须进行认真思考，因而需要时间。

五、有些问题不值得回答

谈判者有回答问题的义务，但是这并不等于谈判者应回答对方所提的每一个问题。特别是对某些不值得回答的问题可以礼貌地加以拒绝。

在谈判中有些谈判者会提些与谈判主题无关的问题，回答这种问题显然是浪费时间。或者，对方会有意提一些容易激怒你的问题，其用意在于使你失去自制力。回答这种问题只会损害自己，因此可以一笑了之。

六、不轻易作答

谈判者回答问题，应该具有针对性，有的放矢，因此有必要了解问题的真实涵义。

同时，有些谈判者会提出一些模棱两可或旁敲侧击的问题，意在以此摸对方的底。对这一类问题更须清楚地了解对方的用意，否则，轻易、随意作答，会造成己方的被动。

七、找借口拖延答复

有时可以用资料不全或需要请示等借口来拖延答复。

比如，你可以这么回答：

“对你所提的问题，我没有第一手的资料来作答复，我想，你是希望我为你做详尽并圆满的答复的，但这需要时间，你说对吗？”

当然，拖延时间只是缓兵之计，这并不意味着可以拒绝回答对方提出的问题。因此，谈判者要进一步思考如何来回答问题。

八、有时可以将错就错

当谈判对手对你的答复作了错误的理解，而这种理解又有利于你时，你不必去更正对方的理解，而应该将错就错，因势利导。

谈判中，由于双方在表述与理解上的不一致，错误理解对方讲话意思的事情是经常发生的。

一般情况下，这会增加谈判双方信息交流与沟通上的困难，因而有必要予以更正、解释。但是，在特定情况下，这种错误理解能够为谈判者中的某一方带来好处，因此可以采取将错就错的策略。

比如，当买方询问某商品的供应条件时，卖方答复买方可以享受优惠价格。而买方把卖方的答复理解为，如果他想享受优惠价格就必须成批购买。而实际上卖方只是希望买方多购买一些，并非买方享受优惠价格的先决条件。

如果买方作了这样的理解后，仍表示出购买的意向，卖方当然不必再把自己的原意解释一番。

总之，谈判中的应答技巧不在于回答对方的“对”或“错”，而在于应该说什么、不应该说什么和如何说，这样才能产生最佳效应。

第九章

虚实修炼

——话里自有乾坤道

能辨风向，才能使舵

言辞能透露一个人的品格，表情眼神能让我们窥测他人内心，衣着、坐姿、手势也会在毫无知觉之中出卖它们的主人。

察言观色是一切人情往来中操纵自如的基本技术。 不会察言观色，等于不知风向便去转动舵柄，世事国通无从谈起，弄不好还会在小风浪中翻了船。 直觉虽然敏感却容易受人蒙蔽，懂得如何推理和判断才是察言观色所追求的顶级技艺。

言辞能透露一个人的品格，表情眼神能让我们窥测他人内心，衣着、坐姿、手势也会在毫无知觉之中出卖它们的主人。 言谈能告诉你一个人的地位、性格、品质及至流露内心情绪，因此善听弦外之音是“察言”的关键所在。

如果说观色犹如察看天气，那么看一个人的脸色应如“看云识天气”般，有很深的学问，因为不是所有人所有时间和场合都能喜怒形于色，相反是“笑在脸上，哭在心里”。 “眼色”是“脸色”中最应关注的重点。它最能不由自主地告诉我们真相，人的坐姿和服装同样有助于我们现人于微，进而识别他人整体，对其内心意图洞若观火。

一个举人经过三科，又参加候选，得了一个山东某县县令的职位。第一次去拜见上司，想不出该说什么话。沉默了一会，忽然问道：“大人尊姓？”这位上司很吃惊，勉强说了姓某。县令低头想了很久，说：“大人的姓，百家姓中所没有。”上司更加惊异，说：“我是旗人？ 贵县不知道吗？”县令又站起来，说：“大人在哪一旗？”上司说：“正红旗。”县令说：“正黄旗最好，大人怎么不在正黄旗呢？”上司勃然大怒，问：“贵县是哪一省的人？”县令说：“广西。”上司说：“广东最好，你为什么不在广东？”县令吃了一惊，这才发现上司满脸怒气，赶快走了出去。第二天，上司令他回去，任学校教职。究其原因，便是不会察言观色。

我们如能真的在交际中察言观色，随机应变，也是一种本领。 例如在访问中我们常常会遇见一些意想不到的情况，访问者应全神贯注地与主人交谈，与此同时，也应对一些意料之外的信息敏锐地感知，恰当地处理。

主人一面跟你说话，一面眼往别处看，同时有人在小声讲话，这表明刚才你的来访打断了什么重要的事，主人心里惦记着这件事，虽然他在接待你，却是心不在焉。这时你最明智的方法是打住，丢下一个最重要的请求告辞："您一定很忙。我就不打扰了，过一两天我再来听回音吧！"你走了，主人心里对你既有感激，也有内疚："因为自己的事，没好好接待人家。"这样，他会努力完成你的托付，以此来补报。

在交谈过程中突然响起门铃、电话铃，这时你应该主动中止交谈，请主人接待来人，接听电话，不能听而不闻滔滔不绝地说下去，使主人左右为难。

当你再次访问希望听到所托之事已经办妥的好消息时，却发现主人受托之后尽管费心不少但并没圆满完成甚至进度很慢。这时难免发急，可是你应该将到了嘴边的催促化为感谢，充分肯定主人为你作的努力，然后再告之以目前的处境，以求得理解和同情。这时，主人就会意识到虽然费时费心却还没有真正解决问题，产生了好人做到底的决心，进一步为你奔走。

人际交往中，对他人的言语、表情、手势、动作以及看似不经意的行为有较为敏锐细致的观察，是掌握对方意图的先决条件，测得风向才能使舵。例如和上司打交道时，对其眼手的观察，能够让我们洞悉其内心：

上司说话时不抬头，不看人。这是一种不良的征兆——轻视下属，认为此人无能。

上司从上往下看人。这是一种优越感的表现——好支配人、高傲自负。

上司久久地盯住下属看——他在等待更多的信息，他对下级的印象尚不完整。

上司友好和坦率地看着下属，或有时对下属眨眨眼——下属很有能力、讨他喜欢，甚至错误也可以得到他的原谅。

上司的目光锐利，表情不变，似利剑要把下属看穿。这是一种权力、冷漠无情和优越感的显示，同时也在向下属示意：你别想欺骗我，我能看透你的心思。

上司偶尔往上扫一眼，与下属的目光相遇后又往下看，如果多次这样做，可以肯定上司对这位下属还吃不准。

上司向室内凝视着，不时微微点头。这是非常糟糕的信号，它表示上司要下属完全服从他，不管下属们说什么，想什么，他一概不理会。

双手合掌，从上往下压，身体起平衡作用——表示和缓、平静。

双手插腰，肘弯向外撑，这是好发命令者的一种传统人体语言，往往是在碰到具体的权力问题时所做的姿势。

上司坐在椅子上，将身体往后靠，双手放到脑后，双肘向外撑开，这固然说明他此时很轻松，但很可能也是自负的意思。

食指伸出指向对方——一种赤裸裸的优越感和好斗心。

双手放在身后互握，也是一种优越感的表现。

上司拍拍下属的肩膀——对下属的承认和赏识，但只有从侧面拍才表示真正承认和赏识。如果从正面或上面拍，则表示小看下属或显示权力。

手指并拢，双手构成金字塔形状，指尖对着前方——一定要驳回对方的示意。

把手捏成拳头——不仅要吓唬别人，也表示要维护自己的观点，倘用拳头敲桌子，那干脆就是企图不让人说话。

弦外之音，洞若观火

有个穷人患病，病情渐渐沉重，医生说他没有希望了。病人祷告众神，说如果能病好下床的话，一定设百牛祭，送礼还愿。他妻子正站在旁边，听他这么说，便问道："你从哪儿弄这笔钱来还愿呀？"他回答说："你以为神让我病好下床，是为了向我要这些东西吗？"

这故事是说，实际上不想做的事情，人们倒最容易答应下来，人有时候心口不一。由此看来，察言是很有学问的技巧。人内心的思想，有时会不知不觉在口头上流露出来，因此，与别人交谈时，只要我们留心，就可以从谈话中深知别人的内心世界。

一、由话题知心理

人们常常将情绪从一个话题里不自觉地呈现出来。话题的种类是形形色色的，如果要明白对方的性格、气质、想法，最容易着手的步骤，就是要观察话题与说话者本身的相关状况，从这里能获得很多的信息。

与中年妇女交谈时，她们的话题多是她们自己，因为她们觉得自己才是她们最大的关心对象。她们有时也谈论丈夫或孩子，那是她们把丈夫或孩子看成了自己的化身，谈论他们也等于在谈论自己。对于这样的中年妇女，你要作为一个倾听者的形象出现，承认她们是贤惠的妻子、伟大的母亲。

在年轻小伙子的世界里，他们最爱谈论的话题是车子。关于车子的杂志也跟音乐、足球杂志一样畅销。小伙子的话题几乎都涉及与车子的品牌、行程距离、速度等有关的话题，虽然，他们中的大多数人都暂时买不起车。其实，他们那么热衷于车的话题，无非在表示自己将来有能力购车，或者是自己对这些懂得很多，这也是一种时髦的话题罢了，无非是显示自己。因此，你要聚精会神地听他们侃车，最好不要摆出讨厌或不耐烦的脸孔，你的耐心就可以满足他们的虚荣心。

二、措词的习惯流露出的“秘密”

语言表明出身，语言除了社会的、阶层的或地理上的差别外，还有因个人的水平而出现差别的心理性的措辞。人的种种曲折的深层心理就会不知不觉地反映在自我表现的手段——措辞上。即使同自己想表现的自我形象无关，通过分析措辞常常就可以大体上看出这个人的真实形象，在这种意义上，正是本人没意识到的措辞的特征比词语的内容远为雄辩地告诉我们其人自身。

使用第一人称单数的人，独立心和自主性强，常用复数的人多见于缺乏个性，埋没于集体中，随声附和型的人。

人们总是认为是在用自己的话说话，写文章。实际上无意中在借用别人的话，有自我扩大欲，反过来探寻这一点，就能窥见其人的内心深处。例如，对说话者是使用难懂的词和外语的人多会感到困惑，其实，这种人多是将词语作为掩饰自己内心弱点的盾牌。择业时，充分显示自己的才能是必要的，但若过分矫饰，反而画蛇添足，让别人如坠云雾的效果是最不利的。这种情形常常不过是反证了对自己的智能的自卑意识，将词语作为盾牌，掩饰自己的自卑感。《围城》中的张先生在方鸿渐面前大肆卖弄自己的洋文，以显示自己博学，实际上只反映出其知识的贫乏。

三、说话方式才能反映真实想法

一般说来，一个人的感情或意见，都在说话方式里表现得清清楚楚，只要仔细揣摩，即使是弦外之音也能从说话的帘幕下逐渐透露出来。

①说话快慢是看破深层心理的重要关键。

如果对于某人心怀不满，或者持有敌意态度时，许多人的说话速度都变得迟缓，而且稍有木讷的感觉。如果有愧于心或者说谎时，说话的速度自然就会快起来。

假如有一个男人每天下班都按时回家，而这一天他下班后却留在办公室与同事打扑克，回到家时，他就马上跟老婆说他加班了，而且还要诅咒现在为什么有这么多的活儿干不完等等之类的话。他的说话语调也一定会比平常快，这样，他可以解除内心潜在的不安。

遇到男人这样时，做老婆的一定要慎重，什么事一旦有了开头，就会有下次，不可掉以轻心。

②从音调的抑扬顿挫中看破对方心理。

上述的那位“加班”的男人，当他回到家时，他说话的语调不仅快，而且慷慨激昂，好像今天的“加班”的确让他很反感——他是很不愿意“加班”的。

当两个人意见相左时，一个人提高说话的音调，即表示他想压倒对方。

对于那种心怀企图的人，他说话时就一定会有意地抑扬顿挫，制造一种与众不同的感觉，有一种吸引别人注意力的欲望，自我显示欲隐隐约约地透露出来了。

③由听话方式看破对方心理。

构成谈话的前提包括了两种不同立场的存在者，即说话者与听话者。我们可以根据对方对自己说话后的各种反应，来突破对方的深层心理。

如果一个人很认真地听话，他大致会正襟危坐，视线也一直瞪着对方。 反之，他的视线必然会散乱，身体也可能在倾斜或乱动，这是他心情厌烦的表现。

有些人仔细倾听对方的每一句话，等到讲述者快说完时，他也会透露自己的心声，由此看来，这位倾听者完全依靠坚强的耐心再配合一股好奇心，才能最终突破讲话者的秘密。

如果你想套知某人某方面的消息，你就会和他从一个平常的话题切入，然后认真倾听、提问、倾听……一步步达到自己的目的，对方在高兴之余，也忘了提防，相反还会认为你是一个很好的倾听者，善解人意呢。

月有圆缺，脸有阴晴

观色是指观察人的脸色，获悉对方的情绪。这与老猎人靠看云彩的变化推断阴晴雨雪，是一个道理。

丈夫小A和妻子小B刚结婚时，感情很好，常常形影不离。可是，随着生活的日渐平淡，彼此都熟悉了婚后的生活，再也没什么新鲜感了，常常为柴米油盐酱醋茶的琐事而吵架。

起初小A和小B一有不满，就互相争吵，各不相让，但吵过后，两人坚持不了几个小时又和好了。可是，随着吵架次数的增加，这好像成了家常便饭了，小A和小B谁也不愿再理睬对方，他们经历了一个冷漠的阶段。

但这也不是办法，小A和小B还要面对家人和朋友，为了不让别人看出来，他们逐渐过渡到有别人在场的时候，彼此显得关系还不错、很恩爱，而一旦只有他们独处时，家里则静悄悄的，互不打扰。渐渐地，没人在的时候他们也开始说话了，但这并不是尽弃前嫌，只是有时候有一些不得不说的话而已。随着彼此间的不调和发展到极端时，不快乐的表情反而逐渐消失，他们的脸上反而呈现出一种微笑，态度上也显得卑屈又亲切。

怪不得一位经常办理离婚案的法官说，当夫妇间任何一方表现出这种态度时，就表明夫妻关系已到了不可调和的地步了。

人类的心理活动非常微妙，但这种微妙常会从表情里流露出来。倘若遇到高兴的事情，脸颊的肌肉会松弛，一旦遇到悲哀的状况，也自然会泪流满面。不过，也有些人不愿意将这些内心活动让别人看出来，单从表面上看，就会让人判断失误。

比如，在一次洽谈会上，对方笑嘻嘻地完全是一副满意的表情，使人很安心地觉得交涉成功了，“我明白了，你说得很有道理，这次我一定考虑考虑。”可是最后的结果却是以失败而告终。

由此看来，我们不能只简单地从表情上判断对方的真实情感。在以表情突破对方心理时要注意以下两方面：

①没表情不等于没感情。

生活中，我们有时会看到有些人不管别人说了什么，做了什么，他都一副无表情的面孔。

其实，没表情不等于没感情，因为内心的活动，倘若不呈现在脸部的肌肉上，那就显得很不自然，越是没有表情的时候，越可能使感情更为冲动。

例如，有些职员不满主管的言行，只是敢怒不敢言，只好故意装出一副无表情的样子，显得毫不在乎。但是，其实他内心的不满很强烈，如果你这时仔细地观察他的面孔，会发现他的脸色不对劲。碰到这种人，最好不要直接指责他，或者当场让他难看。最好这样说："如果你有什么不满，不妨说出来听听！"这样可以安抚部属正在竭力压抑着的感情。

但是这种时候也不宜说话过多，避免正面交锋，而应另择时间，开诚布公地与下属交换意见，这样就可以圆满解决与下属的这种低潮关系，主管的好形象就树立起来了。

毫无表情有两种情形，一种是极端的不关心，另一种是根本不看在眼内。

例如，这里在谈话，有人就很茫然地看到这边来，表现不知如何是好的模样，这就是一种根本不看在眼内的表情，这有可能代表的是一种好意。尤其是女性，倘若太露骨地表现自己的好意，反而不妥，不如就显现出一种近乎漠不关心的表情来。

②愤怒悲哀或憎恨至极点时也会微笑。

这种情况眼光表情不同，通常人们说脸上在笑，心里在哭的正是这种类型。纵然满怀敌意，但表面上却要装出谈笑风生，行动也落落大方。

人们之所以要这样做，是觉得如果将自己内心的欲望或想法毫无保留地表现出来，无异于违反社会的规则，甚至会引起众叛亲离的现象，或者成为大众指责的罪首，恐怕受到社会的制裁，不得已而为之。

由此可见，观色常会产生误差。满天乌云不见得就会下雨，笑着的人未必就是高兴。很多时候，人们把苦水往肚里咽着，脸上却是一副甜甜的样子。反之，脸拉沉下来时，说不定心里在笑呢。

透过眼睛，窥视人情

希腊神话里有这样一个故事：若被怪物三姐妹中的美杜莎看上一眼，立刻就会变成石头，说白了，这是将眼睛的威力神化了。

从医学上来看，眼睛在人的五种感觉器官中是最敏锐的，大概占感觉领域的70％以上，因此，被称“五官之王”。孟子云：“存之人者，莫良于眸子，眸不能掩其恶。胸中正，则眸子眊，胸中不正，则眸子眩。”从眼睛里流露出真心是理所当然的，“眼睛是心灵之窗”。

深层心理中的欲望和感情，首先反映在视线上，视线的移动、方向、集中程度等都表达不同的心理状态，观察视线的变化，有助于人与人之间的交流。爬上窗台就不难看清屋中的情形，读懂人的眼色便可知晓人们内心状况。

眼睛看人的方法由来已久。人的个性是一成不变的，无论其修养功夫如何深远。俗语说：江山易改，本性难移，看人的个性还是简单的，而他的表现则不然。性为内，情为外，性为体，情为用，性受外来的刺激，发而为情，刺激不同。情所表现最显著、最难掩的部分，不是语言，不是动作，也不是态度，而是眼睛，言语动作态度都可以用假装来掩盖，而眼睛是无法假装的。我们看眼睛，不重大小圆长，而重在眼神。

你见他眼神沉静，便可明白他对于你着急的问题，早已成竹在胸，定操胜算。只要向他请示办法，表示焦虑，如果他不肯明白说，这是因为事关机密，不必要多问，只静待他的发落便是。

如果你见他眼神散乱，便可明白他也是毫无办法，徒然着急是无用的，向他请示，也是无用的。你得平心静气，另想应付办法，不必再多问，这只会增加他六神无主的程度，这时是你显示本能的机会，快快自己去想办法吧！

如果你见他眼神横射，仿佛有刺，便可明白他异常冷淡，如有请求，暂且不必向他陈说，应该从速借机退出，即使多逗留一会儿也是不适的，退而研究他对你冷淡的原因，再谋求恢复感情的途径。

你见他眼神阴沉，应该明白这是凶狠的信号，你与他交涉，须得小心一点。他那一只毒辣的手，正放在他的背后伺机而出。如果你不是早有准备想和他见个高低，那么最好从速鸣金收兵。

你见他眼神流动异于平时，便可明白他是胸怀诡计，想给你苦头尝尝。这时应步步为营，不要轻近，前后左右都可能是他安排的陷阱，一失足便跌翻在他的手里。不要过分相信他的甜言蜜语，这是钩上的饵，是毒物外的糖衣，要格外小心。

你见他眼神呆滞，唇皮泛白，便可明白他对于当前的问题惶恐万状，尽管口中说不要紧，他虽未绝望，也的确还在想办法，但却一点也想不出所以然来。你不必再多问，应该退去考虑应付办法，如果你已有办法，应该向他提出，并表示有几成把握。

你见他眼神似在发火，便可明白他此刻是怒火中烧，意气极盛，如果不打算与他决裂，应该表示可以妥协，速谋转机。否则，再逼紧一步，势必引起正面的剧烈冲突了。

你见他眼神恬静，面有笑意，你可明白他对于某事非常满意。你要讨他的欢喜，不妨多说几句恭维话，你要有所求，这也是个好机会，相信一定比平时更容易满足你的希望。

你见他眼神四射，神不守舍，便可明白他对于你的话已经感到厌倦，再说下去必无效果，你就该赶紧告一段落，或乘机告退，或者寻找新话题，谈谈他所愿听的事。

你见他的眼神凝定，便可明白他认为你的话有一听的必要，应该照你预定的计划，婉转陈说，只要你的见解不差，你的办法可行，他必然是乐于接受的。

要是你见他眼神下垂，连头都向下倾了，便可明白他是心有重忧，万分苦痛。你不要向他说得意事，那反而会加重他的苦痛，你也不要向他说苦痛事，因为同病相怜越发难忍，你只好说些安慰的话，并且从速告退，多说也是无趣的。

如果他的眼神上扬，便可明白他是不屑听你的话，无论你的理由如何充分，你的说法如何巧妙，还是不会有高明的结果，不如戛然而止，退而求接近之道。

总之，眼神有散有聚，有动有静，有流有凝，有阴沉，有呆滞，有下垂，有上扬，仔细参悟之后，必可发现人情毕露。

座位之间，人心地图

在人与人之间的关系中，坐什么座位，怎样坐，都反映了人的深层心理。首先，坐什么位置，直接反映出社会、集团传统的上席下席或优势、劣势的意识，就是现在，拘泥于形式的聚会或老年人多的聚会上，谁坐什么位置就使主持者头痛，在会议参加者之间常常发生不必要的相互推让或争执。其次，是所有的人都有在自己身体的周围保持自己专用空间的心理，如果被侵犯就会不悦，并产生不安。这个空间称为“身体范围”。通常，人是互不侵犯这种范围的。

不难看出，对一个人的坐的位置、坐姿进行标记、分析，简直就可以画出一张人心的“地形图”来。下面让我们具体看看。

一、座位的物理距离也表示着跟对方的心理距离

这种距离的大小，可以表示主观上想侵犯对方身体领域的程度，从而能判断出他的一些心理想法，知道他想干什么。例如：一对以身相许成卿卿我我的情侣，即使在很宽阔的沙发里，他们必然也会靠近对方的身边坐下，这当然并不是没有足够的空间，而是反映了他们如胶似漆的心态。像这种情况，如果是你身边的一对情侣，如果你不想让人烦，你就识趣点儿，给别人留一点空间，走开。

又如在大学的教室里，如果有人想积极参与讨论，这些学生大多数会坐在教室前面的位置上，反之，有些学生不常来上课，占用上课的时间出去打工，他们一定会坐在后头的，对于本科目不感兴趣的人，也会选择坐在后面。

二、座位的方向意味深长

座位的方向有两方面：一个是坐在对方的正对面或旁边，另一个是坐在背向房间的门口与里面的某处位置。

坐在正对面或旁边，其表现的心理状态就不同，面对面坐着有一种距离感，这时，两人之间有一张桌子或什么东西之类的障碍物会感觉比较舒服。而坐在侧旁的时候，就没有如此的限制，大多数人采用亲密的距离并肩而坐，彼此朝着同一个方向，注视相同的对象，在这种情况下，很容易产生某种连带感。而面对面的坐姿，双方都处于可以观察对方的最佳位置上，很容易产生视线冲突，产生一种对峙的感觉。

在男女关系方面也一样。中间放着一张桌子，两人面对面地坐着谈话，这也许是相当亲热的镜头了，不过，这种坐式说明他们彼此间的深度还不够，表现出他们在心理上存在着一种相互理解的意愿。反之，并肩而坐的两个人，在一般情况下，他们会比面对面而坐的男女少说些话，因为他们彼此早已相互了解，甚至在某种情况下早已以身相许也是很可能的事。

所以，我们可以通过他们坐的方向来推测别人的心理活动和与之相关的信息，这样你若想采取什么行动就有了对策。看到一对男女相拥而坐，你就别再有夺人之爱的非分念头了，只有祝福他们有情人早成眷属，他们还会对你产生好感。若是看到一对男女相对而坐，则表明他们还尚待进一步沟通，你若有意于其中一方，也许还有希望。

三、以深坐与浅坐的坐姿来识破对方的心理

对于人类来说，立姿是最适合活动的一般状态，因此，人们在坐的时候会以立刻可以站起姿势为前提。在椅子上采取浅坐，即是其中的一个例子。也有人是因为紧张只敢浅坐在椅子上，常常处于将要采取行动的紧急状态里。

人一旦松懈下来时，就会坐稳在椅子上，同时伸出脚，很悠闲，表示不会立刻站起。

这可以从狮子和马身上看到这种观点：狮子很凶猛、强大，所以它可以整天睡觉，似乎这代表着一种自信。狮子喜欢捕食马，所以这种马类就整天很神经质地站着，但仍然逃不了厄运。

因此深坐的人在精神上占有优势，至少他希望自己居高临下。而浅坐的人，坐在位置上常感不安，显示出一种屈居劣势的状态。

浅坐的人，无意识中会表现出一种服从对方的心理来，在这种人面前，你千万不要显得自己太强大、傲慢，因为他们内心会有反抗。相反，你若表现了对他的友好或关心，他一定会在心里喜欢你。愿意与你接近，

这为拓展以后的关系奠定了基础，其实，什么人都是可以利用的。如果很多人都愿意与你接近，这就给你造成了一种优势，起码在人际关系上你已经胜了，你的工作、学习就很容易走向成功，离得到别人乃至上司的赞赏就不远了。

四、由人类的坐姿而表现出来的深层心理现象

有些人一坐下来就会跷起二郎腿，据说这种人深沉、不服输。

不过，这是男人的情况，女性就稍有不同了。女人大胆地跷起双腿，这就表现了她对自己的容貌或衣着服饰相当自信。这样的坐姿，很有把握吸引男人的注意，同时也表示她显示自己的强烈欲望，这种女人自尊心很强，热衷于做老板，她一面很轻松地跟男人来往，一面也不轻易倾心于一个男人。

外在衣着，内在性格

人本来是赤裸裸地来到这个世界上的，为了隐藏自己的庐山真面目，才穿衣服。

其实，人类不曾想到，为了要穿上自己喜爱的衣服，包括颜色、质料，反而把自己毫无掩饰地呈露出来了。因为每个人所选购的衣服把自己的心理状态表现得袒露无遗。

一、衣着华丽者自我显示欲强，爱出风头

在大庭广众之中，我们可以发现某些人总是穿着引人注目的华美服饰，这种人大体上有强烈的自我显示欲。同时这种人对于金钱的欲望特别迫切。所以，当你看到这类身着华服的人，或同事中有这样的人时，你就能洞察到他（她）们的这种心理，多夸奖他（她）们的服饰，满足其膨胀的显示欲是一个好办法，这种人就不会轻易与你为敌。

二、衣着朴素者缺乏自信，喜欢争吵

有一种人穿着朴素，不爱穿华美的衣服，这种人大多缺乏主体性格，对自己缺乏信心。希望对别人施予威严，想要弥补自己自卑的感觉。

遇到这种人，就别与他们争执不休，因为越是自卑的人，越想掩饰自己的自卑，越会与人喋喋不休地争吵，以期保存剩下的一点点面子，这反而不利于和他人维系关系。

这时候，你大可以大大方方承认他的观点，他反而会感到你的宽容大度，你会取得意想不到的效果。

三、喜欢时髦服装者有孤独感，情绪常波动

有一种人，完全不理会自己的嗜好，甚至说不知道自己真正喜欢什

么，他们只以流行为嗜好，向流行看齐。这种人在心底里常有一种孤独感，情绪也经常不安。

四、不理时尚者常以自我为中心，标新立异

有一种对于流行的状况毫不关心，这种人的个性可以说是十分强硬，但也有一些人是不敢面对外面的花花世界，而一味地把自己关在小黑屋里。这种人认为，如果跟别人同调，岂不是等于失去了自我？这种人常常以自我为中心，经常弄得大家索然无味。

五、突变服装嗜好的人想改变生活方式，也有逃避现实的成分

一位公司职员小张，到目前为止一直穿戴固定式样与格调的西装。但有一天，他却改成了潇洒的夹克、鲜艳的长裤，带着完全不同颜色的领带来公司上班。从表相或精神方面说，小张的内心必然受到了某种刺激，使他在想法上发生若干变化，所以，在他们的深层心理里，通常怀有某种新的意思。同事们则好奇地猜测："他今天有什么事吗？""他遇到了什么问题？"

对于这种突然改变自己服装嗜好的人，你若想与他保持良好的关系，应当显得不当一回事，或者赞美他穿什么都很不错之类的话，相信他的心灵大门一定会向你敞开，你的承认的态度比别人的质疑的态度要强，你会赢得别人的回报——赞美。

六、对流行既不狂热，又不会置之不理

这一类人处事中庸，情绪稳定，一般不会做什么出格的事。他们多有理性，不过于顺从欲望，也不盲从大众时尚。此种人比较可靠，值得结交。

虚实辉映，谈吐幽默

有人想捉弄一下矮个丈夫和他的高个妻子，就当众问他："妻子总在你身后居高临下的，你觉得般配吗？"

"绝对般配。"他面无愧色地回答，"我为她的笑容腾出了空间。"

其实矮个丈夫用的是虚实辉映的幽默手法，对挑衅者现实的提问从虚处开拓意境，幽默改善着对话双方相互的位置。虚实辉映指恰当地把握虚与实的关系，不是顶真地响应对方的直接说法，而是作小小的延伸，在虚实对应关系上与对方错位，让其有所指变成无所指，引发某种悬念，通过后面的补充化解悬念，激活潜在的幽默。虚实辉映是种很灵活的幽默技法，在不同的场合有不同的应变。

一、以虚对实

碰到别人实实在在的话语，不从实际情景出发，而是侧重联想，不给他有关问题的对口信息，将话题转向与问题没有直接关联的其它事情上，暂时中断对方原来的意念，中断必然引起对方对两个看似不相关的问题的思考，品味其中的不协调，在意会里品味幽默。

妻子对丈夫说："你经常说梦话，还是去医院检查一下吧。"

丈夫笑着说："还是不用吧，要是治好了这病，我就没有一点说话的机会了。"

妻子本是从关心丈夫的角度出发，实实在在劝丈夫看医生，而丈夫装作不懂，把话题引到妻子话多的问题上，"说梦话"是生理疾病，"说话多"是心理习惯，丈夫以虚对实的幽默表达着他淡淡的抱怨，妻子能在幽默里领悟丈夫的潜台词，幽默让生活充满情趣。幽默里总有种平和的机智，不给人直接的挫伤感。

宋朝吕蒙正曾三次为相，有人送他据说能照二百里的古镜，吕蒙正幽默地说："脸面不过像碟子一样大小，哪里用得着照见二百里的镜子呢？"

又有人送古砚给他："这古砚不需加水，只要一呵气就湿润得可以磨墨写字。"吕蒙正半开玩笑地说："即使一天呵出十担水，也不过值十个钱罢了。”

对别人送的珍品，吕蒙正自然是懂的，他故意用些不现实的、不关痛痒的话加以贬低，别人从实处说礼品功能好，他却故意从虚处理解，礼品的某种功能并不好使，而他设想的功能并无存在的必要，但幽默的效果却很好，好像不是自己想拒礼，而是别人送的礼品不恰当，幽默大智若愚，使得对方啼笑皆非，不好再坚持送礼。

二、以虚对虚

碰到别人不是很具体的问题，以及不好直接考证的问题，没有必要他问什么，你就答什么，而是给以抽象的闪避，同样可用不现实的情景回答。伪劣产品的推销员喋喋不休：“本公司的产品质量越来越高，就好像鸭子一样呱呱叫！”

一位受骗者说：“贵公司的产品就和鸭粪一样，质量越高闻起来越臭。”

碰到假冒伪劣商品是倒霉的，要是再搭上生气，那就更倒霉。这位消费者没有生闷气，而是同样从虚处着手，对方用鸭叫作比，他用鸭粪作比，两者形成鲜明的对比，幽默在对比里充满生机，有效地戳穿了对方骗人的把戏。

幽默有意识地回避伤害，常表现出强烈的爱心，能给生活增添温情。某天晚上阿智吃完饭，高兴地对妻子说：“如果你再漂亮几分，我就更满足了。”

“如果你再有钱些，再有学问些，我就更满足了。”阿智听完妻子的回答，忍不住大笑。妻子很是善解人意，明白人心总是无止境的，对丈夫的无意妄想，她并没有恼火地说：“我要是再漂亮些，我就不嫁给你了。”明明只是说说而已，何必要说些伤害感情的话语，还不如用个善意的假设提醒丈夫，不要想入非非。幽默能画龙点睛，轻松地点出问题实质。

三、以实对虚

在有些生活场景里，听众的提问旨在寻求答案，但结果不好直接回答。不妨故意错位，从具体的生活细节着手，将大问题跳回小问题，好像在回答对方提问，其实他又没有抓住什么实质性信息，幽默貌似神离，机智地避免窘境。

柴君在单位作业务报告，报告结束后，同事自由提问："像你这样才华横溢的人，华宁公司不适合你，你准备什么时候走？"

"作完报告就走，当然明天还来上班。"台下是热烈的掌声。

同事的提问显然具有挑战性，柴君不能直接回避，而不答又有默认的意味，给以后做事带来障碍；又不能直接否定，如果以后有机会走，这岂不是故弄玄虚。回避是最好的选择，但无可奉告的说法又太不适宜，且易引起猜疑。轻描淡写地针对具体事件回答"作完报告就走"，但两个"走"意思有着天壤之别，前者是虚指"离开职业环境"，后者是指"离开空间环境"，故意的歪解则释放着幽默，别人如何理解都只能是猜测。

许多时候我总在想，幽默是需要良好心境的，要想创造轻松的气氛，先得自己轻松，正如要给世界阳光，先得自己心底有阳光。两年前的冬天生活单调，闲时缺乏激情，平时不大出门。有事在武汉顺访老友，情景却迥然不同，相逢时心情颇为神爽，晚上去酒家吃饭，席间气氛极为默契，事后想起来还是很心旷神怡。

老友拿起服务小姐送来的酒："准备喝多少？"

"你喝多少，我就喝多少。"

"那我喝一千杯。"

朋友这不过是种虚拟的说法，表达他的高兴，自然不能从字面上来理解，顺着他的意思，我以虚对虚："我相信，酒杯只有你酒量的千分之一大。"

"你什么时候结婚？"

这个问题实在难以回答，婚姻是缘，不能自我设计，我只好闪避这个问题，以虚对实回答他："我还得事先请教某个女孩，看她什么时候肯嫁给我。"

"这个菜点得还可以吧？"

那个菜做得很有特点，朋友本是问问而已，并没有想得到回答的意图，我偏要以实对虚："不算可以。"朋友很意外，这时我接着说："而是相当可以。"

其实，人际间的语言交流是种信息沟通，和谐的沟通应是在什么场合说什么话，语言能情景交融，想仅靠幽默达到极度和谐是有些困难的，更何况还有许多场合是幽默不得的。所以我最向往的境界是朋友间的坦诚交流，也许我这样说，是怕你碰到我硬要我幽默。因为那时我肯定会幽默不起来的。

装疯卖傻，另有玄机

“装疯卖傻法”是一种特殊形式，是“表示自己无能为力，不愿做不想做的事”。也就是说：“我办不到！所以不想做！”

根据心理学的调查发现，人们的确有在日常生活中故意装傻的现象。例如在上班族中，有百分之十二的人曾对上司装过傻，而百分之十四的人对同事装过。虽然它跟“楚楚可怜”法一样，会导致评价降低，但令人惊讶的是，仍有一成以上的人是在自己有意识的情况下用了这个办法。

上班族会用到“装疯卖傻法”的场合有以下三种。

第一，有愿做不想做的事。例如像是打杂般的工作、很花时间的工作，或单调的工作等。还有像公司运动会之类，公司内部活动的筹办委员也是其中之一。像这种情形便有不少人会用“我不会呀！”或“我对这方面不擅长！”等理由，来把不想做的事巧妙地推掉。

第二，拒绝他人的请求。当别人找上你，希望你能帮他的忙时，你很难直接说：“不”吧！因此便以“我很想帮你，可是我自己也没有那个能力”的态度来婉转拒绝。拒绝别人这种事，很难直接以“我不愿意”这种态度来拒绝，而且还可能会让对方怀恨在心。因此，若是用能力、也就是自己无法控制的原因来拒绝（想帮你，可是帮不了）的话，拒绝起来便容易多了。

第三，想降低自己的期待值。一个人若能得到他人的高度期待，固然值得高兴，但压力也会随之而来。因为万一失败，受到高度期待的人，所带给其他人的冲击性会更大。

因此，借由表现出自己的无能，来降低期待值，万一将来失败，自己的评价也不会下降得太多；相反地，如果成功，反而会得到预期之外的肯定。

“装疯卖傻法”有以下三种实行技巧，一样样为各位说明。

一、表明自己无能为力

就像前面所说，这招便是表明“我没有能力做那件事，因此我不愿意做！”的一种方法。根据工作的内容“无能”的内容也有所不同。例如：

别人要求你处理电脑文书资料时，你可以说：“电脑我用不好，光一页我就要打一个小时，而且说不定还会把重要的资料弄不见！”

别人要求你做账簿时，你这样说：“我最怕计算了，看到数字我就头痛！”这要用于与自己平日业务无关的业务上。

不过，所表明的“无能”的理由不具真实性，那可就行不通。例如刚才电脑处理的例子，如果是在电脑公司，说这种话谁信！后面那个例子，如果发生在银行，也绝对会显得很突兀。平常愈少接触到的工作，说这种话时，所获得的可信度也就愈大。所以要说：“我没做过！”“我做得不好！”这些话的时候，这些话一定要具有可信度才行。

二、将矛头指向他人

这招是接着“表示无能”的用法之一后，以“我办不到，你去拜托某某比较好！”的说法，来将矛头指向他人的做法。

“我电脑没办法，不过小王对电脑很熟，你去拜托他看看怎么样？”

“我对计算工作最头大了，小芸好像是簿记二级的，她应该做得来！”

像这样搬出一位在这方面能力比自己强的人，然后要对方去拜托他就行了。

不止能力的问题，像下面这个例子中的场合也能适用。

“我如果要做这件事，恐怕要花掉不少时间。小范好像说他今天工作分量不怎么多！”

只有在大家都知道那个人的确比较胜任时才能用这招。

这个办法有一个问题就是，可能会招致那个被你“转嫁”的人怨恨。想拜托人的人一定会说：“是某某说请你帮忙比较好！”对方也就会知道是你干下的好事。这么一来，那个人心里一定会想：“可恶的家伙，竟然把讨厌的事推给我！”

尤其当需要帮忙的工作内容，是人人都不想做的事情的时候，这种惹来怨恨的可能性就愈高。所以，最好在多数人都知道“某某事情是某某最擅长的”，这样的场合才用此招。

三、假装忘记

最后一个办法就是，当你无论如何实在无法拒绝对方的时候，就先接受他的要求，然后再假装忘记。

“对不起，我忘得一干二净了！”

“你有叫我帮你什么吗？”

这招容易在不知不觉中使用过度，要注意这一招只要一句“忘了！”就能轻松搞定一切，因此我们常会轻易地使用上它。然而，虽然它用法简单，但如果仔细想想，这招实在不值得推荐。姑且先把“做这种事好吗？”的道德判断摆在一边，这招如果做下去，一定会惹来对方的不悦，甚至会被人认为是一个“随随便便、马马虎虎”的人。再说，别人会请你帮忙做的事，多半都是非做不可的事，因此在他对你死心，转而去找其他人帮忙之前，要“一直”忘记，似乎也不太容易。

不过，不管是真忘还是假忘，在公司里像这种“忘记委托”的人，其实还真不少。

四、用在与自己工作评价无关的事情上

“装疯卖傻法”如果使用过度，很容易给人留下“无能”、“不可靠”的印象。而当自己反过来想求人帮忙时，被拒绝的机率也会大幅提高。因此要注意，绝对不要使用过度。

“装疯卖傻法”使用时的第一重点就在于慎选使用的场合。也就是只在与自己身为上班族的评价无关的地方使用。

举个极端的例子。如果一个跑业务的说：“我在别人面前讲话会很紧张！”而拒绝参加公司的会议，那么这对他来说，可说是致命伤。但如果是做研究工作的人说这种话，那就另当别论，效果完全不同。要装疯卖傻时，切记：只用对自己不重要的部分来装。第二个重点是，尽量避免招来“无能”或“不可靠”的负面印象。记住善用“如果是某某。某某就没问题，但这件事我实在心有余而力不足”这句话。例如：

“文字处理我还有办法，可是资料输入我真的不行！”

“公司旅行的账目我倒是做过，但太复杂的东西我没自信能做好！”

当然，这么说，对方可能会冒出一句：“既然那个你都能做了，那这个应该也没问题才对！”不过，再怎么说，也总比直接拒绝对方好。再说，这种说法听起来比较具真实性，也比较容易成功。

第十章

稳 重 修 炼

——稳重得体信服人

病从口入，祸从口出

有一匹小斑马浸泡在水中。它悠闲而自在，完全不觉察四下的危机。在岸边，有一头体积比它大数倍的母狮正在窥伺。母狮没有贸然采取行动，不是因为没把握，只是不知道水的深浅，所以静待良机去猎杀。不久，小斑马满足地站起来了，几乎没伸个懒腰。是的，它犯了一个致命错误，让岸边的敌人洞悉：哦，原来那么浅，只及你膝。母狮蓄锐出击，马上中的，啮咬着斑马的咽喉不放，并撕裂血肉，大快朵颐。母狮进餐，是在水中一个小浮岛上进行。它并无意与同伴分食。岸上来了些狮子，远视它吃得痛快，也馋涎大流。不过晚来了一点，又不敢轻举妄动：不知道水的深浅呀，所以没游过去抢食。母狮死守并独占食物，得意的尽情享用。一不小心，尸体掉进水里，它下水攫住，一站起来，群狮洞悉了：哦，原来那么浅，只及你膝。二话不说，一齐下水拥前。饥饿的狮子群，把母狮的晚餐抢走了，分享了，真无奈。

这个故事说明：人人都不想倒下去，只望站起来。无意中，一个飞扬跋扈的姿态，便让所有旁观者知道你是怎样的人，底牌在哪儿，水有多深——哦，那么浅。

所以，做人还是含蓄点、稳重点好，不能太锋芒毕露了，要牢记“枪打出头鸟”“言多必失”的道理。

俗语说“病从口入，祸从口出”，这句话确实有一定的道理。大多的灾祸是自己的言谈招来的，因而慎言少祸。言谈的灾祸，主要表现在以下几个方面：一是对国事、政事的滥发议论，所以在古代以及解放前的茶馆及酒店门上挂有“莫谈国事”的牌匾；二是对身边的人和事评头论足，正是这种不考虑后果的高谈阔论，惹怒了上司和同事，从而埋下了灾祸的导火线；三是在众人之中鼓唇弄舌，搬弄是非，像长舌妇一样，今天道东家长，明天说西家短，这种缺少修养的言谈，没有不遭到报复的。说话能把握尺寸，说得恰到好处，是一种修养，一种水平，既不能喋喋不休，口若悬河，又不能该说话时却沉默寡言。可见，言谈能反映出一个人为人处世的涵养功夫，要把握好分寸和态势。

当别人出现错误时，该怎么做呢?

音调、手势，或眼神都可以用来指责别人的缺点错误。它可以收到和言辞表达一样有力的效果。但是，当你指出对方错误时，他会同意你的观点吗？不会，绝不会的，只能造成反击。因为你一拳伤害了他们的判断、荣誉、智力和自尊，无论你用柏拉图或康德的逻辑理论如何反驳，也改变不了观点，只因你伤了他们的感情。

如果你认为有些人的话不对，就算你确信他说错了，你也应该这样说："啊，慢着，我有另外一个看法，不知道对不对，让我们共同来看看这件事，假如我错了的话，希望大家纠正我。"

很奇妙，确确实实很奇妙，像这样的话，天上或地下绝没有人会来反对你说："我可能不对，让我们来看看这件事。"

千万不能一开始就表现出："我要证明什么什么给你看。"这无疑是说："我比你聪明，我要让你改变想法。"它会引起反感并引发矛盾，给自己带来麻烦。

假如你想证明什么，就应不让任何人知道，要不着痕迹，很巧妙地去做。

科学家伽利略在三百多年以前就说过："你不能教人什么，你只能帮他们去发现。"

苏格拉底也一再告诉门徒："我唯一知道的，就是我不知道什么。"这就是说，如要指出人们有什么错，那是要付出代价的。换言之，别与配偶、顾客或敌人发生冲突。别指责他们的错误，要运用一点技巧，别惹他们动怒。

埃及法老阿托乙在耶稣诞生的2200年前，就曾给儿子一句箴言，它至今仍然十分有用："要机智灵活，这将会帮助你达到目的。"

早在2000年前耶稣就讲过："要赶紧与你的对头和好。"

如果你想促成别人的意见与你一致，应该做到：

对别人的意见要表示尊重。千万别说："你错了。"

沟通禁忌，小心触雷

一天，刚参加工作不久的孙妮小姐被派到外地去出差。在卧铺车厢内，她碰到了一位来华旅游的美国姑娘。由于对方首先向孙小姐打了一个招呼，孙小姐觉得不与人家寒暄几句实在显得不够友善，便操着一口流利的英语，大大方方地随口与对方聊了起来。

在交谈之中，孙小姐有点没话找话地询问对方："你今年多大岁数呢?"不料人家答非所问地予以搪塞："你猜猜看。"孙小姐觉得没趣，转而又问："到了你这个岁数，你一定结婚了吧?"这一回，那位美国小姐的反应更令孙小姐出乎意料：对方居然转过头去，再也不搭理她了。一直到分手，她们两个人再也没有说上一句话。

孙小姐与那位美国姑娘话不投机，不欢而散，主要是因为孙小姐在交谈中向对方所提出的问题，在国外纯属不宜向他人打探的个人隐私。按照常规，对方是有权利拒绝回答的。

所谓个人隐私，简单地说，指的就是一个人出于个人尊严和其他某些方面的考虑，因而不愿意公开，不希望外人了解或是打听的个人秘密、私人事宜。在国际交往中，人们普遍讲究尊重个人隐私，并且将尊重个人隐私与否，视为一个人在待人接物方面有没有教养，能不能尊重和体谅交往对象的重要标志之一。

因此，中国人在涉外交往中，务必要严格遵守"尊重隐私"这一涉外礼仪的主要原则。也就是说，在与海外人士打交道时，一定要充分地尊重对方的个人隐私权。进而言之，在言谈话语之中，对于凡涉及对方个人隐私的一切问题，都应该自觉地、有意识地予以回避。千万不要自以为是，在同海外人士交谈时信口开河，将"关心他人比关心自己为重"这一中国式的做法滥施于人。甚而为了满足自己的好奇心，不管对方如何反响，依然故我，"宜将剩勇追穷寇"，"打破砂锅问到底"。这样的话，极有可能会令对方极度不快，甚至还会因此损害双方之间的关系。

从可操作性这一角度来讲，应用"尊重隐私"的原则，在涉外交往中，至关重要的是要明白在与外国人包括海外华人进行交谈时，应当有所不为，即必须了解，在与海外人士交谈时，对于那些属于个人隐私方面的话题，不应有所涉及。

一般而论，在国际交往中，下列八个方面的私人问题，均被海外人士视为个人隐私问题。

一、收入支出

在国际社会里，人们普遍认为：任何一个人的实际收入，均与其个人能力和实际地位直接存在着因果关系。所以，个人收入的多寡，一向被外国人看作自己的脸面，十分忌讳他人进行直接或间接地打听。除去工薪收入之外，那些可以反映个人经济状况的问题，例如，纳税数额、银行存款、股票收益、私宅面积、汽车型号、服饰品牌、娱乐方式、度假地点，等等，因与个人收入相关，所以在与外国人交谈时也不宜提及。

二、年龄大小

在国外，人们普遍将自己的实际年龄当作“核心机密”，轻易不会告之于人。这主要是因为，外国人一般都希望自己永远年轻，而对于“老”字则讳莫如深。中国人听起来非常顺耳的“老人家”、“老先生”、“老夫人”这一类尊称，在外国人听起来却如诅咒谩骂一般。特别是外国妇女，最不希望外人了解自己的实际年龄。所以在国外，有这么一种说法：一位真正的绅士，应当永远“记住女士的生日，忘却女士的年龄”。

三、恋爱婚姻

中国人的习惯，是对于亲友、晚辈的恋爱、婚姻、家庭生活时时牵挂在心，但是绝大多数外国人却对此不以为然。他们认为，让任何一个人面对交往不深的朋友，去老老实实地交待自己“有没有恋人”、“两人是怎么结识的”、“跟恋人相处多久了”、“结了婚没有”、“夫妻关系怎么样”、“婆媳关系如何”、“有没有孩子”、“为什么还不找对象”、“为什么还不结婚”、“为什么还不生孩子”，都不仅不会令人愉快，反而肯定会让人难堪。在一些国家里，跟异性谈论此类问题，极有可能被对方视为无聊之至，甚至还会因为被对方控告为“性骚扰”而吃上官司。

四、身体健康

在中国人相遇后彼此打招呼时，大家经常会相互问候对方："身体好吗？"要是确知交往对象身体曾经一度欠安，那么为了表示对对方的关心，与其见面时，人们往往还会热心而关切地询问对方："病好了没有？"如果彼此双方关系密切的话，则通常还会直接向对方打探："吃过一些什么药"、"怎么治疗的"，或是向对方推荐名医、偏方。可是在国外，人们在闲聊时一般都是"讳病忌医"，非常反感其他人对自己的健康状况关注过多。因为在市场经济条件下，每个人的身体健康都被看作是他的重要的"资本"。

五、家庭住址

在中国人的人际交往之中，大家对于自家的住址通常是不保密的。对于自己的家庭住址、私宅电话号码等等，人们一般都会有问必答，甚至于还会主动地相告于人。不仅如此，中国人还喜欢串门，并且往往乐于请人上门作客。而在国外，通行的做法却恰好与我国相反。外国人大都视自己的私人居所为私生活的领地，非常忌讳别人无端干扰其宁静。在一般情况下，除非知己和至交，他们一般都不大可能邀请外人前往其居所作客。为此，他们都不喜欢轻易地将个人住址、住宅电话号码等纯私人资讯"泄密"。在他们常有的名片上，此项内容也难得一见。

六、个人经历

初次会面时，中国人之间往往喜欢打听一个交往对象"是哪里的人"、"哪一所学校毕业的"、"以前干过什么"。总之，是想了解一下对方的"出处"，打探一下对方的"背景"，摸一摸对方的"老底"。然而外国人却大都将这些内容看作是"商业秘密"，并且坚决主张"英雄莫问出处"，反对询问交往对象的既往经历，随随便便地擅自查对方的"户口"。外国人还认为，要是一个人动辄就对初次交往的对象"忆往昔峥嵘岁月"，甚至"痛说革命家史"，并不见得是坦诚相见，相反却有可能是别有用心。

七、信仰政见

在国际交往中，由于人们所处国度的社会制度、政治体系和意识形态多有不同，所以要真正实现交往的顺利、合作的成功，就必须不以社会制度划线，抛弃政治见解的不同，超越意识形态的差异，处处以友谊为重，以信任为重。如果动不动就对交往对象的宗教信仰、政治见解品头论足，甚至横加责难、非议，或是将自己的观点、见解强加于人，都是对交往对象不友好、不尊重的表现。最为明智的作法，就是在涉外交往中对此避而不谈。

八、所忙何事

在国内，熟人见面之际，免不了要相互询问一下对方："忙什么"、"上哪里去"、"从哪儿回来"、"怎么好久没见到你"。但是，外国人对于这一类的问题皆属个人私事，"不足为人道哉"，绝对没有"曝光"的必要。向别人探听与此相关的问题的人，不是好奇心过盛，不懂得尊重别人，就是别有用心，或者具有天生的"窥视欲"。被问及这类问题时，外国人往往会"王顾左右而言他"，甚至还会缄口不语。

上述八个方面的问题，即收入支出、年龄大小、恋爱婚姻、身体健康、家庭住址、个人经历、信仰政见、所忙何事等等，皆属于个人隐私问题。要尊重外国友人的个人隐私权，首先就必须自觉地避免在与对方交谈时，主动涉及这八个方面的问题。为了便于记忆，它们亦可简称为"个人隐私八不问"。

学会道歉，赢得信任

在人际交往中，我们往往会在有意无意间开罪他人，伤害彼此间的友好情谊，造成不愉快，甚至产生感情上的疙瘩。冤家宜解不宜结，那么怎么个解法呢？——学会道歉。

道歉，就是向对方表达出你内心深处真诚的歉意。而歉意的表达需要把握一定的技巧，否则便难以取得良好的效果。那么，究竟该如何道歉呢？

一、勇于承担责任

道歉首先要有承担责任的诚心和勇气。道歉不仅不是一件丢脸的事情，反而更能体现一个人良好的人品与修养。“负荆请罪”的典故中，人们不仅佩服蔺相如的“豁达大度”，更佩服廉颇“有过则改”的勇气和负荆的真诚。有人道歉“犹抱琵琶半遮面”，左一个“因为”，右一个“假设”，强调种种客观因素，或将责任推到他人身上，说“要不是他……，我不会……”，而很少扪心自问是否无愧。这样的道歉自然苍白无力，无法让人生出谅解之情。道歉要有“廉颇式”的诚意，有了诚意，才会有说“对不起，我错了，请原谅”的勇气。

二、善于把握时机

很难想象几十年后的“对不起”不是一句迟到的忏悔。道歉要善于把握适当的时机，应选在对方心平气和有喜事临门等心情较好的时候。“人逢喜事精神爽”，这时，他更容易接受你的道歉，与你握手言欢、重归于好。当然，时间宜早不宜迟。道歉要善于选准适当的地点，最好是亲自上门道歉，或约对方到一个环境优雅安静的地方，双方都能平心静气，自然也就容易推心置腹、开诚布公地谈一谈心，化干戈为玉帛。

三、巧于借物传情

当岸与岸相隔时，聪明的人发现了桥和船，两岸相通“非人能行也，善假于物也”；当心与心相隔时，我们也应巧于借助外物表达心意。如果直接至歉不适宜，也不妨在适当时间打个电话或写封言辞诚恳的信，向对方表示歉意。当然，也可以请一位彼此都信任的朋友、同事或领导代为转达歉意。日后，时机适宜时再登门致歉赔礼。

雨不小心伤害了同学文，他感到很内疚。于是，文生日那天，雨到学校广播站为文点歌一首，并说：“文，对不起，我真的不是故意的，你能原谅上周惹你生气的朋友吗？今天是你的生日，我祝你生日快乐，前程似锦！”文听到广播后很感动，立刻登门致谢，两人和好如初。

四、贵于持之以恒

也许你的失误给了对方刻骨铭心的伤害，这时，你要有诚心，更要有耐心。一次不行就两次，两次不行就三次。濒于失去耐心与信心时，你要站在对方的立场上想一想：要是你，你能轻易原谅深深伤害你的人吗？滴水尚能穿石，我相信，只要你敞开心扉真诚地对待对方，“精诚所至，金石为开”，朋友间再不会有解不开的心结。

尴尬困境，沉着应对

与人交往时，我们经常会遇到一些难以回答的问题和令人难堪的窘境。这时候，该怎样说话？或者在说话时该注意什么呢？

当你处在难题前和窘迫中，总的原则是明辨事理，说话得体；该直言不讳的，就直言不讳；该巧妙回答的，就巧妙回答；该含糊的含糊；该超脱的超脱……总之，从实际出发，看情况而定，碰上什么锁就用相应的钥匙去开。但有一点要特别注意：当有人存心刁难或羞辱你并使你的感情受到伤害的时候，你千万不要只顾气愤动怒发火，不要硬着头皮去硬顶。那样会激化矛盾，扩大事态，闹得不可开交，两败俱伤。你也不能张口结舌，或满脸羞红，那样会使对方觉得你软弱可欺，他很可能会变本加厉地嘲弄你。唯一的办法是：头脑冷静，控制情绪，运用语言的艺术特别是以急中生智的幽默语言去对付。当然，对方使你感到为难和窘迫并非是出于恶意，许多正常的交往也会使人面临难题和威胁。不论是哪种情况，首要的一条都是说话一定要恰当得体。

一、说话恰当，避免失误

电视片《谈宝钢》中有这样一段问答：

节目主持人问：抗日战争期间，日本帝国主义侵略我国。我国人民对日本侵略者怀有极大的仇恨；现在我们建设宝钢，引进了日本的机器、设备和技术。有的观众有这样的疑虑：这样做会不会伤害我们的民族感情？

答问者说：这是性质完全不同的两回事。日本帝国主义侵略我国，使我国人民遭受了极大的灾难，这个账应该算在日本军国主义者头上，同日本的老百姓和商人无关，当然不能说完全无关，但只有间接关系，没有直接关系。现在我们建设宝钢，是同日本商人做生意……

这段答话本意不错，说明了“这是性质完全不同的两回事”就清楚了，但怎么能扯进来“不能说完全无关”，还有“间接关系”呢？人家问你，这个“间接关系”就不算关系吗？这就无法自圆其说，必然因被动陷入窘境。走到这一步，那就只有认错更正，汲取教训了，任何技巧都无济于事。所以，说话要把握主旨和逻辑，要恰到好处，以免言谈有失，授人以柄，甚至作茧自缚。

二、明辨事理，直言不讳

俄国著名作家赫尔岑有一次应朋友的邀请去参加一个音乐会。可是，音乐会的节目演出不久，他就厌烦地用双手捂着耳朵打起瞌睡来。女主人见他这样感到奇怪，推了他一下，问：

"先生，你不喜欢音乐吗？"

他摇了摇头："这种低级轻佻的音乐有什么好听的？"

"啊？"女主人惊叫起来，"你说什么？这里演奏的可都是流行的乐曲呀！"

"难道流行的东西就是高尚的吗？"

女主人反问："不高尚的东西怎么会流行呢？"

赫尔岑笑了："那么，流行性感冒也是高尚的吗？"

赫尔岑的反驳言之有据，简洁有力，因为他主旨明确，又使用了归谬法这个逻辑武器，为了明辨事理，有些问题完全可以直言不讳地一语道破，不必回避，也不要含糊。

假如你的同事或朋友在公开场合责备你，而情况又不属实，使你难堪。你可以心平气和地直言："我们是否私下谈谈这个问题？我要求你把情况搞清楚了再说话。如果你不注意尊重事实，那我以后很难再信赖你。"倘若是你的亲友无故责怪你，你就明确地说："你已经让我难堪了，但你总该告诉我这都是为了什么缘故吧？我什么地方把你得罪了？"

当然，假若你做错了什么事，哪怕不是有意的，那就诚恳道歉。这也是明辨事理，直言不讳。这样才能解决难题，摆脱窘境。

三、话不投机，及时转弯

话不投机有多种情况。其一，某种言谈举止使人为难，那就要及时转换话题，协调气氛。两个青年去拜访老师，在谈话中提到：

"老师，听说您的夫人是教英语的，我们想请她指教，行吗？"

老师为难地沉默了片刻，说："那是我以前的爱人，前不久分手了。"

"哦？对不起，老师……"

“没什么，喝点水吧。”

“老师，您的书什么时候出版？快了吧？……”

这样转换话题，特别是提出对方很愿意谈的话题，就会使谈话很快恢复正常，气氛活跃起来。

话不投机的第二种情况，是有人有意或无意地和你开玩笑，带有挖苦意味，使你窘迫甚至生气。如你的头发脱落许多，快成秃子了，有人很可能挖苦你是“电灯泡”、“不毛之地”。在这种情况下，你不可恼羞成怒，伤了和气；也不能忍气吞声，硬装没事。最好是一笑置之，豁然大度地来两句：“好啊！这说明我是绝顶聪明。没听说过吗？热闹的大街不长草，聪明的脑袋不长毛！”这样答复，话题未转，内容却引申、转折了，既摆脱了窘境，又自我表扬，岂不妙哉？

其三是双方意见对立谈不拢，但问题还要解决，不能回避。这种话不投机的情况就需要绕路引导。

在找对象的问题上，母子有矛盾。儿子不愿也不能和母亲闹僵，只好等待时机再说。这天吃饭时，母亲又唠叨起来：“你这孩子，怎么就不听妈的话呢？人家局长的女儿，人长得不错，又有现成的房子，你为什么不和人家谈，偏要……”

“妈，快吃饭吧，菜凉了不好吃……”儿子先回避话题，意在绕路引导。

联系工作，洽谈生意，也可能话不投机，陷入僵局。只要还有余地，就可提出新的话题，绕弯引导。如甲方推销四吨卡车，而乙方不要四吨的，想要两吨的。这时，甲方若硬着头皮争执，只会越谈越僵，不欢而散；如能转移话题，绕弯引导，从季节、路途、载重多少与车辆寿命长短等各种因素来促使乙方考虑只用两吨的弊病，或许能“柳暗花明又一村”，开辟新的途径。

四、巧妙闪避，超脱假设

在对话中有些问题很难说准确和做结论，这时不要拘泥于正面解答，而要说一些与此相关的事物来引导对方深思，或是借比喻、假设、移花接木、含蓄作答、略加暗示。这样，既不脱离所提出的问题，使对方满意；又可巧妙地避开疑难之处，超脱自如。

刘吉与一些青年的对话中有这样一段：

青年问：有人说留长发、蓄胡子是精神污染。你也这样看吗？刘吉答：一个民族有一个民族的风俗习惯。马克思和恩格斯不仅头发长，胡子也长，可他们是共产党的老祖宗。毛主席和周总理头发不长，胡子也没留，他们同样是我们尊敬和热爱的导师。

这样讲，避开了简单地做结论，显得全面而得体。自己得以超脱，对方又感到满意。

五、面对挑衅，幽默还击

马雅柯夫斯基的诗歌深受苏联人民的欢迎，但也引起了一些浅薄无聊的文人对他的嫉妒和攻击。

在一次会议上，有人不怀好意地指责他说："你的诗里为什么都是'我'字当头？我要怎么样，我要怎么样！可见你是个极端的个人主义者！"

马雅柯夫斯基觉得可气又可笑，他笑答："为什么诗中不能用第一人称'我'呢？当你向心爱的姑娘求爱时，你到底是说'我爱你'，还是说'我们爱你'？"

这话机敏幽默，回击有力，使挑衅者又羞又恼，瞠目结舌。

英国著名作家萧伯纳，年轻时遇事胆怯，口才不行，但他以不怕出丑学溜冰的精神练习演讲和论辩，成为闻名于世的演说家。

有一次，他的新剧本《武器与人》首次演出获得成功。剧终时，许多观众要求萧伯纳上台，接受大家的祝贺。可是，当他走上舞台时，突然有个人冲到台前，对他大声喊叫："萧伯纳，你的剧本糟透了！谁要看这个破戏！赶快收回去，停演吧！"观众大吃一惊，以为萧伯纳准会气得浑身发抖，愤怒抗议这个无理挑衅者。谁知道萧伯纳不但不生气，反倒彬彬有礼地向那个人深深地鞠了一躬，笑容满面地说："我的朋友，你说得很对。我完全赞同你的意见，但遗憾的是，我们两个人反对这么多观众有什么用呢？我们俩能禁止这个剧本的演出吗？"这下子引爆了全场的哄堂大笑，紧接着是暴风雨般的热烈掌声。在掌声中，那个挑衅者只好灰溜溜地走了。倘若萧伯纳直言对抗，尽管也能取胜，却无法取得如此奇妙的效果。

看来，幽默可以出奇制胜，但这手绝招并非是名人的"专利"，任何人只要有心，都可以用巧妙有趣的话语和方式缓解矛盾，回击挑衅。

在一辆行进中的公共汽车上，由于车子突然急刹车，车厢里有个人猝不及防，撞到一个姑娘身上。姑娘责怪他说："德性！"那个人立刻解释道："对不起，这和'德性'无关，是'惯性'！"这话引起乘客们一阵笑声。

"德性"是骂人缺德，这个意思那个人当然知道，但在这种场合一本正经地对姑娘解释，或是回敬她一句不好听的话，很可能引起争吵，陷入更加窘迫的境地。而一句“惯性”既是对自己没站稳的科学解释，又是对姑娘骂人话的最好纠正与回敬，具有无可争辩的准确性和穿透力。

六、反口诘问，即兴接引

回敬对方还有多种方式，如有人责怪你在某个问题上为什么变卦了。你可反口诘问：“国家的政策还经常变咧！我一个普通老百姓，空口说了句白话，就不许变了？”这一问，反倒把对方问住了。再如有人和你因为某事争执不下，而又鄙视你说：“你懂什么？跟你争论，简直是对牛弹琴！”你可接引过来，回敬对方：“对！牛弹琴！”但这些方式还是不及幽默高明。

七、含糊笼统，留有余地

在某些场合，尤其是社交和外交场合，对于某些难以回答而又不好回避的问题，你可以含糊其辞，模棱两可，做隐晦笼统的回答，如“可能是这样”，“我也不太了解”等等，以此来摆脱对方的纠缠，给自己留有余地。有时候也可只用体态语言略有表示，以便有所适应而又避免明确表态。

八、无法表示，装聋作哑

在某种勾心斗角的场合，如果你处境不利而又无计可施，什么也不能表示，那就索性装聋作哑，否则你就会落入对方设计的圈套，更加被动。

1945年7月，苏美英三大国首脑在波茨坦会谈。一次休息时，美国总统杜鲁门有意对斯大林透露：美国已研制出一种威力极大的炸弹。即暗示美国已拥有原子弹。这时，丘吉尔也两眼死盯着斯大林的面孔，观察反应。而斯大林好像什么都没听见，未显露出丝毫异常的表情。其实，他听得很清楚，当然也听出了杜鲁门的弦外之音，内心焦灼不安。会后，他告诉莫洛托夫：“加快我们的研制进度。”一个人面临这种窘境，只能装聋作哑，暗中使劲。这件事也许给丘吉尔以启发，1953年6月，年已79岁的丘吉尔参加百慕大的英美法三国首脑会议。他为了回避某些难题，就借口年事已高，装作没听见，不予回答。而在他感兴趣的问题上，就与美法两方讨价还价，一点也不聋了。他这种时而聋哑、时而正常的做法使与会者颇感头痛。美国总统艾森豪威尔曾幽默地说:“真没办法,装聋作哑成为这位大演说家的新式防卫武器了。”

九、随机应变,别开生面

一位演讲者对听众说:“男人,像大拇指(做手势);女人,像小指头儿……”这下子,全场哗然,女听众们强烈反对他的比喻,他没法再讲下去了。怎么办?他立刻补充说:“女士们,人的大拇指粗壮有力,而小手指却纤细、灵巧、可爱,不知哪位女士愿意颠倒过来?”

一句话平息了女听众的愤怒,一个个相视而笑,心悦诚服了。

苏联中央电视台的女播音员瓦莲金姆·列昂节耶娃在五六十年代红极一时,享有很高的声誉,这和她在电视播音中善于随机应变、别开生面分不开。

一次她主持少儿节目,她还没开口,那只准备给观众看的鹅就叫了起来。这可怎么办?她即兴发挥道:“小朋友们,你们听见了吗?咱们今天请的客人已经等得不耐烦了,那么节目就开始吧!”观众笑得前仰后合,唯一没笑的就是坐在摄像机前的列昂节耶娃。

巧问妙答,别开生面,最根本的是掌握说话的艺术,从实际情况出发。

藏匿锋芒，大智若愚

不论你用什么方法指责别人，你可以用一个眼神、一种说话的声调、一个手势，就像话语那样明显地告诉别人——他错了，你以为他会同意你吗？绝对不会！因为这样直接打击了他的智慧、判断力和自尊心。这只会使他反击，绝不会使他改变主意。即使你搬出所有柏拉图或康德式的逻辑，也改变不了他的意见，因为你伤害了他的感情。

你永远不要这样开场：“好！我要如此证明给你看！你这话大错特错！”这等于是说：“我比你更聪明。我要告诉你一些道理，使你改变看法。”那是一种刺激人的挑战。那样会引起争端，使对方远在你开始之前，就准备迎战了。

隋唐著名才子薛道衡，13岁时就能讲《左氏春秋传》，隋高祖时，做内史侍郎。大业五年，被召进京，当时已是自负才气的隋炀帝杨广在位，薛道衡为了显示自己文章水平，呈上了《高祖颂》，炀帝看了就很不高兴，说：“这只是文词漂亮而已。”有一次，炀帝与下臣谈天，说自己才高八斗，傲视天下文士，御史大夫乘机说薛道衡自负才气，不听训示，有无君之心。于是炀帝便下令把薛绞死了。

看来，薛道衡由于不懂得深藏不露、明哲保身，得罪了不少人，不但有隋炀帝，也有那个进谗言的御史大夫，甚至可能还有其余的那些大臣，否则怎会没人替他求情于炀帝呢？

因为锋芒太露而把人得罪光了，薛道衡算得上是一个典型。

《庄子》中有一句话叫“直木先伐，甘井先竭”。还有一句古话，叫“木秀于林，风必摧之”。树木长得比林中大多数的树都高了，劲风就会将其折断，锋芒太盛而被夭折，那就太不划算了。

正如英国19世纪政治家查士德·斐尔爵士对他的儿子所说的：要比别人聪明——如果可能的话；却不要告诉人家你比他聪明。

如果有人说了一句你认为错误的话——即使你知道是错的，你一定这么说更好：“噢，这样的！我倒有另一种想法，但也许不对。如果我弄错了，我很愿意被纠正过来。”

用“我也许不对”这一类句子，确实会收到神奇的效果。

郭解就是一个很能藏锋露拙、大智若愚的人物。

在洛阳有一位男子因与人结怨而处境困难，许多人出面当和事佬，但对方一句话也听不进去，最后只好请郭解出面，为他们排解这场纠纷，郭解晚上悄悄造访对方，热心地进行劝服，对方就逐渐让步了。

这时候如果是一般人，一定会为自己的成功而沾沾自喜，急于示人，但郭解不同。他对那接受劝解的人说：“我听说你对前几次的调解都不肯接受，这次很荣幸能接受我的调解。但是，我作为一个外地人却压倒本地有名望的人，成功地调解了你们的纠纷，实在是有违常理。因此，我希望你这次就当我是调解失败，等到我回去，再由当地有威望的人来调解时才接受，怎么样？”

郭解的做法异于常人，但却是一种使自己免遭众人嫉恨的明智之举。既保护了自己，又留下了为人称道的美名。谁又能说郭解不是大智慧者呢，那些极力显示自己才能的人，不过是耍小聪明罢了。

耍小聪明的人有一点就是工于心计，为了满足自己某方面的欲念，成天谋算他人。比如《三国》里的那个周瑜，总嫉恨着诸葛亮，用了不少方法去难为他，结果自己倒是“赔了夫人又折兵”，为天下人所笑。

以上我们分析了锋芒太露的弊处，这里，不妨再给那些急于施展自己才华和抱负的年轻朋友一点忠告：所谓“人不知而有愠，不亦君子乎”！人不知道我，我心里就不高兴，这其实是人之常情。只要你有表现本领的机会，你就要把握住这个机会，做出过人的成绩来，大家自然会知道。这种表现本领的机会不怕没有，只怕把握不牢，只怕做的成绩不能使人特别满意。你已有真实的本领，你就要留意表现的机会，你没有真实的本领，快快从事预备，“工欲善其事，必先利其器”，道理正是如此。无此器最难，有此器，不怕无善其事的时机。锋芒对于你是只有害处而无益处的。

随机应变，巧妙周旋

随机应变是指在与人交往中，自己或他人的语言出现意外情况时，能够灵活、迅速、恰当地动用口才进行处理，尽量避免或减少意外情况带来的损失。一般来说，公关工作具有一定的计划性，但也有很大的随机性。有时可以出现一些未曾预料到的问题，需要公关人员及时有效地处理，这就是公关工作的随机性。说话随机应变，具有三个方面作用：一是弥补语言失误，避免造成尴尬；二是应付意外情况，维护自我的声誉；三是坚持正确观点，挫败无理刁难。公关员具备了随机应变的口才艺术，就能在各种情况下应付自如，避免不良影响，赢得周围人的敬重。

一、以智改错，巧补疏漏

在与人交往时，应尽量言语谨慎，避免说错话。但个别时候也有可能用错词语说错话。如果不及时补救，就会使错话固定下来，被人抓住把柄，造成尴尬局面，影响自己的形象，损害组织声誉。所以，在这种情况下，一定要设法进行补救。有三个补救办法可供参考：

其一是移植法，就是把错话移植到他人头上。如说："这是某些人的观点，我认为正确的说法应该是……"这就把自己已出口的某句错误纠正过来了。对方虽有某种感觉，但是无法认定是你说错了。

其二是引伸法，迅速将错误言词引开，避免在错中纠缠。就是接着那句话之后说："然而正确说法应是……"或者说："我刚才那句话还应作如下补充……"这样就可将错话抹掉。

其三是改义法，巧改错误的意义。当意识到自己讲了错话时，干脆重复肯定，将错就错，然后巧妙地改变错话的含义，将明显的错误变成正确的说法。

作为一个训练有素的公关人员，更应当具有驾驭这种局面的说话能力。但是要认识到，说错话毕竟是不该的，若错误太多，难免顾此失彼，让人抓住把柄，所以还是要三思而后说。

二、以柔克刚，暗藏锋芒

小孩爱玩一个类似猜拳的游戏，叫做“石头、剪子、布”。石头可以砸剪子，剪子可以剪布，布又可以包石头。

这个简单的游戏包含了软能胜硬的道理。在人际交往中，有时由于双方身份不同或处境不同，可能使一方处于十分不利的地位。当势力强大的一方故意发难时，弱方用硬碰硬的办法与之争斗是会吃亏的，要想坚持原则又能获取胜利，最好的办法就是以软击硬，绵里藏针，用含而不露的口才去战胜对手。

在实际交往中，随机应变可用以下方法：

①移花接木，李代桃僵

“李代桃僵”是互相顶替的意思。在说话时，有时会碰到一些不便或不必回答的问题。但是，缄默是不允许的，使用“无可奉告”的外交辞令有时也并不礼貌。此时，不妨“偷换概念”，故意曲解对方的原意，这就叫“移花接木”、“李代桃僵”。

例如，在一次记者招待会上，外国记者别有用心地问王蒙：“请问，50 年代的你与 80 年代的你有何相同与不同？”这里，这位记者的用意是路人皆知的，是想借机让他谈一谈对中国国内形势改变的感受。王蒙当然也清楚，他不慌不忙地抬起头，从容不迫地回答道：“50 年代的我叫王蒙，80 年代的我也叫王蒙，这是相同之处；不同的是，那时我 20 来岁，而现在我则有 50 多岁了。”

记者的提问只给出了年代限定的范围，王蒙虽然知道对方的用意，但是却故意曲解其本意，只从自己年龄变化的角度作答。但实际上没有真正给对方任何有用信息。

1974 年周恩来在医院会见泰国总理克立先生，当他们道别时，克立总理说：

“可以问最后一个问题吗？”

“请。”

克立含笑注视着周总理，确切地说，是注视着周总理的前胸。

“这次访问贵国，”克立说，“我发现了一个小小的变化：人们几乎都不戴毛主席像章了。1971 年我来北京时，每个人都戴着像章。”

“这是你的问题？”

“不，”克立笑容有些神秘，“问题是关于阁下您的。‘文化大革命’开始时，人们都戴着毛主席的像章，而您只戴‘为人民服务’的纪念章，即使是1971年革命最热烈的时候，您也如此，而在人们不戴像章的时候，您为什么还戴？您又为什么把‘为人民服务’的纪念章换成了毛主席像章？”

总理说：“克立先生对中国的像章很有兴趣。我知道您想要我这枚像章，送您了。”

克立总理想要知道周恩来总理对中国政局变化的明确反应，这是一个敏感性的政治问题。他以周胸前佩戴的像章发生变化为理由，从侧面向周诱导询问。周总理弄清了他的意图后，避实就虚，故意把话题拉到这枚像章上来，并慷慨相送。在这种情况下，哭笑不得的克立除了接受这份意外的礼物之外还能说什么？周恩来以自己的智慧再一次取得了外交斡旋上的胜利。

②妙用“模糊语言”

模糊语言也是实际表达中需要的，常用于不必要、不可能或不便于把话说得太实太死的情况，这时就要求助于表意上具有“弹性”的模糊语言。随机应变，尤其需要模糊语言。

1962年中国在自己的领空击落美国高空侦察机后，在记者招待会上，有记者突然问外交部长陈毅：“请问中国是用什么武器打下U－2型高空侦察机的？”这个问题涉及国家机密，当然不能说，更不能乱说。但对记者的提问，又不能不答。于是陈毅来了个闪避：“嗨，我们是用竹竿把它捅下来的呀！”用竹竿当然不可能捅下来，但大家都心照不宣，哈哈大笑一阵便罢了。

三、以谬治谬，以毒攻毒

谈话中对方若故设“陷阱”，以谬论相刁难，其用意无非是企图造成一种进退两难的局面；答则显示无知，不答则表明无能，这种情况用“以谬治谬”最为恰当。

隋朝时，有一善辩者。一次，有人问他：“腊月时，家人被蛇所伤，怎样医治？”他应声答道：“取五月五日南墙下雪涂之，即愈。”那人反唇相讥：“五月哪里得雪？”这位善辩者笑道：“腊月何处有蛇？”由于提问者的话本身是荒谬的，对于荒谬的回答，自然就丧失了指责的权利，刁难别人也就成了自我出丑，陷阱也不攻自破。

四、装聋作哑，顺水推舟

“顺水推舟”可以避开对手的进攻，面对挑衅，除了“针锋相对”、“以牙还牙”，有时也需“绵里藏针”，以守为攻。有时候，不妨来个装聋作哑，一则避其锋芒，二则以有礼对无礼，在心理上争取主动。这里有个例子，虽然不属于交际会话的范畴，但对掌握应变技巧同样不无启迪。

当年，英国首相威尔逊在发表竞选演说时，忽然有个故意捣乱的人高叫起来：“狗屎！垃圾！”面对这突如其来的干扰，为了顾全大局，保证演说成功，威尔逊镇静地报以一笑，用安抚的口气说：“这位先生，我马上就要谈到您提出的脏乱问题了。”

这样，威尔逊佯作不解捣乱的本意，以顺水推舟的手法，“安全”渡过了“险滩”，使演说得以顺利地继续。演说可以如此，交际会话同样可以如此。

五、借物联想，谐音双关

联想手法由此及彼，也可应用于随机应变，还可借助谐音双关，即使面对十分艰难的局面也能睿智巧答从容应付。

相传，古时候有个叫薛登的人，其父身居宰相之位，奸臣金盛为了加害于他，设计从薛登身上开刀，用激将法引诱薛登砸坏了皇门边的一只木桶。皇帝大怒，立即向薛登父亲问罪：“大胆薛登，为什么砸碎皇门之桶？”薛登略一思忖，反问：“皇上，你说一桶（统）天下好，还是两桶（统）天下好？”皇帝说：“当然是一统天下好！”薛登高兴得拍起手来：“皇上说得好！一统天下好，所以，我便把那只多余的桶砸了。”皇帝转怒为喜，连连夸奖薛登聪明和薛父教子有方。一场弥天大祸，由于薛登巧用谐音，随机应变，消除于口舌之间。

六、幽默俏皮，以笑解围

幽默是最好的润滑剂，即使遇到十分棘手的难题，或遇到意外的抢白、嘲讽，甚至不怀好意的侮辱或挑衅，机智的幽默语言也能帮助人摆脱窘境，使尴尬或严峻的局面消失在笑声中。

一个人在大庭广众之下受到指责：“你说的这种话真叫人莫名其妙。”叫人当众下不了台。如果听后付诸一笑，幽默地说："哦，我还以为你听不出我是根本不懂这个问题呢。"

一句自我解嘲的戏言，就可以帮助你走出窘境。总之，插科打诨往往有利于绕过实质性问题的礁石，达到应变的目的。

应变是对一个人综合能力的考验，全面检查一个人的思维能力和表达能力、应变能力的大小，都离不开以下几点：

第一，阅历、知识、气质等是影响应变能力的重要因素。一般来说，阅历丰富、知识渊博、智慧高并且具有虚怀若谷、从容镇定气质的人，反应更敏捷，对付突然情况的反应更快，能在交谈中应付各种突如其来的意外变化。

第二，思维方式也影响人的应变能力，语言是思维的外衣，培养应变能力要着眼于思维训练，古人说"慧于心秀于口"就是这个意思。青年人只要加强思维训练，就能使自己在语言感受的敏锐性、思维的敏捷性、判断的准确性、表达的即时性等方面前进一步。